浙江省新型重点专业智库杭州国际城市学研究中心
浙江省城市治理研究中心成果

浙江智库
ZHEJIANG
THINK TANK

王国平　总主编

两宋时期的社会治理

——第五届"两宋论坛"研究成果报告集

杭州国际城市学研究中心（杭州研究院）
杭州南宋文化研究院　编

浙江大学出版社

《南宋全书》序

王国平

2007 年 12 月 22 日，举世瞩目的我国南宋商船"南海一号"在广东阳江海域打捞出水。根据探测情况估计，整船金、银、铜、铁、瓷器等文物可能达到 6 万—8 万件，据说皆为稀世珍宝。迄今为止，除了中国，全世界都未曾发现过如此巨大的千年古船。"南海一号"的发现，在世界航海史上堪称一大奇迹，也填补了南宋海上"丝绸之路"历史的一些空白。[1] 不少专家认为"南海一号"的价值和影响力将不亚于西安秦始皇兵马俑。这艘沉船虽然出现在广东海域，但反映了整个南宋经济、文化的繁荣，标志着南宋社会的开放，也表明当时南宋引领着世界经济的发展。作为南宋政治、经济、文化、科技中心的都城临安（浙江杭州），则是南宋社会繁华与开放的代表。从某种意义上讲，没有以临安为代表的南宋的繁荣与开放，就不会有今

---

[1] 见《"南海一号"成功出水》一文，载《人民日报》2007 年 12 月 23 日。

日"南海一号"的发现；而"南海一号"的发现，也为我们重新审视与评价南宋，带来了最好的注解、最硬的实证。

提起南宋，往往众说纷纭，莫衷一是。长期以来，不少人把"山外青山楼外楼，西湖歌舞几时休？暖风熏得游人醉，直把杭州作汴州"[1]这首曾写在临安城一家旅店墙上的诗，当作当时南宋王朝的真实写照。虽然近现代已有海内外学者开始重新认识南宋，但相当一部分人仍认为南宋军事上妥协投降、苟且偷安，政治上腐败成风、奸相专权，经济上积贫积弱、民不聊生，生活上纸醉金迷、纵情声色，总之，把南宋王朝视为一个只图享受、不思进取的偏安小朝廷。导致这种历史误解的原因，在很大程度上是出于人们对患有"恐金病"的宋高宗和权相秦桧一伙倒行逆施的义愤，这是可以理解的。但是，我们决不能坐在历史的成见之上人云亦云。只要我们以对历史负责、对时代负责、对未来负责的精神和科学求实的态度，以科学发展观为指导，对南宋进行全面、深入、系统的研究，将南宋放到当时的历史发展阶段中，放到中国社会发展的历史长河中，放到整个世界的文明进程中考察，就不难发现南宋在经济政治、思想文化、科学技术、国计民生等方面所取得的成就，就不难发现南宋对中华文明产生的巨大影响，以此对南宋做出科学、客观、公正的评价，"还原一个真实的

---

[1]（南宋）林升：《题临安邸》，转引自田汝成：《西湖游览志余》卷二《帝王都会》，上海古籍出版社1980年版，第14页。

南宋"。

宋钦宗靖康元年（1126）闰十一月，金军攻陷北宋京城开封。次年三月，金军俘徽、钦二帝北去，北宋灭亡。同年五月，宋徽宗第九子、钦宗之弟赵构，在应天府（河南商丘）即位，是为高宗，改元建炎，重建赵宋王朝。建炎三年（1129）二月，高宗来到杭州，改州治为行宫，七月升杭州为临安府。此时起，杭州实际上已成为南宋的都城。绍兴八年（1138），南宋宣布临安府为"行在所"，正式定都临安。自建炎元年（1127）赵构重建宋室，至祥兴二年（1279）帝昺蹈海灭亡，历时153年，史称"南宋"。

我们认为，研究与评价南宋，不应当仅仅以王朝政权的强弱为依据，而应当坚持"以人为本"理念，以人们生存与生活状态的改善作为社会进步的根本标准。许多人评价南宋，往往把南宋朝廷作为对象，我们认为所谓"南宋"，不仅仅是一个历史王朝的称谓，而主要是指一个特定的历史阶段和历史时期。在马克思主义看来，历史的进步是社会发展和人的发展相统一的过程，"人们的社会历史始终只是他们的个体发展的历史"[1]，未来理想社会"以每个人的全面而自由的发展为基本原则"。[2]人是社会发展的主体，人的自由与全面发展是社会进步的最高目标。这就要坚持"以人为本"的科学发展观，将人的生存与全面发展

---

[1]《马克思恩格斯选集》第4卷，人民出版社1995年版，第321页。

[2]《马克思恩格斯选集》第23卷，人民出版社1995年版，第649页。

作为评价一个历史阶段的根本依据。南宋时期,虽说尚处在中国封建社会的中期,人的自由与发展受到封建集权思想与皇权统治的严重束缚,但南宋与宋代以前漫长的封建历史时期相比,这一时期出现的对人的生存与生活的关注度以及南宋人的生活质量和创造活力达到的高度都是前所未有的。

研究与评价南宋,不应当仅仅以军事力量的大小作为评价依据,而应当还以其社会经济、文化整体状况与发展水平的高低作为重要依据。我们评判一个朝代,不仅要考察其军事力量的大小,更要看其在经济、文化、科技、社会等各方面取得的成就。两宋立国 320 年,虽不及汉唐、明清国土辽阔,却以在封建社会中无可比拟的繁荣和社会发展的高度,跻身于中国古代最辉煌的历史时期之列。无论文化教育的普及、文学艺术的繁荣、学术思想的活跃、科学技术的进步,还是社会生活的丰富多彩,南宋都达到了前所未有的程度,在当时世界上也都处于领先地位。著名史学家邓广铭认为"宋代的文化,在中国封建社会历史时期之内,截至明清之际西学东渐的时期为止,可以说,已经达到了登峰造极的高度"。[1]

研究与评价南宋,不能仅仅以某些研究的成果或所谓的"历史定论"为依据,而应当以其在人类文明进步中扮

---

[1] 邓广铭:《宋代文化的高度发展与宋王朝的文化政策》,《历史研究》1990 年第 1 期。

演的角色，以及对后世的影响作为重要标准。宋朝是中国封建社会里国祚最长的朝代，也是封建文化发展最为辉煌的时期。南宋虽然国土面积只有北宋的 3/5 左右，却维持了长达 153 年（1127—1279）的统治。南宋不但对中国境内同时代的少数民族政权和周边国家产生了积极影响，而且对后世中华文化产生了巨大影响。正如近代著名思想家严复认为："中国所以成于今日现象者，为善为恶，姑不具论，而为宋人所造就，什八九可断言也。"[1] 近代史学大师陈寅恪先生也曾经指出："华夏民族之文化，历数千载之演进，造极于赵宋之世。"[2] 因此，我们既要看到南宋王朝负面的影响，更要充分肯定南宋的历史地位与历史影响，只有这样，才能"还原一个真实的南宋"。

一、在政治上，不但要看到南宋王朝外患深重、苟且偷安的一面，更要看到爱国志士精忠报国、南宋政权注重内治的一面

南宋时期民族矛盾异常尖锐，外患严重之至，前期受到北方金朝的军事讹诈和骚扰掠夺，后期又受到蒙元的野蛮侵略。这些矛盾长期威胁着南宋政权的生存与发展。在

---

[1] 严复：《严几道与熊纯如书札节钞》，江苏古籍出版社 1999 年影印本，载《学衡》第 13 期。

[2]《陈寅恪先生文集》第 2 卷，上海古籍出版社 1980 年版，第 245 页。

此情形下，南宋初期朝廷中以宋高宗为首的主和派，积极议和，向女真贵族纳贡称臣。南宋王朝确实存在消极抗战、苟且偷安的一面，但也要承认南宋王朝大多君王始终怀有收复中原的愿望。南宋将杭州作为"行在所"，视作"临安"而非"长安"，也表现了南宋统治集团不忘收复中原的意愿。我们更应该看到南宋153年中，涌现了以岳飞、文天祥两位彪炳青史的"民族英雄"为代表的一大批爱国将领和数百名爱国仁人志士。这是中国古代任何一个朝代都难以比拟的。

同时，南宋政权也十分注重内治，在加强中央集权制度，推行"崇尚文治"政策，倡导科举不分门第等方面均有重大建树。其主要表现在以下几方面。

1. 从军事斗争上看，南宋是造就爱国志士、民族英雄的时代

南宋王朝长期处于外族入侵的严重威胁，为此南宋军民进行了100多年艰苦卓绝的抵抗斗争，涌现了无数气壮山河、可歌可泣的爱国事迹和民族英雄。因而，南宋是面对强敌、英勇抗争的时代。众所周知，金朝是中国历史上继匈奴、突厥、契丹以后一个十分强大的少数民族政权，并非昔日汉唐时期的匈奴、突厥与之后明清时期的蒙古可比。金军先后灭亡了辽朝和北宋，南侵之势简直锐不可当，但南宋军民浴血奋战，虽屡经挫折，终于抵挡住了南侵金军一次又一次的进攻，使南宋在外患深重的困境中站稳了

脚跟。在持久的宋金战争中，南宋的军事力量不但没有削弱，反而逐渐壮大起来。南宋后期的蒙元军队则更为强大，竟然以 20 年左右的时间横扫欧亚大陆，使全世界都谈"蒙"色变。南宋的军事力量尽管相对弱小，又面对当时世界上最为强大的蒙元军队，但广大军民同仇敌忾，顽强抵抗了整整 45 年之久，这不能不说是世界抗击蒙元战争史上的一个奇迹。[1]

南宋是呼唤英雄、造就英雄的时代。在旷日持久的宋金战争中，造就了以宗泽、韩世忠、岳飞、刘锜、吴玠吴璘兄弟为代表的一批南宋爱国将领。特别是民族英雄岳飞率领的岳家军，更使金军闻风丧胆。在南宋抗击蒙元的悲壮战争中，前有孟珙、王坚等杰出爱国将领，后有文天祥、谢枋得、陆秀夫、张世杰等抗元英雄。其中民族英雄文天祥领导的抗元斗争，更是可歌可泣，彪炳史册。

南宋是激发爱国热忱、孕育仁人志士的时代。仅《宋史·忠义列传》就收录有爱国志士 277 人，其中大部分是南宋人。[2]南宋初期，宗泽力主抗金，并屡败金兵，因不能收复北宋失地而死不瞑目，临终时连呼 3 次"过河"；洪皓出使金朝，被流放冷山，历尽艰辛，终不屈服，被比作宋代的苏武；陆游"死去元知万事空，但悲不见九州同"

---

[1] 参见何忠礼《论南宋定都杭州对当地经济文化的重大影响》，载《杭州研究》2007 年第 2 期。

[2] 俞兆鹏：《南宋人才之盛及其原因》，载《杭州日报》2005 年 11 月 14 日。

的诗句，表达了他渴望祖国统一的遗愿；辛弃疾的词则抒发了盼望祖国统一和反对主和误国的激情。因此，我们认为，南宋不但是造就民族英雄的时代，也是孕育爱国政治家、军事家、文学家和思想家的沃土。

2. 从政治制度上看，南宋是宋代继续加强中央集权、"干强枝弱"的时期

宋朝在建国之初，鉴于前朝藩镇割据、皇权削弱的经验教训，通过采取"强干弱枝"政策，不断加强中央集权统治。这一政策在南宋时得到了进一步强化。北宋王朝在中央权力上，实行军政、民政、财政"三权分立"，削弱宰相的权力与地位；在地方权力上，中央派遣知州、知县等地方官，将原节度使兼领的"支郡"收归中央直接管辖；在官僚机构上，实行官（官品）、职（头衔）、差遣（实权）三者分离制度；在财权上，设置转运使掌管各路财赋，将原藩镇把持的地方财权收归中央；在司法权上，设置县尉一职，将方镇节度使掌握的地方司法权收归中央；在军权上，实行禁军"三衙分掌"，使握兵权与调兵权分离、兵与将分离，将各州军权牢牢地控制在中央手里，从而加强了中央对政权、财权、军权等方面的全面控制。南宋继承了北宋加强中央集权的这一系列措施，为维护国家内部统一、社会稳定和经济发展提供了良好的国内环境。尽管多次出现权相政治，但皇权仍旧稳定如故。

3. 从用人制度上看，南宋是所谓"皇帝与士大夫共治天

下"的时代

两宋统治集团始终崇尚文治，尊重知识分子，重用文臣，提倡教育和养士，优待知识分子。与秦代"焚书坑儒"、汉代"罢黜百家"、明清"文字狱"相比，两宋时期可谓封建社会思想文化环境最为宽松的时期，客观上对经济、社会、文化发展起到了积极的促进作用。[1]

推行"崇尚文治"政策。宋王朝对文人士大夫采取了较为宽松宽容的态度，"欲以文化成天下"，对士大夫待之以礼、"不得杀士大夫及上书言事人"[2]，确立了"兴文教，抑武事"[3]的"崇文抑武"大政方针。两宋政权将"右文"定为国策。在这种政治氛围下，知识分子的思想十分活跃，参政议政的热情空前高涨，在一定程度上出现了"皇帝与士大夫共治天下"的局面，从而有力地推动了宋代思想、学术、文化的大发展。正由于两宋重用文士、优待文士，不杀文臣，因而南宋时常有正直大臣敢于上疏直谏，甚至批评朝政乃至皇帝的缺点，这与隋唐、明清时期动辄诛杀士大夫的政治状况大不相同。

采取"寒门入仕"政策。为了吸收不同阶层的知识分子参加政权，两宋对选才用人的科举制度进行了改革，消

---

[1] 参见郭学信《试论两宋文化发展的历史特色》，载《江西社会科学》2003年第5期。

[2] 陶宗仪：《说郛》卷三九上，文渊阁《四库全书》本。

[3] 李焘：《续资治通鉴长编》卷一八，"太平兴国二年正月丙寅"条，中华书局2004年版，第392页。

除了魏晋以来士族门阀造成的影响。两宋科举取士几乎面向社会各个阶层，再加上科举取士的名额不断增加，在社会各阶层中形成了"学而优则仕"之风。南宋时期，取士更不受出身门第的限制，只要不是重刑罪犯，即使工商、杂类、僧道、农民，甚至是杀猪宰牛的屠户，都可以应试授官。南宋的科举登第者多数为平民，如在宝祐四年（1256）登科的601名进士中，平民出身者就占了70%。[1]

二、在经济上，不但要看到南宋连年岁贡不断、赋税沉重的状况，更要看到整个南宋生产发展、经济繁荣的一面

人们历来有一种误解，认为南宋从立国之日起，就存在着从北宋带来的"积贫积弱"老毛病。确实，南宋王朝由于长期处于前金后蒙的威胁之下，迫使其不得不以加强皇权统治作为核心利益，在对外关系上，以牺牲本国的经济利益为代价，采取称臣、割地、赔款等手段来换取王朝政权的安定。正因为庞大的兵力和连年向金朝贡，加重了南宋王朝财政负担和民众经济负担，也一定程度上影响了南宋的经济发展。但在另一方面，我们更应当看到，南宋时期，由于北方人口的大量南下，给南宋的经济发展带来

---

[1] 俞兆鹏：《南宋人才之盛及其原因》，载《杭州日报》2005年11月14日。

了充足的劳动力、先进的生产技术和丰富的生产经验，再加上统治者出台一些积极措施，南宋在农业、手工业、商业、外贸等方面都取得了突出成就。南宋经济繁荣主要体现在：

1. 从农业生产看，南宋出现了古代中国南粮北调的新格局

由于南宋政府十分注重兴修水利，并采取鼓励垦荒的措施，加上北方人口大量南移和广大农民辛勤劳动，促进了流民复业和荒地开垦。人稠地少的两浙等平原地带，垦辟了众多的水田、圩田、梯田。曾经"几无人迹"的淮南地区也出现了"田野加辟""阡陌相望"的繁荣景象。南宋时期，农作物单位面积产量比唐代提高了两三倍，总体发展水平大大超过了唐代，有学者甚至将宋代农作物单位面积产量的大幅提高称为"农业革命"。[1]"苏湖熟，天下足"的谚语就出现在南宋。[2]元初，江浙行省虽然只是元代10个行省中的一个，岁粮收入却占了全国的37.10%，[3]江浙地区成了中国农业最为发达的地区，并出现了中国南粮北调的新格局。

2. 从手工业生产看，南宋达到了中国古代手工业发展

[1] 张邦炜：《瞻前顾后看宋代》，载《河北学刊》2006年第5期。

[2] （宋）范成大：《吴郡志》卷五〇《杂志》，《宋元方志丛刊》本，中华书局1990年版。

[3] （元）脱脱：《元史》卷九三《食货一·税粮》，中华书局2005年版，第2361页。

的新高峰

南宋时期，随着北方手工业者大批南下和先进生产技术传入，南方的手工业生产迈上了一个新台阶。一是纺织业规模和技术都大大超过了同时代的金朝，南方自此成了中国丝织业最发达的地区。二是瓷器制造业中心从北方移至江南地区。景德镇生产的青白瓷造型优美，有"饶玉"之称；临安官窑所造青瓷极其精美，为此杭州现在官窑原址建立了官窑博物馆，将这些精美的青瓷展现给世人；龙泉青瓷达到了烧制技术的新高峰，并大量出口。三是造船业空前发展。漕船、商船、游船、渔船，数量庞大，打造奇巧，富有创造性；海船采用的多根桅杆，为前代所无；战船种类众多，功用齐全，在抗金和抗蒙元的战争中发挥了重要作用。

3. 从商业发展看，南宋开创了古代中国商品经济发展的新时代

虽然宋代主导性的经济仍然是自然经济，但由于两宋时期冲破了历朝统治者奉行的"重农抑商"观念的束缚，确立了"农商并重"的国策，采取了惠商、恤商政策措施，使社会各阶层纷纷从事商业经营，商品经济呈现划时代的发展变化，进入一个新的历史发展阶段。一是四通八达的商业网络。随着商品贸易发展，出现了临安、建康（江苏南京）、成都等全国性的著名商业大都市，当时临安已达

16 万户，人口最多时有 150 万—160 万人[1]，同时，还出现了 50 多个 10 万户以上的商业大城市，并涌现出一大批草市、墟市等定期集市和商业集镇，形成了"中心城市—市镇集市—边境贸易—海外市场"的通达商业网络。[2] 二是"市坊合一"的商业格局。两宋时期由于城市商业繁荣，冲破了长期以来作为商业贸易区的"市"与作为居民住宅区的"坊"分离的封闭式市坊制度，出现了住宅与店肆混合的"市坊合一"商业格局，街坊商家店铺林立，酒肆茶楼面街而立。从《梦粱录》和《武林旧事》的记载来看，南宋临安城内商业繁荣，甚至出现了夜市刚刚结束，早市又告兴起的繁荣景象。三是规模庞大的商品交易。南宋商品的交易量虽难考证，但从商税收入可窥见一斑。淳熙年间（1174—1189）全国正赋收入 6530 万缗，占全国总收入 30% 以上。据此推测，南宋商品交易额在 20000 万缗以上。可见商品交易量之巨大。[3] 南宋商税加专卖收益超过农业

---

[1] 杨宽先生在《中国古代都城制度史》一书中认为，南宋末年咸淳年间，临安府所属九县，按户籍，主客户共三十九万一千多户，一百二十四万多口；附郭的钱塘、仁和两县主客户共十八万六千多户，四十三万二千多口，占全府人口的三分之一。宋朝的"口"是男丁数，每户平均以五人计，约九十多万人。所驻屯的军队及其家属，估计有二十万人以上，总人口当在一百二十万人左右，包括城外郊区十万人和乡村十万人。

[2] 陈杰林：《南宋商业发展：特点与成因》，载《安庆师范学院学报》2003 年第 4 期。

[3] 陈杰林：《南宋商业发展：特点与成因》，载《安庆师范学院学报》2003 年第 4 期。

税的收入，改变了宋以前历代王朝农业税赋占主要地位的局面。

4. 从海外贸易看，南宋开辟了古代中国东西方交流的新纪元

两宋期间，由于陆上"丝绸之路"隔断，东南方向海路成为海上对外贸易的唯一通道，海外贸易成为中外经济文化交流的主要通道。南宋海外贸易繁荣表现在：一是对外贸易港口众多。广州、泉州、临安、明州（浙江宁波）等大型海港相继兴起，与外洋通商的港口已近20个，还兴起了一大批港口城镇，形成了北起淮南、东海，中经杭州湾和福、漳、泉金三角，南到广州湾和琼州海峡的南宋万余里海岸线上全面开放的新格局。这种盛况不仅唐代未见，就是明清亦未能再现。[1]二是贸易范围大为扩展。宋前，与我国通商的海外国家和地区约20个，主要集中在中南半岛和印尼群岛，而与南宋有外贸关系的国家和地区增至60个以上，范围从南洋（今南海）、西洋（今印度洋）直至波斯湾、地中海和东非海岸。三是出口商品附加值高。宋代不但外贸范围扩大、出口商品数量增加，而且进口商品以原材料与初级制品为主，而出口商品则以手工业制成品为主，附加值高。用附加值高的制成品交换附加值低的初级产品，

---

[1] 葛金芳：《南宋：走向开放型市场的重大转折》，载《杭州研究》2007年第2期。

表明宋代外向型经济在发展程度上高于其外贸伙伴。[1]

三、在文化上，不但要看到封闭保守、颓废安逸的一面，更要看到南宋"百家争鸣、百花齐放"的繁荣局面

由于以宋高宗为首的妥协派大多患有"恐金病"，加之南宋要想收复北方失地在军事上和经济上确实存在着许多困难，收复中原失地的战争，也几度受到挫折，因此在南宋统治集团中，往往笼罩着悲观失望、颓废偷安的情绪。一些皇亲贵族，只要不是兵荒马乱，就热衷于享受山水之乐和口腹之欲，出现了软弱不争、贪图享受、胸无大志、意志消沉的"颓唐之风"。反映在一些文人士大夫的文化生活中，就是"一勺西湖水。渡江来、百年歌舞，百年醋醉"的华丽浮靡之风。但是，这并不能掩盖两宋文化的历史地位与影响。宋代是中国古代文化最为光辉灿烂的时期之一。近代的中国文化，其实皆脱胎于两宋文化。著名史学家邓广铭认为："宋代文化发展所能达到的高度，在从十世纪后半期到十三世纪中叶这一历史时期内，是居于全世界的领先地位的。"[2]日本学者则将宋代称为"东方的文艺复兴时

[1] 葛金芳：《南宋：走向开放型市场的重大转折》，载《杭州研究》2007年第2期。

[2] 邓广铭：《国际宋史研讨会开幕词》，载《国际宋史研讨论文选集》，河北大学出版社1992年版，第1页。

代"。[1]著名华裔学者刘子健认为："此后中国近八百年来的文化，是以南宋文化为模式，以江浙一带为重点，形成了更加富有中国气派、中国风格的文化。"[2]

1. 南宋是古代中国学术思想的巅峰时期

王国维指出："宋代学术，方面最多，进步亦最着"，"近世学术多发端于宋人"。宋学作为宋型文化的精神内核，是中国古代学术思想的巅峰。宋学流派纷呈，各臻其妙，大师迭出，群星璀璨，使南宋的思想文化呈现一派勃勃生机和前所未有的活跃局面。

理学思想形成。两宋统治者以文治国、以名利劝学的政策，对当时的思想、学术及教育产生了重要影响，最明显的一个结果是新儒学——理学思想诞生。南宋是儒学各派互争雄长的时期，各学派互相论辩、互相补充，共同构筑起中国儒学发展史上一个新的阶段。作为程朱理学集大成者的朱熹，是继孔孟以来最杰出的儒家学者。理学思想倡导国家至上、百姓至上的精神，与孟子的"君轻民贵"思想是一脉相承的。同时，两宋还倡导在儒家思想主导下的"儒佛道三教同设并行"，就是在"尊孔崇儒"的同时，对佛、道两教也持尊奉的态度。理学各家出入佛老；佛门也在学理上融合儒道；道教则从佛教中汲取养分，将其融

---

[1] [日]宫崎市定：《宫崎市定论文选集》下册，商务印书馆1963年版。

[2] 刘子健：《代序——略论南宋的重要性》，载黄宽重主编《南宋史研究集》，台湾新文丰出版公司1985年版。

入自身的养生思想，并吸纳佛教"因果轮回"思想与儒家"纲常伦理"学说。普通百姓"读儒书、拜佛祖、做斋醮"更是习以为常。两宋"三教合流"的文化策略迎合了时代需要，使宋代儒生不同于以往之"终信一家、死守一经"，从而使得南宋在思想、文化领域均有重大突破与重大建树。

思想学术界学派林立。学派林立是南宋学术思想发展的突出表现，也是当时学术界新流派勃兴的标志。在儒学复兴的思潮激荡下，尤其是在鼓励直言、自由议论的政策下，先后形成了以朱熹为代表的道学，以陆九渊为代表的心学，以叶适为代表的永嘉事功之学，以吕祖谦、陈亮为代表的永康之学等主要学派，开创了浙东学派的先河。南宋时期学派间互争雄长和欣欣向荣的景象，维持了近百年之久，形成了继春秋战国之后中国历史上第二次"百家争鸣"的盛况，为推动南宋经济文化发展起到了积极作用。尤其是浙东事功学派极力推崇义利统一，强调"商藉农而立，农赖商而行"，认为只有农商并重，才能富民强国，实现国家中兴统一的目的。功利主义思想反映了当时人们希望发展南宋经济和收复北方失地的强烈愿望。

2. 南宋是古代中国文学艺术的鼎盛时期

近代国学大师王国维认为"天水一朝人智之活动与文化之多方面，前之汉唐、后之元明皆所不逮也"。[1]南宋文

---

[1] 王国维：《静庵文集续编·宋代之金石学》，载《王国维遗书》第5册，上海古籍出版社1983年版。

学艺术繁荣的主要表现，一是宋词兴盛。宋代创造性地发展了"词"这一富有时代特征的文学形式。词的繁荣起始于北宋，鼎盛于南宋。南宋词不仅在内容上有所开拓，而且艺术上更趋于成熟。辛弃疾是南宋最伟大的爱国词人，豪放词派的最高代表，也是南宋词坛第一人，与北宋词人苏东坡一样，同为宋词成就最杰出的代表。李清照是婉约词派的代表人物，形成了别具一格的"易安体"，对后世影响很大。陆游既是著名的爱国诗人，也是南宋词坛的巨匠。他的词充满了奔放激昂的爱国主义感情，与辛弃疾一起把宋词推向了艺术高峰。二是宋诗繁荣。宋诗在唐诗之后另辟蹊径，开拓了宋诗新境界，其影响直到清末民初。宋诗完全有资格在中国诗史上与唐诗双峰并峙，两水并流。三是话本兴起。南宋话本小说出现，在中国文学史上是一件极有意义的大事，标志着中国小说的发展已进入一个新阶段。宋代话本为中国小说的发展注入了新鲜活力，迎来了明清小说的繁荣局面。南宋还出现了以《沧浪诗话》为代表的具有现代审美特征的开创性的文学理论著作。四是南戏的出现。南宋初年，出现了具有很强的现实性和感染力的"戏文"，统称"南戏"。南宋戏文是元代杂剧的先驱，它的出现标志着中国古代戏曲艺术的成熟，为我国戏剧发展奠定了雄厚基础。[1]五是绘画的高峰。宋代是中国绘画

---

[1] 参见何忠礼、徐吉军《南宋史稿》，杭州大学出版社1999年版，第657页。

史上的鼎盛时期，标志我国中古时期绘画高峰的出现。有研究者认为"吾国画法，至宋而始全"。[1]宋代画家多达千人左右，以李唐、刘松年、马远、夏圭等人为代表的南宋著名画家，他们的作品在画坛至今仍享有崇高地位。此外，南宋的多位皇帝和后妃也都是绘画高手。南宋绘画题材多样，山水、人物、花鸟画等并盛于世，尤以山水画最为突出，对后世影响极大。南宋画家称西湖景色最奇者有十，这就是著名的"西湖十景"的由来。宋代工艺美术造型、装饰与总体效果堪称中国工艺史上的典范，为明清工艺美术争相效仿的对象。此外，南宋的书法、雕塑、音乐、歌舞等艺术门类也都有长足的发展。

3. 南宋是古代中国文化教育的兴盛时期

宋代统治者大力倡导学校教育，将"崇经办学"作为立国之本，使宋代的教育体制较之汉唐更加完备和发达。南宋官私学盛，彻底打破了长期以来士族地主垄断教育的局面，使文化教育下移，教育更加大众化，适应了平民百姓对文化教育的需求，推动了文化大普及，提高了全社会的文化素质，促进了南宋社会文化事业进步和发展。在科举考试推动下，南宋的中央官学、地方官学、书院和私塾村校并存，各类学校都获得了蓬勃的发展。南宋各州县普遍设立了公立学校，其规模、条件、办学水平，较之北宋有了更大发展。由

---

[1] 潘天寿：《中国绘画史》，上海人民美术出版社1983年版，第158页。

于理学家的竭力提倡和科举考试的需要，南宋地方书院得到了大发展。宋代共有书院 397 所，其中南宋占 310 所。[1] 南宋私塾村校遍及全国各地，学校教育由城镇延伸到乡村，南宋教育达到前所未有的普及程度。

4. 南宋是古代中国史学的繁荣时期

南宋以"尊重和提倡"的形式，鼓励知识分子重视历史，研究历史，"思考历代治乱之迹"。陈寅恪先生指出："中国史学莫盛于宋。"[2] 南宋史学家袁枢的《通鉴纪事本末》，创立了以重大历史事件为主体，分别立目，完整记载历史事件的纪事本末体；朱熹的《资治通鉴纲目》创立了纲目体；朱熹的《伊洛渊源录》则开启了记述学术宗派史的学案体之先河。南宋在历史上第一次提出了"经世致用"的修史思想。南宋史学家不仅重视当代史的研究，而且力主把历史与现实结合起来，从历史上寻找兴衰之源，以史培养爱国、有用的人才。这些都对后代的史学家有很大的启迪和教益。

四、在科技上，既要看到整个宋代在中国古代科技史上的地位，也要看到南宋对古代中国科学

---

[1] 何忠礼:《论南宋定都杭州对当地经济文化的重大影响》，载《杭州研究》2007 年第 2 期。

[2] 陈寅恪:《陈垣〈明季滇黔佛教考〉序》《陈垣〈元西域人华化考〉序》，载《金明馆丛稿二编》，上海古籍出版社 1980 年版，第 238、240 页。

技术的杰出贡献

宋代统治集团对在科学技术上有重要发明及创造、创新之人给予物质和精神奖励，为宋代科技发展与进步注入了前所未有的强大动力。宋朝是当时世界上发明创造最多的国家，也是古代中国为世界科技发展贡献最大的时期。英国学者李约瑟说：“每当人们在中国的文献中查找一种具体的科技史料时，往往会发现它的焦点在宋代，不管在应用科学方面或纯粹科学方面都是如此。”[1]中国历史上的重要发明，一半以上都出现在宋朝。宋代的不少科技发明不仅在中国科技史上，而且在世界科技史上也号称第一。《梦溪笔谈》的作者沈括、活字版印刷术的发明者毕昇这两位钱塘（浙江杭州）人，都是中外公认的中国古代伟大科学巨匠。南宋的科技在北宋基础上进一步得到发展，其科技成就在很多方面居于世界领先地位。

1. 南宋对中国古代“三大发明”的贡献

活字印刷术、指南针与火药三大发明，在南宋时期获得进一步的完善和发展，并开始了大规模的实际应用。指南针在航海上的应用，始见于北宋末期，南宋时的指南针已从简单的指针，发展成为比较简易的罗盘针，并被应用于航海上，是一项具有世界意义的重大发明。李约瑟指出，指南针在航海中的应用，是“航海技艺方面的巨大改革”，

---

[1]［英］李约瑟：《李约瑟文集》，辽宁科技出版社1986年版，第115页。

"预示计量航海时代的来临"。中国古代火药和火药武器的大规模使用和推广也始自南宋。南宋出现的管形火器，是世界兵器史上十分重要的大事，近代的枪炮就是在这种原始的管形火器基础上发展起来的。此外，南宋还广泛使用威力巨大的火炮作战，充分反映了南宋火器制造技术的巨大进步。南宋开始推广使用活字印刷术，出现了目前世界上第一部活字印本。此外，南宋的造纸技术更为发达，生产规模大为扩展，品种繁多，质量之高，近代也多不及。

2. 南宋在农业技术理论上的重大突破

南宋陈旉所著《陈旉农书》是我国现存最早的有关南方农业生产技术与经营的农学著作。他是中国农学史上第一个提出土地利用规划技术的人。陈旉在《农书》中首先提出了土壤肥力论等多种土地的利用和改造之法，并对搞好农业经营管理提出了卓越的见解。稻麦两熟制、水旱轮作制、"耕耙秒"耕作制，在南宋境内都得到了较好的推广。植物谱录在南宋也大量涌现。《橘录》是我国最早的柑橘专著；《菌谱》是世界历史上最早的菌类专著；《全芳备祖》是世界最早的植物学辞典，比欧洲要早300多年；《梅谱》是我国最早的有关梅花的专著。

3. 南宋在制造技术上的高度成就

宋代冶金技术居世界最高水平，南宋对此做出了卓越贡献。在有色金属开采与冶炼方面，南宋发明了"冶银吹灰法"和"铜合金铁"冶炼法；在煤炭开发利用上，南宋开始使用焦煤炼铁（而欧洲人是在 18 世纪时才采用焦煤炼铁的），是我国冶金史上具有重大意义的里程碑。南宋是我国纺织技术高度发展时期，特别是蚕桑丝绸生产，已形成了一整套从栽桑到成衣的过程，生产工具丰富，为明清的丝绸生产技术奠定了基础。南宋的丝纺织品、织造和染色技术在前代的基础上达到了一个新水平。南宋瓷器无论在胎质、釉料，还是在制作技术上，都达到了新的高度。同时，南宋的造船、建筑、酿酒、地学、水利、天文历法、军器制造等方面技术水平，也都比过去有很大的进步。如现保存于杭州碑林的石刻《天文图》是迄今为止所能见到的最早的全天星图，绘于南宋绍定二年（1229）的石刻《平江图》，是我国现存最完整的城市规划图，至今仍完好地保存在苏州市博物馆。

4. 南宋在数学领域的巨大贡献

南宋数学不仅在中国数学史上，而且在世界数学史上取得了极为辉煌的成就。南宋杰出的数学家秦九韶撰写的《数书九章》提出的"正负开方术"，与现代求数学方程正根的方法基本一致，比西方早 500 多年。另一位杰出的数学家杨辉，编撰有《详解九章算法》《日用算法》《乘除通变本末》《田亩比类乘除捷法》《续古摘奇算法》（《乘除通变本末》《田亩比类乘除捷法》《续古摘奇算法》三者合称为《杨辉算法》）等十余种数学著作，收录了不少我国现已失传的数学著作中的算题和算法。杨辉对二阶等差级数求和的论述，使之成为继沈括之后世界上最早研究高阶等差级数的人。杨辉发明的"九归口诀"，不仅提高了运算速度和精确度，而且还对我国珠算的发明起到了重要作用。李约瑟把宋代称为"伟大的代数学家的时代"，认为"中国的代数学在宋代达到最高峰"。[1]

5. 南宋在医药领域的重要贡献

南宋是中国法医学正式形成的时期。宋慈的《洗冤集录》是世界上第一部法医学专著，比西方早 350 余年。它不仅奠定了我国古代法医学的基础，而且被奉为我国古代"官司检验"的"金科玉律"，并对世界法医学产生了广泛影响。南宋是中国针灸医学的极盛时期。王执中的《针灸资生经》和闻人耆年《备急灸法》两书，皆集历代针灸学知识之大全，反映了当时针灸学的最高水平。南宋腧穴针灸铜人是针灸学上第一具教学、临床用的实物模型。陈自明著的《外科精要》一书对指导外科的临床应用具有重要意义。陈自明的《妇人大全良方》是著名的妇产科著作，直到明清时期仍被妇科医生奉为经典。朱瑞章的《卫生家宝产科方》，被称为"产科之荟萃，医家之指南"。无名氏的《小儿卫生总微论方》和刘昉的《幼幼新书》，汇集了宋以前在儿科学方面所取得的成就，是我国历史上较早的一部比较系统、全面的儿科学著作。许叔微的《普济本事方》

---

[1] 参见《中国科学技术史》第 1 卷第 1 册，科学出版社 1975 年版，第 273、284、287、292 页。

是中国古代一部比较完备的方剂专书。

五、在社会上，不但要看到南宋一些富豪官绅生活奢华、挥霍淫乐的一面，更要看到南宋政府关注民生、注重民生保障的一面

南宋社会生活的奢侈之风，既是南宋官僚地主腐朽的集中反映，也是南宋经济文化空前繁荣的缩影。我们不但看到南宋一些富豪官绅纵情声色、恣意挥霍的社会现象，更要看到南宋政府倡导善举、关注民生、同情民苦的客观事实。[1]两宋社会保障制度，在中国古代救助史上占有重要地位，并为宋后社会保障制度的建立奠定了基础。有学者认为，中国古代真正意义上的社会保障事业是从两宋开始的。同时，两宋时期随着土地依附关系逐步解除和门阀制度崩溃，逐渐冲破了以前士族地主一统天下的局面。两宋社会结构开始调整重组，出现了各阶层之间经济地位升降更替、社会等级界限松动的现象，各阶层的价值取向趋近，促进社会各阶层融合，平民化、世俗化、人文化趋势明显。两宋社会平民化，不仅体现在科举面向社会各个阶层，取士不受出身门第限制，而且体现在官民身份可以相互转化，可以由贵而贱，由贱而贵；贫富之间既可以由富

---

[1] 邓小南：《宋代历史再认识》，载《河北学刊》2006 年第 5 期。

而贫，也可以由贫而富。[1]

1. 南宋农民获得了更多的人身自由

两宋时期，租佃制普遍发展，这是古代专制社会中生产关系的一次重大调整。在租佃制下，地主招募客户耕种土地，客户只向地主缴纳地租，而不必承担其他义务。客户契约期满后有退佃起移的权利，且受到政府保护，人身依附关系大为减弱。按照宋朝的户籍制度，客户直接编入国家户籍，成为国家的正式编户，并承担国家某些赋役，而不再是地主的"私属"，因而获得了一定的人身自由。两宋农民在法律上可以自由迁徙，这是历史的一大进步。[2]南宋时期随着商品经济发展，农民获得了更多的自由，可以自由地离土离乡，转向城市从事手工业或商业活动。

2. 南宋商人社会地位得到了提高

宋前历朝一直奉行"重农轻商"政策，士、农、工、商，商人居"四民"之末，受到社会歧视。宋代商业已被视同农业，均为创造社会财富的源泉，"士、农、工、商，皆百姓之本业"[3]成为社会共识，使两宋商人的社会地位得到前所未有的提高。随着工商业的发展，在南宋手工业作

---

[1] 郭学信：《宋代俗文化发展探源》，载《西北师范大学学报》2005年第3期。

[2] 郭学信、张素音：《宋代商品经济发展特征及原因析论》，载《聊城大学学报》2006年第5期。

[3] （宋）陈耆卿：《嘉定赤城志》卷三七《风土》，《宋元方志丛刊》本，中华书局1990年版。

坊中，工匠主和工匠之间形成了雇佣与被雇佣关系。南宋手工业作坊中的雇佣制度，代替了原来带有强制性的指派和差人应役招募制度，雇佣劳动与强制性的劳役比较，工匠的人身束缚大为松弛，新的经济关系推动了南宋手工业经济发展，又促进了资本主义生产关系萌芽。

3. 南宋市民阶层登上了历史舞台

"坊郭户"是城市中的非农业人口。随着工商业的日益发展，宋政府将"坊郭户"单独"列籍定等"。"坊郭户"作为法定户名在两宋时期出现，标志着城市"市民阶层"形成，市民阶层开始作为一个独立群体正式登上了历史舞台，成为不可忽视的社会力量。[1]南宋时期，还实行了募兵制，人们服役大多出于自愿，从而有效保障了城乡劳力稳定和社会安定，与唐代苛重的兵役相比，显然是一个进步。

4. 南宋社会保障制度更为完善

南宋的社会保障体系主要表现在：一是"荒政"制度。就是由政府无偿向灾民提供钱粮和衣物，或由政府将钱粮贷给灾民，或由政府将灾民暂时迁移到丰收区，或将粮食调拨到灾区，或动员富豪平价售粮，并在各州县较普遍地设置了"义仓"，以解决暂时的粮食短缺问题。同时，遇丰收之年，政府酌量提高谷价，大量收籴，以避免谷贱伤农；遇荒饥之年，政府低价将存粮大量粜出，以照顾灾民。二

---

[1] 郭学信：《宋代俗文化发展探源》，载《西北师范大学学报》2005年第3期。

是"养恤"制度。在临安等城市中，南宋政府针对不同对象设立了不同的养恤机构。有赈济流落街头的老弱病残或贫穷潦倒乞丐的福田院，有收养孤寡等贫穷不能自存者的居养院，有收养并医治鳏寡孤独贫病不能自存之人的安济院，有收养社会弃子弃婴的慈幼局，等等。三是"义庄"制度。义庄主要由一些科举入仕的士大夫用其秩禄买田置办，义田一般出租，租金则用于赈养族人的生活。虽然义庄设置的最初动机在于为本宗族之私，但义庄的设置在一定范围保障了族人的经济生活，对两宋官方的社会保障起到了重要的辅助作用。南宋的社会保障政策与措施对倡导善举、缓和社会矛盾、维护社会稳定等发挥了积极作用。[1]

六、在历史地位上，既要看到南宋在当时国际国内的地位，又要看到南宋对后世中国和世界的影响

1. 南宋对东亚"儒学文化圈"和世界文明进程之影响

两宋的成就居于当时世界发展的顶峰，对周边国家和世界均产生了巨大影响。如南宋对东亚"儒学文化圈"的影响。南宋朱子学对东亚"儒学文化圈"各国文化产生了广泛而深刻的影响，至今仍然积淀在东亚各民族的文化心

---

[1] 参见杜伟《略述两宋社会保障制度》，载《沙洋师范高等专科学校学报》2004年第1期；陈国灿《南宋江南城市的公共事业与社会保障》，载《学术月刊》2002年第6期。

理中，对东亚现代化起着重要作用。在文化输入上，这些周边邻国对唐代文化主要是制度文化的模仿，而对两宋文化则侧重于精神文化的摄取，尤其是对南宋儒学、宗教、文学、艺术、政治制度的借鉴。南宋儒学文化传至东亚各国，与各国的学术思想和民族文化相融合，产生了朝鲜儒学、日本儒学、越南儒学等东亚儒学，形成了东亚"儒学文化圈"。这表明南宋儒学文化在东亚民族之间的文化交流和传播中，对高丽、日本、越南等国学术文化与东亚文明发展历史产生了重大影响，这可以说是东亚文明发展中的一大奇观。[1] 同时，南宋儒学文化中的优秀成分和合理精神，在现代东亚社会的政治经济、思想文化、社会生活、家庭关系等方面仍然发挥重要影响和作用。如南宋儒学中的"信义""忠诚""中庸""和""义利并取"等价值观念，在现代东亚经济社会中的积极作用显而易见。

南宋对世界经济发展的影响。随着南宋海外贸易发展，与我国通商的海外国家与地区从宋前的20余个增至60个以上。海外贸易范围从宋前中南半岛和印尼群岛，扩大到西洋（今印度洋至红海）、波斯湾、地中海和东非海岸，使雄踞于太平洋西岸的南宋帝国与印度洋地区北岸的阿拉伯帝国一起，构成了当时世界贸易圈的两大轴心。海上"丝绸之路"取代了陆上"丝绸之路"，成为中外经济文化交流

---

[1] 葛金芳：《南宋：走向开放型市场的重大转折》，载《杭州研究》2007年第2期。

的主要通道。鉴于此，美籍学者马润潮把宋代视为"世界伟大海洋贸易史上的第一个时期"。同时，随着商品经济的发展，北宋出现了世界上最早的纸币——交子。至南宋时，纸币开始在全国普遍使用。有学者将纸币的产生与大规模流通称为"金融革命"。[1]纸币流通的意义远在金属铸币之上，表明我国在货币领域发展已走在世界前列。

两宋对世界文明进程的影响。宋代文化对世界文化的影响，主要表现在两宋的活字印刷术、火药、指南针的西传上。培根指出："这三种发明已经在世界范围内把事物的全部面貌和情况都改变了：第一种是在学术方面，第二种是在战事方面，第三种是在航行方面；由此产生了无数的变化，这种变化是如此巨大，以至没有一个帝国，没有一个教派，没有一个赫赫有名的人物，能比得上这三种机械发明。"[2]马克思的评价则更高："火药、指南针、印刷术——这是预告资产阶级到来的三大发明。火药把骑士阶层炸得粉碎，指南针打开了世界市场并建立了殖民地，而印刷术则变成了新教的工具和科学复兴的手段，变成对精神发展创造必要前提的强大杠杆。"[3]两宋"三大发明"对世界文明的决定性作用是毋庸赘言的。两宋科举考试制度

---

[1] 参见张邦炜《瞻前顾后看宋代》，载《河北学刊》2006年第5期。

[2] ［英］培根：《新工具》，商务印书馆1984年版，第103页。

[3] ［德］马克思：《机器、自然力和科学应用》，人民出版社1978年版，第67页。

也对法、美、英等西方国家选拔官吏的政治制度产生了直接作用和重要影响，被人誉为"中国的第五大发明"。

2. 南宋对中国古代与近代历史发展之影响

中外学者普遍认为："这时的文化直至20世纪初都是中国的典型文化。其中许多东西在以后的一千年中是中国最典型的东西，至少在唐代后期开始萌芽，而在宋代开始繁荣。"[1]

南宋促进了中国市民阶层的形成。随着商品经济的繁荣，两宋时期不仅出现了一大批大、中、小商业城市与集镇，而且形成了杭州、开封、成都等全国著名商业大都市，第一次出现了城市平民阶层，呈现了中国古代社会前所未有的时代开放性。南宋市民阶层的出现，世俗文化与世俗经济的形成与繁荣，意味中国市民社会已具雏形，开启了中国社会平民化进程。正由于两宋时期出现了欧洲近代前夜的一些特征，如大城市兴起、市民阶层形成、手工业发展、商业经济繁荣、对外贸易发达、流通纸币出现、文官制度成熟等现象，美国、日本学者普遍把宋代中国称为"近代初期"。[2]

南宋促成了中国经济重心南移。由于南宋商品经济空前发展，有些学者甚至断言，宋代已经产生了资本主义萌

---

[1] [美]费正清、赖肖尔：《中国：传统与变革》，江苏人民出版社1995年版，第118—119页。

[2] 张晓淮：《两宋文化转型的新诠释》，载《学海》2002年第4期。

芽。西方有学者认为南宋已处在"经济革命时代"。随着宋室南下，南宋经济的发展与繁荣，使江南成为全国经济最为发达的地区。南宋时期，全国经济重心完成了由黄河流域向长江流域的历史性转移，我国经济形态自此逐渐从自然经济转向商品经济，从封闭经济走向开放经济，从内陆型经济转向海陆型经济。这是中国传统社会发展中具有路标性意义的重大转折。[1] 如果没有明清的海禁和极端专制的封建统治，中国的近代化社会也许会更早地到来。

南宋推进了中华民族大融合。南宋时期，中国社会出现了第三次民族大融合。宋王朝虽然先后被同时代的女真、蒙古民族征服，但无论前金还是后蒙，在其思想文化上，都被南宋代表的先进文化折服，融入中华民族大家庭之中。10—13世纪，中原王朝与北方游牧民族时战时和、时分时合，使以农耕文化为载体的两宋文化迅速向北扩散播迁，女真、蒙古政权深受南宋代表的先进政治制度、社会经济和思想文化影响，表示出对南宋文化认同、追随、仿效与移植，自觉不自觉地接受了先进的南宋文化，使其从文字到思想、从典章制度到风俗习惯均呈现出汉化趋势。[2] 南宋文化改变了这些民族的文化构成，提高了它们的文化层位，加速了这些民族由落后走向进步的进程，从而在整体上提高了中国北部地

---

[1] 参见葛金芳《南宋：走向开放型市场的重大转折》，载《杭州研究》2007年第2期。

[2] 参见虞云国《略论宋代文化的时代特点与历史地位》，《浙江社会科学》2006年第3期。

区少数民族的文明程度。

南宋奠定了理学在封建正统思想中的主导地位。理学的形成与发展，是南宋文化对中国古代思想文化的重大贡献。南宋理宗朝时，理学被钦定为封建正统思想和官方哲学，确立了程朱理学的独尊地位，并一直垄断元、明、清三代的思想和学术领域长达 700 余年，其影响之深广，在古代中国没有其他思想可以与之匹敌。[1] 同时，两宋时期开创了中国古代儒、佛、道"三教合流"的文化格局。与汉武帝"罢黜百家、独尊儒术"不同，南宋在大兴儒学的前提下，加大了对佛、道两教的扶持，出现了"以佛修心，以道养生，以儒治世"的"三教合一"的格局。自宋后，古代中国社会基本延续了以儒学为主体，以佛、道为辅翼的文化格局。

两宋对中国后世王朝政权稳定的影响。两宋王朝虽然国土面积前不及汉唐，后不如元明清，却是中国封建史上立国时间最长的王朝。两宋王朝之所以在外患深重的威胁下保持长治局面，很大程度上取决于两宋精于内治，形成了一系列的中央集权制度和民族认同感，因此，自宋朝后，中华民族"大一统"思想深入人心，中国历史上再也没有出现过地方严重分裂割据的局面。

---

[1] 参见何忠礼《论南宋在中国历史上的地位和影响》，《杭州研究》2007 年第 2 期。

3. 南宋对杭州城市发展之影响

正是南宋经济、文化、社会各方面的高度发展，促成京城临安极度繁荣，成为12—13世纪最为繁华的世界大都会，也正是南宋带来民族文化大交流、生活方式大融合、思想观念大碰撞，形成了京城临安市民独特的生活观念、生活方式、性格特征、语言习惯。直到今天，杭州人独有的文化特质、社会习俗、生活理念，都深深地烙上了南宋社会的历史印迹。

京城临安，一座巍峨壮丽的世界级"华贵之城"。南宋朝廷立临安为行都，使杭州的城市性质与等级发生了根本性的巨大变化。从州府上升为国都，这是杭州城市发展的里程碑，杭州由此进入历史上最辉煌的时期。南宋统治者对临安城建设倾注了大量心血，并倾全国之人力、物力、财力加以精心营造。经过南宋诸帝持续的扩建和改建，南宋皇城布满了金碧辉煌、巍峨壮丽的宫殿，足可与北宋的汴京城媲美。南宋对临安府大规模地改造和扩建的杰出代表便是御街。南宋都城临安，经过100多年的精心营建，已发展成为百万以上人口的大城市，成为当时亚洲各国经济文化的交流中心，城市规模已名列十二三世纪时世界的首位。当时的杭州被意大利著名旅行家马可·波罗称赞为"世界上最美丽华贵之天城"。而12世纪时，美洲和澳洲尚未被殖民者发现，非洲处于自生自灭状态，欧洲现有主要国家尚未完全形成，罗马内部四分五裂，北欧海盗肆虐，

基辅大公国（俄罗斯）刚刚形成。[1]到了南宋后期（即 13
世纪中叶）临安人口曾达到 150 万—160 万人，此时，西
方最大最繁华的城市威尼斯也只有 10 万人口，作为世界最
著名的大都会伦敦、巴黎，直至 14 世纪的文艺复兴时期，
其人口也不过 4 万—6 万人。[2]仅从城市人口规模看，800
年前的杭州就已遥遥领先于世界各大城市。

　　京城临安，一座繁荣繁华的"地上天宫"。临安是全国
最大的手工业生产中心。南宋临安工商业发达，手工业门
类齐、制作精、分工细、规模大、档次高，造船、陶瓷、
纺织、印刷、造纸等行业都建有大规模的手工业作坊，并
有"四百一十四行"之说。临安是全国商业最为繁华的城
市。临安城内城外集市与商行遍布，天街两侧商铺林立，
早市夜市通宵达旦；城北运河樯橹相接、昼夜不舍，城南
钱江两岸各地商贾海船云集、桅杆林立。临安是璀璨夺目
的文化名城。京城内先后集聚了李清照、朱熹、尤袤、陆
游、杨万里、范成大、辛弃疾、陈起等一批南宋著名的文
化人。临安雕版印刷为全国之冠，杭刻书籍为我国宋版书
之精华。城内设有全国最高的学府——太学，规模最为宏
阔，与武学、宗学合称"三学"。临安的教育事业空前繁
荣。城内文化娱乐业发达，瓦子数量、百戏名目、艺人人

---

[1] 参见何亮亮《从"南海"一号看中华复兴》，载《文汇报》2008 年 1
　　月 6 日。

[2] 参见何忠礼《论南宋在中国历史上的地位和影响》，载《杭州研究》
　　2007 年第 2 期。

数、娱乐项目和场所设施等方面，也都是其他城市无法比拟的。临安不但是全国政治中心，也是全国经济中心和文化中心。今日杭州之所以能成为"人间天堂"，成为全国历史文化名城，成为我国七大古都之一，很大程度上就是得益于南宋定都临安，得益于南宋经济文化的高度繁荣。

京城临安，一座南北荟萃、精致和谐的生活城市。北方人口的优势，使南下的中原文化全面渗透到本土的吴越文化之中，形成了临安独特的社会生活习俗，并影响至今。临安的社会是本地居民与外来人员和谐相处的社会，临安的文化是南北文化交融、中外文化交流的结晶，临安的生活是中原风俗与江南民俗相互融合的产物。总之，南宋临安是一座兼容并蓄、精致和谐的生活城市。其表现为：一是南北交融的语言。经过100多年流行，北方话逐渐融合到吴越方言之中，形成了南北交融的"南宋官话"。有学者指出："越中方言受了北方话的影响，明显地反映在今日带有'官话'色彩的杭州话里。"[1]二是南北荟萃的饮食。自南宋起，杭人饮食结构发生了变化，从以稻米为主，发展到米、面皆食。"南料北烹"美食佳肴，结合西湖文采，形成了具有鲜明特色的"杭邦菜系"，而成为中国古代菜肴一个新高峰。丰富美味的饮食，致使临安人形成追求美食美味的饮食之风。三是精致精美的物产。南宋时期，在临安

---

[1] 参见徐吉军《论南宋定都杭州对当地经济文化的重大影响》，载《杭州研究》2007年第2期。

无论建筑寺观，还是园林别墅、亭台楼阁和小桥流水，无不体现了江南的精细精致，更有陶瓷、丝绸、扇子、剪刀、雨伞等工艺产品，做工讲究、小巧精致。四是休闲安逸的生活。城市的繁华与西湖的秀美，使大多临安人沉醉于歌舞升平与湖山之乐中，在辛劳之后讲究吃喝玩乐、神聊闲谈、琴棋书画、花鸟鱼虫，体现了临安人求精致、讲安逸、会休闲的生活特点，也反映了临安市民注重生活与劳作结合的城市生活特色，反映了临安文化的生活化与世俗化，并融入今日杭州人的生活观念中。

4. 借鉴南宋"体恤民生"的某些仁义之举，努力将今天的杭州建设成为一个全民共享的"生活品质之城"

南宋社会关注民生、同情民苦的仁义之举，尤其是针对不同人群建立较为完备的社会保障体系，在构建社会主义和谐社会，建设覆盖城乡、全民共享的"生活品质之城"的今天，有着特别重要的现实意义。建设覆盖城乡、全民共享的"生活品质之城"，既是一项长期的历史任务，又是一个重大的现实课题。要使"发展为人民、发展靠人民、发展成果由人民共享、发展成效让人民检验"理念落到实处，就必须把老百姓的小事当作党委、政府的大事，以群众呼声为第一信号，以群众利益为第一追求，以群众满意为第一标准，树立起"亲民党委""民本政府"的良好形象。要始终坚持以人为本、以民为先的理念，既要关注城市居民，又要关注农村居民；既要关注本地居民，又要关注外来创业务工人员；既要关注全体市民生活品质的整体提高，更要特别关注困难群众、弱势群体、低收入阶层生活品质的明显改善。要始终关注老百姓的衣食住行、安危冷暖、生老病死，让老百姓能就业、有保障，行得便捷、住得宽畅，买得放心、用得舒心，办得了事、办得好事，拥有安全感、安居又乐业，让全体市民共创生活品质、共享品质生活。

5. 整合南宋"安逸闲适"的环境资源，推进杭州"东方休闲之都"和国际旅游休闲中心建设

杭州得天独厚的自然山水环境，经过南宋100多年来固江堤、疏西湖、治内河、凿新井、建宫城、造御街、设瓦子、引百戏等多方面的措施，形成都城左江（钱塘江）右湖（西湖）、内河（市区河道）外河（京杭运河）的格局，使杭州的生态环境、旅游环境、休闲环境大为改观，极大丰富了杭州的旅游资源。南宋为我们留下的不但是一块"南宋古都"的"金字招牌"，还留下了安逸闲适的休闲环境和休闲氛围。在"三面云山一面城"的独特环境里，集中了江、河、湖、溪与西湖群山，出现了大批观光游览景点，并形成著名的"西湖十景"。沿湖、沿河、沿街的茶肆酒楼、鳞次栉比、生意兴隆；官私酒楼、大小餐馆充满"南料北烹"的杭邦菜肴和各地名肴；大街小巷布满大小馆舍旅店，是外地游客与应考士子的休息场所。同时，临安娱乐活动丰富多彩，节庆活动繁多。独特的自然山水、休

闲的环境氛围，使临安人注重生活环境、讲究生活质量、追求生活乐趣。不但皇亲国戚、达官贵人纵情山水、赏花品茗，过着高贵奢华的休闲生活，而且文人士大夫交结士朋、寄情适趣，热衷高雅脱俗的休闲生活；就是普通百姓也会带妻携子泛舟游湖，享受人伦亲情及山水之乐。

今天的杭州人懂生活、会休闲，讲究生活质量，追求生活品质，都可以从南宋临安人闲情逸致的生活态度中找到印迹。今天的杭州正在推进新城建设、老城更新、环境保护、街区改善等工程，都可以从南宋临安对左江右湖、内河外河的治理和皇城街坊、园林建筑的建设中得到有益的启示。杭州要打造"东方休闲之都"，共建共享"生活品质之城"，建设国际旅游休闲中心，就必须重振"南宋古都"品牌，充分挖掘南宋文化遗产，珍惜杭州为数不多的地上南宋遗迹。进一步实施好西湖、西溪、运河、市区河道综合保护工程；推进"南宋御街"——中山路有机更新，以展示杭州自南宋以来的传统商业文化；加强对南宋"八卦田"景区的保护与利用，以展示南宋皇帝"与民同耕"的怀古场景；加强对南宋官窑遗址的保护与利用，以展示南宋杭州物产的精致与精美；加强对南宋皇城遗址和太庙遗址的保护与利用，以展示昔日南宋京城的繁荣与辉煌。进入 21 世纪的杭州，不但要保护利用好南宋留下的"三面云山一面城"的"西湖时代"，更要以"大气开放"的宏大气魄，努力建设好"一主三副六组团六条生态带"的大都

市空间格局，形成"一江春水穿城过"的"钱塘江时代"，实现具有千年古都神韵的文化名城与具有大都市风采的现代化新城同城辉映。

前言

  《南宋全书》是"五位一体"《杭州全书》的重要组成部分，是杭州南宋文化遗产保护、传承和利用的基础前提和依据载体。《南宋全书》的编纂、出版旨在发挥南宋学研究成果，在打造具有"国际特征、中国特点、杭州特色"的城市学杭州学派和"国内领先、世界一流"的城市学智库方面起到积极作用。

  在开展《南宋全书》编撰出版之前，制定了工作原则。在内容方面：既要着眼于南宋经济、政治、军事、文化、社会和独特山水、人文资源的研究，体现系统性、整体性，又要着眼于杭州南宋文化遗存的独特禀赋研究，体现特色性、差异性。在规划方面：坚持统一领导、统一规划、统一大纲、统一体例、分别筹资、分别实施、分别销售的"四统三分"体制，充分彰显系统性、规律性、权威性。在品质方面：牢固确立品质导向，尊重科学，打造精品，坚持量质并举，通盘考虑选题、编纂、评审、出版，以及成果转化和赠、换、售工作，切实提高"费效比"，努力使每一本书都经得起人民的检验、专家的检验、历史的检验，真正能传承文明，发挥"存史、释义、资政、育人"作用。在整合资源方面：以改革的思路面向全社会组织开放式研究，充分吸收国内外南宋学研究各方面专家参与，集聚各方面资源，形成编纂出版合力，进一步打好"杭州牌"、"浙江牌"、"中华牌"、"国际牌"。在计划推进方面：立足长远、统盘谋划、科学规划、统一部署、积极引导、分步实施。按照全书编纂的统一体例，可根据自身研究条件，实事求是确定研究进度，制定切实可行的实施方案，积极稳妥、分步有序地推进。

南宋学研究成果的载体，包括丛书、文献集成、研究报告、通史、辞典五大组成部分，定位各有侧重。其中，研究报告定位为论文集，突出"专"字，主要收录"两宋论坛"征集评选出的优秀成果，包括了历史研究和当代研究两方面的成果。本报告即主要收录了第五届"两宋论坛"的优秀成果。

第五届"两宋论坛"于 2020 年 11 月 8 日在杭州举行。本届论坛以"两宋时期的社会治理"为主题，由杭州、开封两市市委、市政府支持，学术活动由杭州国际城市学研究中心、河南大学中原发展研究院两大智库共同主办。论坛以实际行动传承弘扬两宋优秀文化，总结历史经验，推动"一带一路"战略的落实，讲好"中国故事"，进而讲好"杭州故事"、"开封故事"，推动中华优秀传统文化创造性转化、创新性发展，取得了良好的文化和社会效益，成为杭州与开封城市国际化和文化交流的"金名片"。其中，"两宋论坛优秀研究成果征集评选"活动，面向国内外两宋领域研究者以及各界有识之士，分为历史类与经济类两大类征集评选，并进行专家多轮评审，最终评出金奖一名，银奖两名，铜奖三名。研究报告作为"两宋论坛优秀研究成果征集评选"活动的优秀成果汇编，即整理收录其中最优秀的学术研究成果并出版。

本报告主题为"两宋时期的社会治理"，收入十篇文章，分为论文六篇，内容包括北宋初年盐政、北宋后期边疆治理、宋代渔民日常活动及政府管理等；学术专著引言四篇，内容包括南宋前期政治研究、宋朝法典与制度研究等。收入本报告时，根据出版的要求，将各论文体例格式进行了统一，特此说明。

目　录

试论宋朝在中国历史上的地位
——由唐宋两朝国情比较所见

何忠礼

引言

要正确认识宋朝在中国历史上的地位,当与相邻朝代的国情,即政治、经济、军事、思想、文化、农民的社会地位,以及对后世的影响等方面,进行全方位的考察和比较,才能得出科学的结论。对于宋朝而言,可以作为对比的朝代,当非唐朝莫属。

通观自南宋灭亡到明季三个半世纪的历史记载,时人虽与今人一样,常以唐宋并称,但与今人大不一样的是不仅不存在褒唐贬宋之论,恰恰相反,对李唐弊端的揭露更多于赵宋。如元世祖忽必烈的重要谋臣、有"耆卿"之称的许衡(1209—1281),在他撰写的《稽古千文》中,言及唐朝时说:

> 唐高之兴,太宗之谋。闱门惭德,责以《春秋》。田以租调,兵以府卫。七百余员,首定官制。贞观仁义,仿佛三代。本根不正,随亦阙坏。再传高宗,已罹女祸。李勣一言,唐业几堕。武后称制,欲立三思。倘非仁杰,孰引柬之?中宗复辟,嗣与韦后。睿逊玄宗,以功授受。开元太平,天宝昏

乱。贵妃内惑，禄山外叛。肃宗即位，大分安在？中兴有颂，功不赎罪……宣宗寡恩，唐治以衰。懿、僖、昭、哀，遂不可支。唐患非一，朋党、阉寺。藩镇强大，宣武篡弑。

在言及宋朝时，许衡说：

> 兵变陈桥，宋祖即位。克平中夏，以国传弟。九叶中衰，江左六裔。辽金据华，亦各九世。[1]

许衡对于唐朝的历史，除对贞观、开元年间的政治有所肯定以外，在其他方面，则几乎都是批评。反之，他对宋朝的历史，却说得极为简单，虽无充分肯定之语，亦少批评之辞。要知道许衡在撰写这篇《稽古千文》时，宋元战争正在激烈进行中，按照惯例，他一定会大肆贬斥宋朝，以为蒙（元）灭宋张本。可是事实却不然，反映了他对唐宋两朝历史地位的真实评价。

进入明代，随着国情的变化，宋朝的历史地位获得进一步肯定。如明初著名政治家宋濂（1310—1381）说："宋之德深远矣，暨其衰微不振，人能取其国而不能绝其子孙。百余年间，显官名士，森布于天下。当世称多才者，归赵氏。此岂人力乎，非天曷能致此乎？"[2]宋濂的学生，著名学者、思想家方孝孺（1357—1402）对宋朝更是大加赞叹，认为它的历史地位，远非汉唐各朝

---

[1]（元）许衡：《鲁斋遗书》卷一〇《稽古千文》，文渊阁《四库全书》本。
[2]（明）宋濂：《宋文宪集》卷二三《太初子碣》，文渊阁《四库全书》本。

所能企及。他说：

> 至于近世，惟宋之俗为近古。尊尚儒术，以礼义渐渍其
> 民，三百年之间，宰相、大臣不受刑戮，外内庶官顾养廉耻。
> 虽曰纲纪未备，其所崇尚，远非秦汉以下之所能及。[1]

明中叶的学者叶盛（1420—1474）在对西汉至宋元各朝的优
劣作了比较后，得出的结论是："及乎宋室之兴，削平僭乱，开文
明之景运，几跨唐而轶汉，休养生息三百余年。彼番番之黄发，
咸没齿而无怨。"[2]比方孝孺对宋朝的评价又进了一步。

在言及唐宋两朝对后世的影响时，明朝后期的史学家陈邦瞻
（？—1623）有一段十分精辟的论述，他说：

> 宇宙风气，其变之大者有三：鸿荒一变而为唐、虞，以
> 至于周，七国为极；再变而为汉，以至于唐，五季为极；宋
> 其三变，而吾未睹其极也。变未极，则治不得不相为因。今
> 国家之制，民间之俗，官司之所行，儒者之所守，有一不与
> 宋近者乎？非慕宋而乐趋之，而势固然已。[3]

陈邦瞻在这里敏锐地察觉到，宋朝和唐朝处于中国社会两个

---

[1]（明）方孝孺：《逊志斋集》卷三《杂著·正俗》，文渊阁《四库全书》本。
[2]（明）叶盛：《水东日记》卷一四《耿犁手卷》，中华书局1980年版，第144页。
[3]（明）陈邦瞻：《宋史纪事本末·叙》，中华书局1977年版，第1192页。

不同的发展阶段，一百年前日本学者内藤虎次郎（1866—1934）所提出的"唐宋变革论"，与之有着惊人的相似之处。陈邦瞻认为，时代在不断变化，宋朝已进入到了中国历史发展的第三个阶段，明朝在各个方面是直接继承宋朝而来，且至今未有穷尽，"非慕宋而乐趋之，而势固然已"。

可是，入清以后，风向突变，宋朝尤其是南宋的历史地位开始遭到严重贬抑，其始作俑者来自一些明遗民学者，其中又以王夫之（1619—1692）的影响为最大。王夫之在其所著的《宋论》一书中，开宗明义地说："帝王之受命，其上以德，商、周是已；其次以功，汉、唐是已……赵氏起家什伍，两世为裨将，与乱世相沉浮，姓字且不闻于人间，况能以泽下流系丘民之企慕乎！"[1]就是说，赵匡胤出身军伍，既无德，又无功，所以没有资格建立宋朝。对南宋的创建者宋高宗，王夫之更是极尽贬抑之能事，别的姑且不论，就以高宗命州衙门竖《戒石铭》一事，也被批为："儒术不明，申、韩杂进，夷人道之大经，蔑君子之风操，导臣民以丧其忠厚和平之性，使怀利以相接而交怨一方者，皆此言也。"[2]高宗禅位孝宗，对稳定南宋政局至关重要，本有积极意义，可是在王夫之笔下，却成了"不知有天子之尊，不知有宗社之重，不知有辱人贱行之可耻，不知有不共戴天之不可忘"[3]，居然成了

---

[1]（明）王夫之：《宋论》卷一《太祖一》，中华书局1964年版，第1页。

[2]（明）王夫之：《宋论》卷一〇《高宗九》，中华书局1964年版，第187页。

[3]（明）王夫之：《宋论》卷一〇《高宗九》，中华书局1964年版，第187页、第201—202页。

一种不可饶恕的罪行。显然，他这种违反常识的评论，寓有其深意（详见后述），可是直到今天，有人仍不明其底细，作为否定宋朝历史地位的论断加以引用。

爰及近世，人们对于军事力量一度强大，又有对外扩张能力的唐朝，更是心向往之。于是，唐朝的历史地位进一步被美化和拔高。一般国人在国外往往以自称"唐人"为荣。中国人所开设的商店街，被称为"唐人街"；传统的中国服装被称为"唐装"，如此等等，不一而足。时至今日，在一些通史著作中，对唐朝历史仍不乏夸耀之词，称其是一个"封建经济繁荣疆域大扩张"的时代；在一些文艺作品中，也动必冠以"大唐帝国"的称号。与此同时，对于宋朝的评价仍然很低，说它军事力量弱小，赋税剥削苛重，财政极端困难，政治非常腐朽，是一个积贫积弱的朝代，甚至有人还说宋朝是我国最腐败的朝代等等。

但是，如果唐朝的历史地位真的远比宋朝为高，究其荦荦大者，却与以下一些事实很不相称：一是唐统治集团内部勾心斗角、相互杀戮的惨剧，为何从开国之日起，就一而再，再而三地发生？二是时间长达八年之久、差一点给唐朝带来灭顶之灾的安史之乱，因何爆发，后果又是如此严重？三是唐后期的八位帝王，为何相继被宦官玩于股掌之上，有些甚至性命不保？四是虽"开拓"了边疆，却造成了民怨沸腾。迨及晚唐，又丧失殆尽，如此"武功"，是否值得歌颂？五是唐朝末年怎会出现横扫全国性的农民战争，最后造成藩镇割据、"王室日卑，号令不出国门"[1]的衰败局面？六是唐朝国家虽然号称强大，广大农民的人身依附关系却为何如此严重，即使是均田农民，也只是国家的隶农？

反之，如果宋朝真是那么不堪，仅就以下几个问题，就很难加以回答：第一，作为一个弱国，为什么宋朝的立国时间能够长达 320 年，成为中国自秦汉以降国祚最长的一个朝代？[2]第二，宋朝疆域虽然不及唐之四分之一，为什么人口却比唐朝的二倍还多，即使到南宋，无论是人口或者经济总量，也都远远超过唐朝？第三，为什么著名唐史专家陈寅恪先生（1890—1969）说："华夏民族之文化，历数千载之演进，造极于赵宋之世。"[3]另一位著名宋史专家邓广铭先生（1907—1998）更指出："宋代是我国封建社会发展的最高阶段，两宋期内的物质文明和精神文明所达到

[1] （宋）司马光：《资治通鉴》卷二五九，景福二年七月条，中华书局 1956 年版，第 8446 页。

[2] 言及历史上国祚最长的朝代，一般认为是两汉，长达四百年左右。但是东汉（25—220）的创立者刘秀，是南阳豪强地主集团中的一个成员，虽然他自称是汉高祖刘邦的"九世之孙"，可是其统治核心，无论在政治上、军事上和血缘关系上与西汉（前 206—8）皇室和统治集团绝无相干。何况，西汉与东汉之间隔着一个王莽建立的新朝，已将两汉的历史割断。所以两汉实际上是两个朝代，不过都是刘姓而已。可是南宋（1127—1279）的第一个皇帝赵构，是北宋（960—1127）徽宗的第九个儿子，也是北宋最后一个皇帝钦宗之弟，帝位一脉相承，国祚亦从未中断。南宋初年统治集团的主要成员，几乎全是北宋末年的官员，甚至军队主力也来自北方。南宋的基本国策完全沿袭北宋而来，社会矛盾也如出一辙。由此可见，两宋实际上是一个朝代，只不过都城由北方的开封迁到了南方的临安（今浙江杭州），国土面积比北宋时缩小了大约五分之二而已。

[3] 陈寅恪：《金明馆丛稿二编》，生活·读书·新知三联书店 2001 年版，第 245 页。

的高度，在中国整个封建社会历史时期之内，可以说是空前绝后的。"[1]如果真是一个十分腐败的朝代，怎能创造出如此高度的物质文明和精神文明？第四，南宋的军事力量虽弱，为什么能抗击令西方人也闻之丧胆的蒙（元）长达45年之久，远远超过金、西夏等其他任何军事强国？第五，自秦至唐，乃至元明，没有一个朝代不是亡于农民起义的风暴之下，为什么唯有宋朝是个例外？第六，夏桀是一个无道的君主，时人曰："时日曷丧？予及汝皆亡。"唯恐其灭亡之不速。可是，南宋亡国前夕，竟有如此多的人为之救亡，乃至殉国；亡国后，又有如此多的人对它怀念不已，其感情之深厚，为汉、唐、明、清各朝所未见。第七，一些很少受中国传统史学影响的外国学者，为什么对宋朝情有独钟？如英国著名史学家汤因比（1889—1975），他在20世纪60年代曾说："如果让我选择，我愿意生活在中国的宋朝。"[2]被誉为美国现代中国学"创建之父"的费正清（1907—1991），在他逝世前两天完成的新著《中国新史》一书中，称颂赵宋一朝是"中国最伟大的时代"[3]。前几年，著名美国史学家罗兹·墨菲也说：

　　在很多方面，宋朝是中国历史上最令人激动的时代。后来的世世代代中国历史学家，都批评它，是因为它未能顶住

---

[1] 邓广铭：《关于宋史研究的几个问题》，《社会科学战线》1986年第2期。

[2] 杜君立：《如果让我选择，我愿意活在中国的宋朝》，《南都周刊》2014年第25期。

[3] ［美］费正清：《中国新史》，台北正中书局1994年版，第90页、第113页。

异族入侵而终于被他们痛恨的蒙古人打垮。但宋朝却从 960 年存在到 1279 年……它统辖着一个前所未有的发展、创新和文化繁荣期……完全称得上是当时世界上最大、生产力最高和最发达的国家。[1]

为了回答上述问题，笔者认为有必要通过对唐宋两朝国情的比较，重新认识天水一朝的历史地位。由于这是一个很大的课题，远非一两篇文章可以完全解决，故本文只能择要选择几个方面加以论述，如有不当之处，还望大家批评指正。

一、唐宋两朝政治得失及腐朽程度之比较

唐朝（618—907）是中国历史上一个十分重要的朝代，它与前朝相比，无论在政治、经济、军事等方面，都有突出的表现。但是必须指出，唐朝政治上的成就，特别是所谓"某某之治"云云，虽然为它加分不少，却是夸大成分居多。唐太宗在位的二十三年（627—649），史称贞观之治，几乎成了历史上太平盛世的典范，可谓无人不晓。此后，又相继出现高宗朝的永徽之治、玄宗朝的开元之治，从而极大地提高了有唐一朝的历史地位。但是，如果认真考察这些所谓的太平盛世，就会发现，它距真实的情况甚远。别的姑且不论，就以贞观之治而论，就颇多疑问。

---

[1]［美］罗兹·墨菲：《亚洲史》，世界图书出版公司 2011 年版，第 198—199 页。

据《资治通鉴》载:

> (贞观四年)天下大稔,流散者咸归乡里,米斗不过三四钱,终岁断死刑才二十九人。东至于海,南极五岭,皆外户不闭,行旅不赍粮,取给于道路焉。[1]

这是史籍对"贞观之治"最经典的一段记载,后来的史家无不引以为据。按太宗即位之初,国家形势尚十分困难,当时"霜旱为灾,米谷踊贵。突厥侵扰,州县骚然……是时,自京师及河东、河南、陇右,饥馑尤甚,一匹绢才得一斗米"[2]。可是仅仅过了短短三年时间,在政令尚未完全贯通的情况下,有何神奇妙法,能使全国范围内出现如此富裕而太平的景象?所以上述所谓"天下大稔"云云的记载,实不足凭信。

实际上,有关贞观年间的负面记载,不在少数。如贞观十一年(637),侍御史马周上疏谓:

> 今百姓承丧乱之后,比于隋时才十分之一,而供官徭役,道路相继,兄去弟还,首尾不绝,远者往来五六千里,春秋冬夏,略无休时。陛下虽每有恩诏,令其减省,而有司作既不废,自然须人,徒行文书,役之如故。臣每访问,四五年

---

[1] (宋)司马光:《资治通鉴》卷一九三,太宗贞观四年十二月条,中华书局1956年版,第6085页。

[2] (唐)吴兢:《贞观政要》卷一《政体第二》,上海古籍出版社1978年版,第24页。

来，百姓颇有嗟怨之言，以陛下不存养之……今京师及益州诸处营造供奉器物，并诸王妃主服饰，议者皆不以为俭……又今所营为者，颇多不急之务故也。[1]

同年，宰相魏徵上疏谓：

贞观之初，志存公道，人有所犯，一一于法。……顷年以来，意渐深刻，虽开三面之网，而察见川中之鱼，取舍在于爱憎，轻重由乎喜怒。爱之者，罪虽重而强为之辞；恶之者，过虽小而深探其意。法无定科，任情以轻重；人有执论，疑之以阿伪。故受罚者无所控告，当官者莫敢正言，不服其心，但穷其口，欲加之罪，其无辞乎？又五品已上有犯，悉令曹司闻奏，本欲察其情状，有所哀矜，今乃曲求小节，或重其罪，使人攻击惟恨不深。事无重条，求之法外所加，十有六七。[2]

此后，唐朝政治继续恶化。贞观十三年五月，魏徵上疏指出，太宗有"十渐"之失，认为与贞观初相比，现在弊政甚多，"不能

---

[1] （唐）吴兢：《贞观政要》卷六《奢纵第二十五》，上海古籍出版社1978年版，第207—209页。

[2] （唐）吴兢：《贞观政要》卷五《公平第十六》，上海古籍出版社1978年版，第172—173页。

如前日之帖泰"，实为有始而无终，不禁使他"郁结长叹"。[1]

以上说明，到贞观六年以后，唐朝就出现了徭役繁重，百姓"嗟怨"，统治者生活奢侈，刑政不明的状况。此后，弊政就更多，甚至造成十个方面的失误。由此可见，仅凭贞观四年的这些夸大记载，根本谈不上太宗一朝是一个令人称羡的太平盛世。在历史上，唐太宗虽然号称明主，但事实表明，他是一位好大喜功、文过饰非、言行不一的君主，贞观年间的许多所谓治绩，不能完全相信。

再从唐前期统治集团的内部矛盾来看，也可谓触目惊心。继武德九年（626）六月唐太宗李世民在"玄武门之变"中杀死两个兄弟和全部侄子而登上帝位以后，贞观十七年（643），太子承乾也企图以武力夺取帝位，阴谋败露后遭废黜。贞观二十三年（649）五月，太宗去世，"秘不发丧"[2]，太子李治在四千甲兵的护卫下，进入含风殿，历时十二日，始发丧，反映出直至贞观末年，政治上也极不稳定。到高宗、武后时期，又先后发生武周革命（690）、神龙政变（705）、唐隆政变（710）。直到玄宗即位次年，赐死了与其争夺帝位的姑母太平公主后，唐政权才暂时得到稳定，但统治集团内部杀戮仍然不断。这种血腥而屡屡发生的政治局面，在有宋一代可谓难得一见。

以上只是唐朝前期的政治状况，到安史之乱以后，随着藩镇

---

[1]（宋）宋祁：《新唐书》卷九七《魏徵传》，中华书局1975年版，第3877—3878页。

[2]（后晋）刘昫：《旧唐书》卷三《太宗下》，中华书局1975年版，第62页。

割据、宦官擅权、朋党之争的愈演愈烈，皇权大为削弱，达到"朝廷但观强弱，不计是非"[1]的地步。"大唐帝国"已经完全失去了昔日的威风。这与宋朝皇帝，不管是年幼的还是患病的，始终牢牢地掌握着统治权，形成了鲜明的对照。

唐朝官员因政治原因而遭到诛杀或流放的情况也十分普遍。唐高祖李渊于立国第二年，就杀死了作为开国功臣的宰相刘文静，唐太宗则杀死了凌烟阁功臣侯君集和张亮。由此开其端，后来对宰执大臣的诛杀可谓不绝于书。据笔者初步统计，李唐一代，仅宰相被杀的除刘文静外，尚有长孙无忌、格辅元、乐思晦、范履冰、魏玄同、武三思、骞味道、韦温、韦巨源、张嘉福、郑愔、崔湜、萧至忠、陈希烈、元载、刘晏、杨炎、王涯等多人。被贬官或流放的宰执大臣就更多。在上述诸人中，有一些似确实罪有应得，不少人却因参与了统治集团的内部斗争或纯系含冤受屈而死。中小官员更是动辄遭到诛杀，如玄宗朝时，"监察御史周子谅言（笔者注：牛）仙客非宰相器，玄宗怒而杀之"[2]。不仅帝王肆意诛杀群臣，就是权臣，也可任意取下僚性命。天宝八载（749），咸宁太府赵奉章不满李林甫的专权，"告林甫罪状二十余条，告未上，林甫知之，讽御史台逮捕，以为妖言，重杖决死"[3]。代宗朝

---

[1]（宋）司马光：《资治通鉴》卷二五九，景福二年七月条，中华书局1956年版，第8446页。

[2]（后晋）刘昫：《旧唐书》卷一〇六《李林甫传》，中华书局1975年版，第3237页。

[3]（后晋）刘昫：《旧唐书》卷一〇六《李林甫传》，中华书局1975年版，第3239页。

宰相元载，多行不法，有官员李少良等密以载丑迹上闻，"载知之，奏于上前，少良等数人悉毙于公府"[1]。如此等等，不一而足。

唐朝的这种滥杀，与宋朝不杀功臣，不杀士大夫，不杀谏官的情况，形成了鲜明对照。宋太祖赵匡胤出身军校，"陈桥兵变"时，拥戴他或曾与他比肩出任后周的将领多达十余人，在今朝皇帝即为前朝节度使的武人政治下，功臣被杀更加难以避免，但他们个个皆得善终，这种情况在中国历史上也可谓仅见。对待一般大臣同样如此，在两宋一百三十余位宰相中，没有一人遭到诛杀，因遭贬黜而死者亦寥寥无几。作为谏官，虽最容易逆龙鳞，也没有一人因言事而遇害。就是一般官员，除贪赃枉法者外，也很少有人被杀。至于岳飞被高宗杀害，原因十分复杂，且毕竟只是极个别的例子。

封建统治者政治上的腐朽，也必然造成生活上的腐朽，这几乎是一个颠扑不破的规律。

唐王朝的创建者李渊，出身于关陇地区的贵族家庭，生活本来就十分糜烂，称帝后，他不顾国家财政困难，立即大兴土木，所建披香殿，极为富丽堂皇，有大臣直指"其华侈如倾宫、鹿台，非兴王之所为"[2]。又广增后宫，游猎无度。与之对照，宋太祖却自奉甚俭，"宫中苇帘缘用青布，常服之衣浣濯至再。魏国长公主

---

[1]（后晋）刘昫《旧唐书》卷一一八《元载传》，中华书局1975年版，第3412页。

[2]（宋）司马光：《资治通鉴》卷一八九，武德四年七月条，中华书局1956年版，第5922页。

襦饰翠羽，戒勿复用。又教之曰：'汝生长富贵，当念惜福。'"[1]
宋太祖还将削平割据政权所得到的钱财，贮之别库，以作为统一
全国之用。[2] 同样是开国之君，两人生活上的腐朽程度，相差可谓
悬殊。

唐太宗虽然人称其雄才大略，但其腐朽性同样十分严重，仅
从贞观八年（634）开始兴建的大明宫规模而言，足以骇人听闻。
该宫占地达 350 公顷，是明清北京紫禁城的 4.5 倍，也是中国古
代乃至世界上面积最大的宫殿建筑群。与之相比，财政收入超过
唐朝的北宋，其汴京皇宫虽然也称得上豪华而众多，但"宫城周
围五里"，尚不及大明宫面积之半。南宋皇城建在凤凰山原北宋杭
州府治旧址，其面积不过 50 公顷左右，[3] 只有大明宫的七分之一，
建筑既不雄伟，宫殿又多有减省。作为正殿，"垂拱、大庆、文
德、紫宸、祥曦、集英六殿，随事易名，实一殿"[4]。可称简朴。

唐太宗不仅热衷于建宫殿，同样也热衷于修陵墓，早在贞观

---

[1] （元）脱脱等：《宋史》卷三《太祖三》，中华书局 1977 年版，第 49 页。

[2] 宋太祖一次对近臣说："石晋苟利于己，割幽蓟以赂契丹，使一方之人独限
　　外境，朕甚悯之。欲俟斯库所蓄满三五十万，即遣使与契丹约，苟能归我土
　　地民庶，则当尽此金帛充其赎直。如曰不可，朕将散滞财，募勇士，俾图攻
　　取耳。"载（宋）李焘：《续资治通鉴长编》（以下简称《续资治通鉴长编》）
　　卷一九，太平兴国三年十月末条，中华书局 2004 年版，第 436 页。

[3] 中国社会科学院考古研究所：《杭州南宋临安城皇城考古新收获》，《2004 年
　　中国重要考古发现》，文物出版社 2005 年版，第 165 页。

[4] 《宋史》卷八五《地理一》谓："东京，汴之开封也……宫城周围五里。"
　　又谓："高宗自建康如临安，以州治为行宫。宫室制度皆从简省，不尚华
　　饰。垂拱、大庆、文德、紫宸、祥曦、集英六殿，随事易名，实一殿。"第
　　2097—2105 页。

十年（636），借为文德皇后修陵墓的机会，大肆营建昭陵，直至他去世，仍未完工，足见规模之宏大。唐高宗李治与武则天的合葬墓乾陵，规模也是空前，陵墓周围有40公里，仅一块无字碑，就重达98.8吨。与之相比，两宋陵墓的规模就要小得多，以北宋来说，位于河南巩义的八陵，整个陵区面积虽有156平方公里[1]，仍不及昭陵一陵之大。有学者说："宋代陵墓的规模远逊于唐代。关中诸唐陵自不待言，连于宋陵隔境相望、在偃师境内的唐孝宗（笔者按：高宗太子李弘，死后被追谥为孝敬皇帝）恭陵，其规模也数倍于宋陵。"[2]至于南宋六陵，规模全不像是帝王陵寝，总面积只有2.25平方公里。据笔者实地考察，各陵间距，最远的不超过二公里，有的竟近在咫尺间。各陵皆为浅葬，又不起陵台，也没有石人、石兽等石像生，故只能取一个"攒宫"的称号，聊以自慰。

太宗晚年，他为保有唐国祚之不堕，才不得不对太子李治承认自己在生活上的种种不是，其谓：

> 如吾，不足法也。……吾居位已来，不善多矣，锦绣珠玉不绝于前，宫室台榭屡有兴作，犬马鹰隼无远不致，行游四方供顿烦劳，此皆吾之深过，勿以为是而法之。……汝无我之功勤而承我之富贵，竭力为善，则国家仅安；骄惰奢纵，

---

[1] 陈朝云：《南北宋陵》第二章《北宋陵的营建》，中国青年出版社2004年版，第3页。

[2] 陈朝云：《南北宋陵》第三章《北宋帝陵》，中国青年出版社2004年版，第44页。

则一身不保。且成迟败速者，国也；失易得难者，位也；可不惜哉！可不慎哉！[1]

像唐太宗那样历尽艰险才登上帝位之人，上台后在生活上尚且如此奢侈腐朽，希望深长后宫的接班人不加仿效，就只能是一种奢望。特别是到了玄宗时期，唐统治者生活上的腐朽可以说达到了顶点。如玄宗嗜好斗鸡，他专门设立"护鸡坊"，挑选"六军小儿五百人，使驯拢教饲"。开元十三年（725）封禅泰山时，他笼鸡三百只从行，乃至在华清宫设斗鸡殿。上有所好，下必甚焉，"诸王世家、外戚家、贵主家、侯家，倾帑破产市鸡，以偿鸡直"。一个年龄只有十三岁、绰号"神鸡童"的贾昌，因善于驯鸡，被玄宗封为"五百小儿长"，备极荣华富贵，故时人以为："生儿不用识文字，斗鸡走马胜读书。"[2]这样的荒唐爱好，与宋高宗在凤凰山养了一群鸽子放飞相比，实不可同日而语。

有人会说，北宋的徽宗、南宋的理宗，也不是十分腐朽的君主吗？但这不过是与宋朝其他帝王相比较而言，若与唐朝多数帝王相比，腐朽程度也完全不在一个层次上。

总之，无论是两宋的宫殿，或是陵寝，皆远逊于唐宫、唐陵，出现这种情况，实非经济实力或权攒所致，主要也得从封建帝王腐朽程度上去找原因。

---

[1]（宋）司马光：《资治通鉴》卷一九八，贞观二十二年正月己丑条，中华书局1956年版，第6251页。

[2]（宋）李昉：《太平广记》卷四八五《东城老父传》，中华书局1961年版，第3992—3993页。

后人往往夸耀唐大明宫之壮丽，惊叹昭陵、乾陵之宏伟，以此作为大唐帝国富强的证明，比较一下两宋特别是南宋的宫殿和陵墓，当然就似乎显得有些寒酸。但是，对于深受劳役之苦和苛重剥削的唐人而言，假如他们今天尚有机会说话，其感受就决不会如此。有诗云："商女不知亡国恨，隔江犹唱后庭花。"[1]诗句讽刺的虽然是古人，但今人也当从中有所深思。

唐朝吏治的腐败，也十分惊人。武臣当为帅者，"自无家财，必取资于人，得镇之后，则膏血疲民以偿之"[2]，故有"债帅"之称。文臣赴选，也因"多京债，到任填还，致其贪求"[3]。唐朝宰执大臣的贪婪和腐败尤甚，如高宗朝官至宰相的李义府，史言其"贪冒无厌，与母、妻及诸子女婿，卖官鬻狱，其门如市"[4]。代宗朝宰相元载，"在相位多年，权倾四海，外方珍异，皆集其门，资货不可胜计……轻浮之士，奔其门者如恐不及。名姝、异乐，禁中无者有之。兄弟各贮妓妾于室，倡优猥亵之戏，天伦同观，略无愧耻"[5]。发生于唐顺宗时候的"二王八司马"事件，在历史上虽颇多肯定，但作为主要策划者之一的宰相王伾，却是一个贪得

[1]（唐）杜牧：《泊秦淮》，李昉等编《文苑英华》卷二九四，文渊阁《四库全书》本。

[2]（后晋）刘昫：《旧唐书》卷一六二《高璃传》，中华书局1975年版，第4250页。

[3]（后晋）刘昫：《旧唐书》卷一八上《武宗纪》，中华书局1975年版，第590页。

[4]（后晋）刘昫：《旧唐书》卷八二《李义府传》，中华书局1975年版，第2767页。

[5]（后晋）刘昫：《旧唐书》卷一一八《元载传》，中华书局1975年版，第3414页。

无厌之徒，据史籍记载："伾与叔文及诸朋党之门，车马填凑，而伾门尤盛。珍玩赂遗，岁时不绝。室中为无门大柜，唯开一窍，足以受物以藏金宝，其妻或寝卧于上。"[1]这种赤裸裸的贪污行为，在宋朝绝不会发生。

唐朝科举中的腐败也十分惊人。玄宗朝宰相杨国忠之子杨暄应明经举，"经学荒陋，不及格"。礼部侍郎达奚珣畏国忠权势，遣其子昭应尉抚先去打个招呼。杨国忠见达奚抚来，以为其子必中选，有喜色。得知实情后，便勃然大怒，曰："我子何患不富贵，乃令鼠辈相卖。"策马不顾而去。抚惶遽，告诉其父道："彼恃挟贵势，令人惨嗟，安可复与论曲直！"[2]遂定杨暄上第。德宗朝时，礼部侍郎权德舆知贡举，宰相李实要他取一批人为进士。揭榜后，权德舆没有完全照办，李实便亲自出马，"大录二十人，迫德舆曰：'可依此第之。不尔，必出外官，悔无及也。'德舆虽不从，然颇惧其诬奏。"[3]与之相比，蔡京、秦桧、史弥远、贾似道等人，虽是宋朝势力显赫的权相，但他们没有一个人敢于像杨国忠、李实辈那样赤裸裸地徇私枉法，挑衅公权力。

通过上述比较，唐宋在政治上的孰优孰劣，腐朽程度上的深浅如何，可不言而自明。

[1]（后晋）刘昫：《旧唐书》卷一三五《王叔文传附王伾传》，中华书局1975年版，第3736页。

[2]（宋）司马光：《资治通鉴》卷二一六，天宝十二载十月条，中华书局1956年版，第6920页。

[3]（后晋）刘昫：《旧唐书》卷一三五《李实传》，中华书局1975年版，第3731—3732页。

二、唐宋两朝经济发展水平之比较

经过隋末农民战争的严重破坏，唐朝建立之初，人口稀少，土地大批荒芜，在和平的环境下，随着均田制的推行，生产工具的改进，水利事业的兴修，使农业生产获得了迅速发展。到唐玄宗天宝年间（742—755），据学者汪篯先生统计，全国有垦田 800 万顷至 850 万顷，[1] 天宝十四载，全国有户 8914709，口 52919309，是为唐之极盛，[2] 也为秦汉以来所仅见。

但是，唐朝经济比较繁荣的地区，仅局限于黄河流域和关中平原，包括长江以南在内的大多数地区，特别周边的羁縻州县，经济发展还十分缓慢，所以全国性的经济总量并不大。安史之乱以后，广大北方地区由于叛军的蹂躏和官军的掠夺[3]，以及中央军与藩镇之间、藩镇与藩镇之间的战争，使那里的经济遭到严重摧残，到处呈现出"满目荆榛，遗骸蔽野，寂无人烟"[4] 的悲惨景象，"天下户口什亡八九"[5]。后来，户数经过检括虽有所回升，到唐德宗建中元年（780）十二月，"定天下两税，户凡

---

[1] 汪篯：《唐代实际耕地面积》，《隋唐史论稿》，中国社会科学出版社 1981 年版。

[2] （唐）杜佑：《通典》卷七《食货七·历代盛衰户口》，中华书局 1988 年版，第 153 页。

[3] 如肃宗至德年间（756—757），平卢副大使田神功奉命引兵镇压刘展之乱，"至扬州，大掠居人资产，鞭笞发掘略尽，商胡大食、波斯等商旅，死者数千人。"，见《旧唐书》卷一一〇《邓景山传》，第 3313 页。

[4] （后晋）刘昫：《旧唐书》卷一六五《殷侑传》，中华书局 1975 年版，第 4321 页。

[5] （宋）司马光：《资治通鉴》卷二二六，建中元年七月己丑条，中华书局 1956 年版，第 7284 页。

三百八十万五千七十六"。此后户数升降不定，但最高没有超过500万户。[1]以政府财政收入来说，从德宗朝起，已是"物力耗尽""府藏尽虚"[2]，在此后的130余年间，唐朝无异已陷入"积贫"境地，早已没有了昔日开元时期的盛况。

对于宋朝，早年钱穆先生以为："与秦、汉、隋、唐的统一相随并来的，是中国之富强，而这一个统一（笔者按：指北宋的统一）却始终摆脱不掉贫弱的命运。这是宋代统一特殊的新形态。"[3]此说可谓开称有宋一朝积贫积弱的先河。但事实证明，至少在经济上，对宋朝不能得出如此结论。

宋朝的国土面积虽然不广，但由于人口众多，经济开发的深度和广度都要超越唐朝，所以无论是农业、手工业、商业和对外贸易，都较唐朝发达。以户数论，北宋大观四年（1110）有20882258户，[4]若以每户五口计，全国人口就超过了一亿。[5]南宋国土面积虽然只有北宋的五分之三左右，但人口更加稠密，据近人统计，嘉定十六年（1223）南宋人口峰值时的户数，"全境约有一千五百五十万户，共八千零六十万人"[6]。即使到南宋灭亡前夕，"辖区的户口仍在一千一百万户和六千万人以上"[7]。

---

[1]（宋）王溥：《唐会要》卷八四《户口数》，中华书局1955年版，第1551页。

[2]（后晋）刘昫：《旧唐书》卷四八《食货上》，中华书局1975年版，第2087页。

[3]钱穆：《国史大纲》，商务印书馆1996年版，第523页。

[4]（元）脱脱等：《宋史》卷八五《地理一》，中华书局1977年版，第2095页。

[5]何忠礼：《宋代户部人口统计考察》，《历史研究》1999年第4期。

[6]方健：《南宋农业史》，人民出版社2010年版，第305页。

[7]葛金芳：《南宋全史》第五卷，上海古籍出版社2016年版，第151—152页。

由于劳动力的显著增加，促使大批圩田、湖田得到兴修，唐代尚不见记载的梯田，在宋代已获得广泛开辟。真宗天禧五年（1021），全国垦田即达5247584顷，"此特计其赋租以知顷亩之数，而赋租所不加者十居其七"[1]，实际已超过一千万顷，也较唐代为多。[2]

安史之乱以后，特别是到了北宋中后期，长江流域的农业生产有了很大发展。当时，"京师漕粟，多出东南，而江浙居其太半"[3]，就是一个明显的证据。宋室南渡以后，两浙、江西、福建、两湖等南方地区更获得了全面开发。如在浙西，当时就有了"苏湖熟，天下足"[4]之称。昔日人烟较少的福建，"虽硗确之地，耕耨殆尽，亩直寖贵"[5]。在丘陵众多的江西，山地获得大规模开垦。淳熙五年（1178），诗人杨万里回故乡庐陵（今江西吉安），看到沿途从山下到山顶都开垦为田，联想因战火而遭到破坏的两淮地区，赋诗道："翠带千根束翠峦，青梯万级拾青天。长淮见说田生棘，此地都将岭作田。"[6]可谓写实。故时人以为："盖自江而南，

---

[1] （元）脱脱等：《宋史》卷一七三《食货上一》，中华书局1977年版，第4166页。

[2] 据今人统计，唐天宝中有耕地面积33709.4万亩，北宋天禧五年有47328.26万亩，两者的比例为1∶1.4，参见杜文玉《唐宋经济实力比较研究》，《中国经济史研究》1998年第4期。

[3] （明）黄淮、杨士奇编：《历代名臣奏议》卷二五三《水利》，卫泾奏议，上海古籍出版社1989年版，第3319页。

[4] （宋）范成大：《吴郡志》卷五〇《杂事》，中华书局1990年版，第1027页。

[5] （元）脱脱等：《宋史》卷八九《地理五》，中华书局1977年版，第2210页。

[6] （宋）杨万里：《杨万里集》卷一三《过石磨岭皆创为田直至其顶》，中华书局2007年版，第687页。

井邑相望，所谓闲田旷土，盖无几也。"[1]四川地区的农业生产，也获得迅猛发展，被人们"号为全富"[2]之地。直到南宋中后期，由于蒙元军队的多次入侵蹂躏，才遭残破而衰落。

随着垦田增加，水利的兴修，种子的改良，农具的改进，耕种的精细化，宋代粮食单位面积产量大幅增加，虽然由于自然条件的不同，各地产量不一，但从总体论，是"唐代的两倍有余"[3]，这确实是一个了不起的成就。

农业是国民经济的基础，农业的发展，推动了宋朝其他经济部门的发展。

宋朝的手工业生产，无论是矿冶业、造船业、纺织业、制瓷业、造纸业和印刷业等部门，它们的生产水平和产量都全面超越了唐朝，这已经成为今天治宋代经济史学者的共识。本文因受篇幅所限，不再赘述。

唐朝后期逐渐松弛的坊市制度，进入宋朝已被彻底打破。在唐朝仅仅起汇兑作用的飞钱，在宋朝已先后被作为流通货币的交子和会子所代替。宋朝商品经济的发展，促成了这一重大变化，反过来又推动了宋朝商品经济的繁荣，从而将唐朝商品经济的发展水平远远地抛在后面。

另外，还需值得一提的是，到了南宋，在背海立国的形势下，政府更加重视海外贸易。诚然，唐朝的海外贸易已经比较兴盛，

---

[1]（宋）陈傅良：《八面锋》卷二《以势处事以术辅势》，文渊阁《四库全书》本。

[2]（宋）徐梦莘：《三朝北盟会编》卷一四二，清许涵度刻本。

[3] 漆侠：《宋代经济史》，上海人民出版社1987年版，第138页。

但是主要港口仅局限于广州一地，由于造船技术的限制、航海经验的不足等原因，事故频发，有关记载不绝于史，从而严重地制约了海外贸易的发展。到了南宋，随着造船技术的进步，航海经验的积累，罗盘针的使用，以及政府的鼓励，极大地推动了海外贸易的发展，从广东、福建到两浙沿海，开放了多个对外贸易的港口，正式形成了"海上丝绸之路"。南宋政府通过设在各港口的市舶司（务），获得了大量税收，对改善财政状况起到了积极的作用。[1]

由于生产力的发展，商品经济的繁荣，海外贸易的兴盛，宋朝的"二税"、商税和其他各种财政收入，都大幅度领先于唐朝。北宋前期，当国家基本上获得统一以后，岁入缗钱一千六百余万贯，"太宗以为极盛，两倍于唐室矣"[2]。此后，财政收入续有增加，到英宗治平二年（1065），"天下所入财用大数，都约缗钱六千余万"[3]，几及唐时的八倍左右。又据梁方仲先生统计，唐宋两朝政府岁入粮食和丝织品有记载的最多年份是天宝中和天禧五年（1021），其中粮食分别为 2506 万石和 3278 万石，[4]丝织品

[1]　据绍兴二十九年九月提举两浙市舶张阐奏称：浙江三舶司"岁抽及和买，约可得二百万缗"。载（宋）李心传：《建炎以来系年要录》（以下简称《系年要录》）卷一八三，绍兴二十九年九月壬午条，中华书局 1988 年版，第 3053 页。

[2]　（宋）李心传：《系年要录》卷一九三，绍兴三十一年十月癸丑条，中华书局 1988 年版，第 3239 页。

[3]　（宋）陈襄：《上神宗论冗兵》，（宋）赵汝愚编《宋朝诸臣奏议》卷一二一，上海古籍出版社 1999 年版，第 1330 页。

[4]　梁方仲：《中国历代户口、田地、田赋统计》，上海人民出版社 1980 年版，第 284 页、288 页。

分别为七百四十余万匹和1139.9万匹。天宝中为唐朝岁入之极盛时期，天禧中则属于北宋岁入的一般年份，即使如此，北宋岁入的粮食和丝织品，都比唐时多出半倍左右。[1]北宋中期，由于"三冗"严重，国家财政一度出现"百年之积，惟存空簿"[2]的状况，但这只是与国初充裕的积蓄相比较而言，并不是国家财政真的到了揭不开锅的地步。到了神宗朝，由于推行王安石变法，财政状况开始好转。南宋国土面积虽不及北宋，但随着生产力的发展，财政收入却超过了北宋，据南宋中期人魏了翁说："中兴以来，以十六路百七十郡之地，不能当天下全盛之半。岁入乃增至六千五百余万，而经制、月桩等钱二千万不预焉，两浙之岁输缗钱千二百万、四川之盐钱九百五十余万又不预焉。校之祖宗取民之数，不知凡几倍矣。"[3]

至此，中国的经济重心，最终完成了从唐朝后期开始由黄河流域向长江流域转移的历史进程，并成为今后千年不变之态势，成为中国经济发展史上一个重要的里程碑。

通过上述比较，可以明确地说：宋朝国家虽小，但是经济的发展水平，却要远远高于唐朝。

---

[1] （唐）杜佑：《通典》卷六《食货典六》，中华书局1988年版，第110页；（宋）章如愚：《群书考索》后集卷六三《财用门·数目》，文渊阁《四库全书》本。

[2] （宋）李焘：《续资治通鉴长编》（下称"《续资治通鉴长编》"）卷二〇九，治平四年正月庚申条，中华书局2004年版，第5074页。

[3] （宋）魏了翁：《鹤山集》卷二一《答馆职策一道》，文渊阁《四库全书》本。

三、唐宋两朝军事力量强弱之比较

宋朝的军事力量远逊于唐朝，这是一个事实，乍一看，似乎并无比较的必要。但是，本文的着眼点不在于深究谁强谁弱的问题，而是在于这种军事力量的强弱，是一以贯之？还是只存在于一时？他们的对立面是谁？还有更重要的一点是：唐朝军事力量的一度强大，给当时百姓所带来的到底是祸患还是福祉？

唐朝建立以后，由于受到北方少数民族尚武精神的熏陶，唐太宗和众多将领经过隋末农民战争的洗礼，军事才能臻于娴熟。由均田农民组织起来的士兵，作战也比较勇敢。这一切形成了唐朝前期强大的军事力量。贞观三年（629），太宗乘东突厥内部分裂之际，派李靖等统兵十余万，俘虏其可汗，灭亡了东突厥，占领了漠北的大片土地。与此同时，唐派兵降服了吐谷浑，并乘西突厥内乱，可汗被杀、内部分裂之际，大败西突厥，使西域大部统一于唐。贞观二十二年，唐军占领龟兹国，在龟兹（今新疆库车）、焉耆（今新疆焉耆西南）、于阗（今新疆和田）、疏勒（今新疆喀什）建立了四个军镇，控制了天山南北麓的广大地区。到高宗朝，唐军在灭亡西突厥以后，又越过葱岭（今帕米尔高原），占领碎叶河畔（今吉尔吉斯共和国的托克马克附近），在碎叶城建立了军镇以代替焉耆镇。安西四镇的建立，将唐朝的疆域扩大到了中亚地区。此外，唐军又东征高丽，南伐越南，东北的渤海国和西南的南诏也皆依附于唐。在当时，因唐朝只有对外扩张，很少遭人入侵，所以许多人说起这段历史，仍无不感到振奋。

　　但从高宗朝后期到武周时起，随着形势的变化，军事力量开始衰落。仪凤中（676—678），工部尚书刘审礼率兵十八万与吐蕃战于青海，唐军大败，损失惨重，审礼没于阵。高宗大恐，召侍臣问御戎之策，有大臣以为："吐蕃作梗，年岁已深，命将兴师，相继不绝。空劳士马，虚费粮储，近讨则徒损兵威，深入则未穷巢穴。臣望少发兵募，且遣备边，明立烽候，勿令侵扰。"[1]明确提出，由于唐军在对外战争中屡遭挫折，所以需要从进攻转入防御。中宗神龙二年（706）十二月，突厥与唐军战于鸣沙，唐军大败，死者六千余人。数日后，突厥再袭原、会等州，"掠陇右牧马万余匹而去"[2]。玄宗继位后，依旧好大喜功，继续对外用兵，结果又多次失败，战死者更众，故史言"玄宗方事夷狄，戍者多死不返"[3]。如天宝十载（751）和十三载（754），唐两次派重兵征讨南诏，前后损兵折将近二十万。安史之乱以后，唐朝军事力量彻底衰落，边防空虚，回纥、吐蕃和南诏等少数民族的军队更是乘虚而入，安西四镇尽失。肃宗至德二年（757）十月，回纥借出兵帮助唐王朝平定安史之乱之机，至东京洛阳，"入府库收财帛，于

---

[1]（后晋）刘昫：《旧唐书》卷一九〇中《郭正一传》，中华书局1975年版，第5010页。

[2]（宋）司马光：《资治通鉴》卷二〇八，神龙二年十二月己卯、丁巳条，中华书局1956年版，第6607—6608页。

[3]（后晋）刘昫：《旧唐书》卷一一八《杨炎传》，中华书局1975年版，第3420页。

市井村坊剽掠三日而止，财物不可胜计"，"杀万余人"。[1]后来虽然退兵，但仍然不时侵扰京畿地区。宪宗元和三年（808），礼部尚书李绛为此不无感叹地奏言："回鹘盛强，北边空虚，一为风尘，则弱卒非抗敌之夫，孤城为不守之地。"[2]此后，南诏在吐蕃支持下，不断侵扰唐境，文宗大和三年（829），大举入侵西川，陷邛州（今四川邛崃），逼成都府，入梓州（今四川三台）西郭，"驱掠玉帛子女而去"[3]。对唐朝威胁最严重的当数吐蕃，它勾结南诏，连年入侵唐朝西北边陲，陷河西、陇右等地，尽占安西四镇。

在唐中后期的一百余年间，军事上已经完全失去了昔日雄风，陷入被动挨打的境地。所幸的是上述三个民族政权由于皆有内乱，相互间也矛盾重重，加上北方黠戛斯、室韦、沙陀等势力的兴起，使他们的军事力量遭到严重削弱，所以不仅没有给唐政权带来灭顶之灾，唐朝还一度收复了河西、陇右之地。对此，正如吕思勉先生所说，这靠的不是自身力量的强大，而是"天幸"[4]。到了唐朝末年，由于藩镇割据，内乱不息，唐朝早年所拓疆域至此尽失，所谓军事力量的强大，早已成为明日黄花。

再从宋朝方面看，两宋先后所遇到的对手契丹、女真和蒙古，

---

[1]（后晋）刘昫：《旧唐书》卷一九五《回纥》，中华书局1975年版，第5195页；（宋）欧阳修、宋祁：《新唐书》卷二一七上《回鹘上》，中华书局1975年版，第6119页。

[2]（明）黄淮、杨士奇编：《历代名臣奏议》卷三四一《夷狄》，李绛奏议，上海古籍出版社1989年版，第4436页。

[3]（后晋）刘昫：《旧唐书》卷一九七《南诏蛮》，中华书局1975年版，第5284页。

[4]吕思勉：《吕著中国通史》，上海科学技术文献出版社2008年版，第361页。

与汉之匈奴、唐之突厥比较，有很大不同：一是匈奴、突厥皆为草原民族，他们入侵汉人聚居的地区，主要是为了掠夺子女、玉帛和粮食，军队飙进飙退，不是以永久占领领土为其目的。所以汉唐建立之初，可以借和亲和赠送财物以阻止他们的深入。可是契丹和女真，在他们崛起以后，由于受到中原先进文化和生活方式的影响，已部分走向定居。蒙古在征战金朝的过程中，也汉化日深。所以这三个民族的统治者，都怀有入主中原、统一全国的雄心。二是匈奴、突厥上层后来都发生了严重分裂和内乱，势力大为削弱，给汉唐政府以各个击破的机会。但契丹、女真和蒙古贵族内部，没有发生对全局有影响的分裂，故宋朝对他们无隙可乘。此外，五代时石敬瑭将燕云十六州割让给契丹以后，中原王朝失去了长城和燕山山脉的屏障，要阻挡"胡马南牧"，就更加困难。因此，两宋所面临的民族危机，在历史上比任何朝代都要深重。故相对而言，军事力量就更显弱小。

不过，这里还必须特别指出一点：今人颂扬唐朝军事力量的强大，多着眼于它扩张领土所造成的"辉煌"，却忽略了由此给广大百姓所带来的严重后果。我们说，一个国家的军事力量如果主要不是用于保卫国家，抵御外侮，而是用于穷兵黩武，进行所谓"拓边"上，不仅不值得颂扬，反而应该加以谴责。正如钱穆先生所说，唐朝的所谓"武功"，是一种"帝国主义"性质的行为，只能自取灭亡，所以不值得夸耀。他说：

> 唐代穷兵黩武，到唐玄宗时，正像近代所谓的"帝国主

义",这是要不得的。我们只能说罗马人因为推行帝国主义而亡国。并且从此不再有罗马。而中国在唐代穷兵黩武之后仍没有垮台,中国的历史文化依然持续。这还是宋代人的功劳。[1]

唐朝频繁地对外用兵,对周边民族所造成的损害姑且不论,就是对本国而言,危害性也十分大,它极大地加重了百姓的兵役负担,造成大批士兵战死疆场,田园荒芜,生产力遭到严重破坏,由此又引起了少数民族的内侵,从而给国家和人民带来了沉重的灾难。对此,杜甫(712—770)在《兵车行》和"三吏""三别"等著名诗篇中,都有着深刻的揭露。宋人也认识到这一点,如著名政治家苏辙以为,唐太宗时代的武功,"无补中国之治乱,是以儒者终莫之善也"[2]。这与军事力量相对弱小、经常受到他国欺凌,因而不得不签订澶渊之盟、绍兴和议等屈辱和议的宋朝相比,表现形式似乎截然相反,百姓实际所受到的痛苦,却是五十步笑一百步而已。

但是,如果从对后世的影响而言,盛唐时期的军威和尚武精神,确实起着振奋士气的作用。宋朝则不然,由于它一直将"重文抑武"奉为国策,虽然对改变唐五代以来的武人政治曾经起过积极作用,但是流弊十分严重:它压制了武将的能动作用,降低

---

[1] 钱穆:《中国历代政治得失》,九州出版社 2014 年版,第 105 页。
[2] (宋)苏辙:《栾城集》卷二〇《私试进士策问二十八首》,中华书局 1987 年版,第 454 页。

了广大将士的社会地位，造成了所谓"好铁不打钉，好男不当兵"的不良社会风气。尚武精神的缺失，也就削弱了国人抵御外侮的力量，这是应该引以为戒的。

四、唐宋两朝思想、文化繁荣程度之比较

唐朝在思想上仍坚守着两汉以来旧的儒学传统，除了在宗教上产生了适合中国士大夫口味的禅宗以外，在思想领域上的建树并不多。特别应当指出的是，在整个唐朝的士大夫队伍中，甚少有像宋朝范仲淹、王安石、朱熹、文天祥那样对国家和民族抱有高度责任感的儒家学者和大臣，所以在唐朝产生不出一个十分著名的思想家，也就不足为奇。

进入宋朝，随着国家内外环境的变迁，"重文"政策的推行，士大夫对国家和民族责任感的增强，以及科举考试内容由诗赋、帖经、墨义向考经义的转变，产生了以理学为主的新儒学，也就是所谓宋学，[1] 一扫汉唐学者专事章句训诂、脱离现实的学风，转而趋重于发挥儒家经典中的义理内涵，以适应社会的需要。特别是到北宋中后期，宋学中形成了王氏新学、苏氏蜀学、二程洛学、张载关学等不同学说。进入南宋，在民族危机和阶级矛盾的刺激下，至孝宗乾道（1165—1173）、淳熙（1174—1189）年间，思想领域更趋活跃，在理学正式形成的同时，又出现了以吕祖谦为代表的金华学派，以陈亮为代表的永康学派，以叶适为代表的永

---

[1] 何忠礼:《论科举制度与宋学的勃兴》,《中国史研究》1991 年第 2 期。

嘉事功学派，以"甬上四先生"为代表的四明学派等。即使同为理学，有以朱熹为代表的道学和以陆九渊为代表的心学。各学派之间，既有对孔孟思想的共同认知，也有对孔孟思想的不同阐述，他们为解决社会危机所开出的药方也各不相同，常常为此开展激烈的思想交锋，呈现出类似于百家争鸣的局面。

宋学不仅在学术上有很大贡献，而且也推动了政治思想的进步。一些士大夫对君主独裁体制公开表示不满，提出了天下者乃万民之天下的主张。如绍兴八年（1138）十二月，监察御史方庭实上疏高宗，反对向金人屈辱求和，其中有言："天下者中国之天下，祖宗之天下，群臣、万姓、三军之天下，非陛下之天下。"[1]咸淳三年（1267），监察御史刘黻上疏反对度宗的内降恩，认为帝王不能有私恩，大胆地提出："天下事当与天下共之，非人主所可得私也。"[2]他们从国家和民族的利益出发，敢于挑战帝王的绝对权威，开明末清初黄宗羲、顾炎武、王夫之三大思想家反对君主专制独裁思想的先河，非常值得肯定。

总之，宋学对当代和后世所产生的影响十分大，这是汉唐以来的旧儒学所不能比拟的。

从文化上看，唐宋两朝都有灿烂多姿的诗词、书法、绘画和音乐等，成为中国古代文化发展史上的一个高峰。

先就唐诗而言，它确实是唐朝文学的标志和瑰宝，一直享有

---

[1] 佚名：《宋史全文》卷二〇中，黑龙江人民出版社2005年版，第1301页。

[2] （元）脱脱等：《宋史》卷四〇五《刘黻传》，中华书局1977年版，第12247—12248页。

盛誉。其中有"诗仙"和"诗圣"之称的李白和杜甫，历史上几乎无人不晓，其他著名诗人如王勃、杨炯、王维、孟浩然、李贺、李商隐等人，也十分著名。但是，由于唐朝文化的普及率远不如宋朝，能够有条件从事文学创作的士大夫和一般文化人就比宋朝为少，因此就作者人数和创作数量而言，宋诗并不在唐诗之下。我们只要对康熙年间所编纂的《全唐诗》与20世纪末出版的《全宋诗》作一对比，不难得出这个结论，故有学者指出："其时唐诗之存世者，家不过二千余，篇不过四万八千九百余而已。今人《外编》，增益无多。非如宋诗作者，今日已可考知者不下九千人，倍四于《全唐诗》。"[1]《全宋诗》所收诗作，超过二十万首，也"倍四于《全唐诗》"。虽然唐朝距今天比宋朝远，散失的诗文肯定要比宋朝多，但即使如此，数量相差也不应该如此悬殊，由此足见宋诗之盛。

唐诗与宋诗在质量上，也就是思想性和艺术性上，应该说各有千秋。对此，钱钟书先生有一个中肯的评价，他说："（唐诗与宋诗）不仅朝代之别，乃体格性分之殊。""唐诗多以丰神情韵见长，宋诗多以筋骨思理见胜。"[2]换言之，从总体上说，唐诗在艺术性上要超过宋诗，宋诗在刚毅性和思辨上则比唐诗为强，它们各有自己的优点，这可能也是文艺的贵族化倾向和平民化倾向之间的区别。

---

[1] 北京大学古文献研究所编：《全宋诗·钱序》，北京大学出版社1991年版，第2页。

[2] 钱钟书：《谈艺录·诗与唐宋》，中华书局1984年版，第2页。

　　词是宋朝最具代表性的文学形式，它虽然出现在唐代，但到北宋才大放异彩，故人们常有"唐诗宋词"之说。据唐圭璋先生所辑《全宋词》一书统计，在所收作家籍贯和时代可考的词人有873人。在北宋，著名的词人有晏殊、欧阳修、苏轼、柳永、周邦彦等人。因为他们都生活在相对和平安逸的年代，词作大都"抒写个人的得意或失意。作品的题材，也大抵在相思、欢会、饮宴、伤春的圈子里打转"[1]，艺术性虽达到很高境界，但思想性尚不强。到了南宋，由于社会环境的激烈变化，词的发展达到了鼎盛，词风也为之一变。南宋前期，以陆游、张孝祥、辛弃疾、陈亮、朱敦儒、张元幹等人为代表的作品，大多充满忧时爱国的思想感情，现实意义大为增强。同时候还产生了李清照、朱淑真二位才华横溢的女词人，她们以深委曲折、形象细腻甚至有点大胆的笔调，抒发自己对爱情和生活的感受以及不幸的遭遇。唐朝妇女虽较宋朝妇女为开放，但这样的词作却并未得见。南宋中后期的著名词人有姜夔、吴文英、刘克庄、周密、张炎、汪元量等人，他们的词作，无论是思想性或艺术性也很强。

　　绘画艺术，在唐宋两朝各有特点。古代中国的绘画经过漫长的演进，至唐朝正式定型为人物、山水和花鸟三大画种。吴道子、阎立本、李世训、王维、薛稷、边鸾等人，皆为唐朝画家中的杰出代表，他们的一些作品，足以传之后世。在宋朝，绘画受到最高统治者的重视，设置了宫廷画院，徽宗朝又开设了画学，有力

----

[1]　唐圭璋编：《全宋词》，中华书局1965年版，第2页。

地推动了绘画的发展。在宋朝有一支庞大的士大夫队伍，他们有较多的闲情逸致去从事绘画创作。宋朝市民阶层的兴起，反映市井平民生活内容的画作大幅增加，也使宋朝绘画更趋繁荣，形成了民间绘画、士大夫绘画和宫廷绘画三大体系。从传世的作品来看，人物画唐朝胜过宋朝，山水、花鸟画则以宋朝见长。以《清明上河图》为代表长幅画卷的出现和使绘画进入手工业、商业行列，则似乎皆从宋朝开始。宋朝画家众多，李成善、刘宗道、郭熙、李公麟、张择端、李唐、苏汉臣、刘松年、马远、夏圭、李嵩等人，皆为著名代表。此外，必须指出的是，宋朝的皇帝大都喜欢绘画，宋徽宗赵佶本人就是一个出色的画家，宗室中也不乏能画的人，这一点在唐朝却不多见。

在书法艺术上，唐朝有其突出的成就，不仅名家众多，而且对后世影响十分大。初唐有欧阳询、虞世南、褚遂良、薛稷等人的楷书，他们继承了王羲之、王献之父子书体的风格，潇洒飘逸，端庄遒劲。其中以传世的欧阳询《九成宫醴泉铭》最为人所熟知，世称"欧体"。盛唐至中唐的书法大家以颜真卿、怀素、张旭、贺知章为代表。颜真卿把篆、隶、行、楷四种笔法相结合，创造了新的书体，世称"颜体"。怀素、张旭、贺知章的草书，也闻名后世。宋朝书法艺术名家也不少，在北宋有苏（轼）、黄（庭坚）、米（芾）、蔡（襄）四大家。在南宋中前期，有张孝祥、虞允文、陆游、范成大、吴琚、汪应辰、木待问、尤袤、姜夔等人。晚期有张即之、魏了翁、白玉蟾、陈容、文天祥、王应麟等人。宋朝的书法家虽然很多，但是总体水平却不及唐朝，其中原因，当与宋朝科举考试实行弥封、誊录，试卷中书法好坏，与成绩高低关系不大，在铨试中也因为废除了唐时"书法遒美"的要求，这些都会影响人们对书法艺术的追求。不过，以徽宗、高宗为代表的宋朝帝王和一些后妃的书法却颇有可观，这是唐朝帝王和后妃所不及的。

正如陈寅恪先生在 20 世纪 40 年代初所指出的："华夏民族之文化，历数千载之演进，造极于赵宋之世。"[1] 宋朝在思想文化上的巨大成就，从总体上来说，要远远超过唐朝，在今天学术界已经获得了共识。

这里附带说一下唐宋文化对周边国家影响问题。以往学术界普遍认为，在中国古代，唐朝文化对周边国家特别是日本的影响最为深远。对于这一看法，笔者认为尚不能一概而论。中国和日本的文化交流在唐朝确实进入了空前繁荣的时期，当时的日本社会，正处于奴隶制瓦解、封建制确立的阶段，对唐朝前期的昌盛极为仰慕，它不断向唐朝派遣由使者、留学生和学问僧为主的"遣唐使"，传入唐朝的先进文化（如汉字、典籍、文学、音乐、绘画等）和宗教（如律宗），从而对日本的政治制度（如实行大化革新）、经济制度（如实行班田收授法和租庸调制）、生活方式（如礼仪、服饰和习俗）乃至京城的设计和布局都有深刻影响。但自安史之乱以后，日本对唐文化的吸取逐渐停止，不仅中止了"遣唐使"的派遣，而且发布了渡海制、禁购令、定年纪等一系列

---

[1] 陈寅恪：《金明馆丛稿》二编，生活·读书·新知三联书店 2001 年版，第 245 页。

禁令，[1] 限制与唐朝在各个领域的交往。

但是，随着北宋的统一和经济、文化的繁荣，对日本形成了很大的吸引力。这时，宋日两国政府间的交往因受唐末五代战乱的影响而已经不再，可是民间交往却十分活跃，其载体多为学问僧、商人、水手和知识分子，宋朝的文化通过他们大量传到了日本，其中包括佛教中的禅宗、典籍、茶道、理学和艺术，这些都为普通日本民众所接受。

那么，唐朝和宋朝哪一个朝代的文化对日本影响更深一些呢？日本学者野岛刚以为："大家都说唐宋，我觉得这话不对，唐和宋完全不一样，唐是贵族的时代，宋是民众的时代。唐朝文化影响的是日本的高层，宋朝文化是进入到日本中产阶级里……后来在日本，贵族文化慢慢下来，刚好是宋朝特别是老百姓可以享受的文化进来，所以就开始融合。"[2] 笔者十分赞同野岛刚的这一观点：即唐朝文化对日本的影响主要是在高层，宋朝文化对日本的影响主要是在民间，两者所起的作用各有侧重面。虽然看起来唐文化对日本的影响似乎更大一些，但宋文化对日本近世以后的影响，恐怕也不能低估。

五、唐宋两朝科学技术成就之比较

唐朝的科学技术，在天文、历法、数学、医学方面都有一定

---

[1] 赵莹波：《宋朝与日本之间"准外交关系"初探》，《元史及民族与边疆研究集刊》（第 25 期），上海古籍出版社 2013 年版，第 130—135 页。

[2] 引自《你愿生活在哪个朝代》，载腾讯《大家》2014 年 3 月 22 日第 4 期沙龙。

成就，其中比较著名的有一行和尚改进浑天仪，并成为世界上第一次测量子午线长度的人，他还制订了在比较先进的历法——《大衍历》。另一位科学家李淳风，在历法和数学上也有许多贡献，特别是他对古代十部算经的注释，纠正了前人的许多谬误，为后世研究者提供了方便。著名医药学家孙思邈所撰《千金方》，首创"复方"法，他广泛吸收民间各种偏方，与《神农本草》所载的古方参用，或一方而治数病，或一病而立数方，又努力将医药学知识普及到民间。

宋朝在各种自然科学，特别是建筑学、农学、天文、历法、医药学、法医学、数学等领域都有杰出成就。沈括的《梦溪笔谈》、李诚的《营造法式》、陈旉的《农书》、苏颂的《新仪象法要》、钱乙的《小儿药症直快》、陈自明的《妇人大全良方》、宋慈的《洗冤集录》、杨辉的《详解九章算法》、秦九韶的《数书九章》等著作，都闻名后世。

在科技发明上，宋朝更是大幅度领先于唐朝。英国著名科技史专家李约瑟（1900—1995）说："对于科学史家来说，唐代却不如后来的宋代那么有意义。这两个朝代的气氛完全不同。唐代是人文主义的，而宋代则较着重于科学技术方面"。"每当人们在中国的文献中查考任何一种具体的科技史料时，往往会发现它的主要焦点就在宋代。不管在应用科学方面或纯粹科学方面都是如此"。[1]李约瑟的这一论断，完全是有根据的。如北宋宰相苏

---

[1]〔英〕李约瑟：《中国科学技术史》第一分册《总论》，科学出版社1990年版，第273、287页。

颂（1020—1101）等人发明的水运仪象台，是集观测天象的浑仪、演示天象的浑象、计量时间的漏刻和报告时刻的机械装置于一体的大型天文仪器，在当时堪称世界一绝。再以中国古代四大发明中的三大发明来说，在宋朝都取得了很大进步。如火药，它已大量地被应用到军事上，北宋时发明的火箭、火球、火蒺藜，[1]越出了唐时火药只能用于爆炸和燃烧的范围。南宋时又发明了火枪、突火枪等管形武器和威力很大的火炮（霹雳炮、震天雷），它们是近代枪炮的雏形。如指南针，最晚到北宋末年，已开始应用于航海上，这在朱彧的《萍洲可谈》等著作中都有记载。到了南宋，又发明了指南精确度更高的罗盘，船航行在茫茫大海上，"风雨晦冥时，惟凭针盘而行"[2]，从而为海上丝绸之路的开辟提供了重要条件。再如印刷术，北宋仁宗庆历年间（1041—1048），毕昇（972—1051）发明了活字印刷术，把隋唐之际发明的雕版印刷术向前推进了一大步。

现代实验科学的鼻祖、著名哲学家培根（1561—1626）对三大发明做出了高度评价，他说："我们应该观察各种发明的威力、效能和后果。最显著的例子便是印刷术、火药和指南针。"[3] 1861年，马克思（1818—1883）更将三大发明比喻为是推动历史前进的杠杆，是资本主义社会诞生的先导，他说：

---

[1]（宋）李焘：《续资治通鉴长编》卷四七，咸平三年九月辛丑条，中华书局2004年版，第1026页。

[2]（宋）吴自牧：《梦粱录》卷一二《江海船舰》，浙江人民出版社1980年版，第112页。

[3]［英］培根：《新工具》，商务印书馆1984年版，第103页。

> 火药、指南针、印刷术——这是预告资产阶级社会到来的三大发明。火药把骑士阶层炸得粉碎；指南针打开了世界市场并建立了殖民地；而印刷术则变成了新教的工具和科学复兴的手段，变得对精神发展创造必要前提的最强大杠杆。[1]

虽然，培根、马克思所见到的火药、指南针和印刷术，与宋代相比已经有了很大改进，但其渊源出自中国的宋朝，乃是毫无疑问的。以上仅略举部分例子，就足以证明宋朝在科学技术上的成就，也远远超过了唐朝，它们对推进世界历史的进程，起到了不可估量的作用和影响。

六、唐宋两朝广大农民社会地位高低之比较

在封建社会里，占人口绝大多数的是农民，他们的社会地位，即包括对国家和地主人身依附关系的强弱和政治地位的高低，直接关系到社会的进步与否，在这方面，唐宋两朝的农民，也有着显著不同。

先言农民对封建国家的人身依附关系。唐朝前期，实行均田制，名义上，政府授予每个成年男丁一定数量的世业田和口分田。世业田可传给子孙，口分田死后归官，原则上皆禁止自由买卖。均田农民不论占地多少，都要负担沉重的兵役，交纳租庸调，

---

[1] [德]马克思：《机器、自然力和科学的应用》，人民出版社1978年版，第67页。

种植何种经济作物也受到限制。国家为保证兵役和租庸调的征发，就要限制农民的自由迁徙。因此，唐朝农民的身份，实为被束缚在土地上的农奴，对国家人身依附关系十分强烈。

安史之乱以后，均田制遭到彻底破坏，部分无地和少地的农民，进入地主庄园，成为庄园主的部曲和私属，他们不是编户齐民，所以地位也近似于农奴。另一部分农民，则以自耕农、半自耕农和客户的身份存在，政府根据他们的物业多少，户等高低，征收"二税"，在这种舍人税地的赋税制度下，这部分农民对国家的人身依附关系开始有所放松。

宋朝建立后，以募兵制代替唐时的征兵制，不仅减轻了农民的兵役负担，同样也有利于农民的自由流动。乾德元年（963）十月，太祖颁布了关于版籍的第一道诏令，命所有农户和人口都登记入户籍，并取得了买卖土地和迁徙的自由。南宋时，又陆续废除了五代各割据政权（除四川外）遗留下来以丁口征税的身丁钱（米），有些地方甚至出现了"摊丁入亩"的趋势。[1] 在这种情况下，一定程度上放松了封建国家对农民的人身束缚，为他们离开土地从事商业和手工业，或成为雇佣劳动者提供了可能。在南宋都城临安（浙江杭州），外来人口占了全城人口的三分之一左右，其中很大一部分就是从土地上游离出来的农民。[2]

再言农民对封建地主的人身依附关系。

宋承唐制，农村居民也有主户和客户之分，但与唐朝的意思

［1］ 葛金方：《两宋摊丁入亩趋势论析》，《中国经济史研究》1988 年第 3 期。

［2］ 徐吉军：《南宋临安工商业》，人民出版社 2009 年版，第 195 页。

有不同。唐朝的主户是指包括地主在内的本地居民，客户是指由外地流入的农户。宋朝主户是指有土地的农户（也包括地主），没有土地，租种他人之田，或为他人佣耕者则称客户，再无土著和外来户的区别。宋朝客户不再是地主家的部曲和私属，而是国家的编户齐民，因而他们已经获得了一定的迁徙自由，这在北宋天圣五年（1027）十一月所颁布的一个诏令中，得到了证明：

> 江、淮、两浙、荆湖、福建、广南州军，旧条：私下分田客，非时不得起移。如主人发遣，给与凭由，方许别主。多被主人折勒，不放起移。自今后客户起移，更不取主人凭由，须每田收田毕日，商量去住，各取稳便，即不得非时衷私起移。如是主人非理栏占，许经县论详。[1]

天圣令中的"旧条"，当指北宋前期南方各州郡的规定，而北方地区的佃农，因为早已有了自由起移的权利，所以诏令就不再提及。只是诏令没有提到四川路的原因，却有待于进一步研究。天圣令在执行过程中，尽管会遭到地主阶级的反对和破坏，但总的说来还是得到了贯彻。如神宗朝的吕大钧（1029—1080）以为："客（户）虽多而转徙不定，终不为官府之用。"[2]哲宗元祐二年（1087）三月，侍御史王岩叟（1043—1093）也说："富民召客为

---

[1]（清）徐松辑：《宋会要辑稿》第 10 册，上海古籍出版社 2014 年版，第 5954 页。

[2]（宋）吕大钧：《民议》，（宋）吕祖谦：《宋文鉴》卷一〇六，文渊阁《四库全书》本。

佃户，每岁未收获间，借贷周给，无所不至，一失抚存，明年必去而之他。"[1] 元祐五年七月，知杭州苏轼（1037—1101）言："民庶之家，置庄田，招佃客，本望租课，非行仁义。然犹至水旱之岁，必须放免欠负，借贷种粮者，其心诚恐客散而田荒，后日之失必倍于今。"[2] 以上充分说明，地主和佃农之间的关系，如果不上纲到政治层面上（即所谓剥削与被剥削的关系），应该看作是一种谁也离不开谁的互利关系，佃农在一定条件下，已经获得了起移自由。但是，这种互利关系和起移自由，有时也会遭到破坏：一种是佃户在冬天向地主归还了所借贷的谷米和完成租课后，仍被阻止起移，即"挠虐佃户"；另一种是佃户由于种种原因，没有兑现契约规定的条款而私自起移。这两种破坏契约的情况，在整个北宋都存在着。

那么，南宋的情况又是如何呢？按绍兴二十三年六月颁布的诏令言：

> 民户典卖田地，毋得以佃户姓名私为关约，随契分付得业者，亦毋得勒令耕佃。如违，许越诉。比附"因有利债负虚立人力雇契敕"科罪。以言者有请，从户部立法也。[3]

---

[1]（宋）李焘：《续资治通鉴长编》卷三九七，元祐二年三月条，中华书局2004年版，第9682页。

[2]（明）黄淮、杨士奇编：《历代名臣奏议》卷二四五《荒政》，苏轼奏议，上海古籍出版社1989年版，第3224页。

[3]（宋）李心传：《系年要录》卷一六四，绍兴二十三年六月庚午条，中华书局1988年版，第2687页。

从"亦毋得勒令耕佃"一语可知，天圣五年令的基本条款，在绍兴年间依然得到贯彻。

孝宗淳熙九年（1182）二月，诏依臣僚言：

> 下诸路监司、郡守，令所部县令劝谕上户，遇有流移之民未复业者，收为佃户，借与种粮，秋成之时，量收其息。其旱伤州县，佃户贫乏不能布种者，亦令佃主依此。庶几（逃）者还乡，居者安业，贫富相资，不违农时。[1]

虽然这道奏疏没有直接说到佃农可以自由起移的事，但从朝廷对流移民的关心来看，反映了佃农只要在秋成之后，完成应纳租税，是可以自由起移的。

在南宋的史书中，偶尔也有少数地主强制佃农不得自由起移的记载，这种情况多发生在灾荒或兵火以后劳动力特别缺乏的地区，但由于双方签订了契约，是一种违法行为，并未得到政府的认可。[2]

南宋中期，知乐清县袁采撰家训告诫其子弟谓：

> 国家以农为重，盖以衣食之源在此。然人家耕种出于佃人之力，可不以佃人为重！遇其有生育、婚嫁、营造、死亡，

---

[1]（清）徐松辑：《宋会要辑稿》第13册，上海古籍出版社2014年版，第8082页。

[2]（宋）王之道《相山文集》卷二二《乞止取佃客札子》，文渊阁《四库全书》本；《朱熹集》别集卷一〇《申监司为账巢场利害事件》，四川教育出版社1996年版，第5596页。

当厚周之。耕耘之际，有所假贷，少收其息。水旱之年，察其所亏，早为除减。不可有非理之需，不可有非时之役，不可令子弟及干人私有所扰，不可因其仇者告语，增其岁入之租，不可强其称贷，使厚供息，不可见其自有田园，辄起贪图之意。视之、爱之，不啻如骨肉，则我衣食之源，悉借其力，俯仰可以无愧怍矣。[1]

南宋末年的官员黄震，则将上面的话，概括为："主佃相依，当养根本。"[2]都反映了当时主客户之间的依存关系和相互间需要遵行的准则。因而不能根据少数例子，加以推而广之，做出"南宋时，特别到南宋末年，客户对地主的人身隶属关系似乎又有逐渐增强的倾向"[3]的结论。

由此可知，宋朝农民，无论主户还是客户，他们所受到封建国家的人身束缚和对地主的依附关系，都比唐朝要松弛得多。

至于唐宋农民的政治地位和向上流动的可能性，唐朝也无法与宋朝相比。

虽然，唐宋两朝都实行以科举取士，但是科举制度在唐朝还是初创阶段，各项条制尚未完备，加上新老士族在一定程度上仍然把持着选举权，所以科举制度中还存在着以往察举制的许多残

---

[1]（宋）袁采：《袁氏世范》卷三《存恤佃客》，清知不足斋丛书本。

[2]（宋）黄震：《黄氏日抄》卷七八《咸淳八年中秋劝种麦文》，《黄震全集》，浙江大学出版社2013年版，第2223页。

[3] 华山：《再论宋代客户的身份问题》，《宋史论集》，齐鲁书社1982年版，第52页。

余，农家子弟由于受到门第和经济条件的限制，根本无缘参加科举考试，除极少数人以军功获得武职以外，不存在向上流动的政治空间。在有唐一朝所取六千八百余名进士中，找不出一个农家子弟，就是明证。

唐末农民大起义和五代战乱，彻底扫荡了门阀势力，使它最终退出了历史舞台。宋朝建立后，太祖兄弟及其继任者为了加强中央集权，广泛收罗人才，实现"君主与士大夫共治天下"的政治目标，有必要也有可能对科举制度进行一系列的改革。特别是开创了殿试制度，实行了试卷的封弥和誊录，从而彻底扫除了以往察举制的残余。由于宋朝科举不讲门第，不问贫富，凡稍具文墨者皆可应举，在录取过程中，基本上实现了公正、公平，"一切以程文为去留"[1]的原则，这就为部分农家子弟打开了一条入仕通道，在一定程度上有利于社会流动。如"世为农家"，本人是一个"磨家儿"[2]的王禹偁，在太宗朝以科举入仕，后来官至翰林学士，并成为北宋著名的文学家和政治改革家的先驱；再如既是政治家又是书法家的蔡襄，天圣八年（1030），"以农家子举进士"[3]，后来官至翰林学士、三司使。进入南宋，农家子弟考取进士的人更多。如著名政治家吴芾、绍兴二十七年进士第一名王十朋等人，

---

[1]（宋）陆游：《老学庵笔记》卷五，中华书局1979年版，第69页。

[2]（元）脱脱等：《宋史》卷二九三《王禹偁传》，中华书局1977年版，第9793页；（宋）毕仲游：《西台集》卷一六《丞相文简公行状》，文渊阁《四库全书》本。

[3]（宋）欧阳修：《欧阳修全集》卷三五《端明殿学士蔡公墓志铭》，中华书局2001年版，第522页。

皆为其类。在宋代，"朝为田舍郎，暮登天子堂"的人虽然少见，但是确实已经有了这种可能，这也是宋朝农民的政治地位要高于唐朝农民的一个表现。

结语

综上所述，本文通过对唐宋两朝的基本国情进行了比较和分析以后，可以得出这样的结论：在中国古代，唐宋虽然都是有着重要历史地位的朝代，但宋朝除了在军事力量和疆域方面不如唐朝以外，无论是政治的清浊、经济的发展水平、思想文化的繁荣程度、科学技术的贡献大小以及对后世的贡献和影响等方面来看，皆超过了唐朝。唐朝的军事力量虽然一度强大，但由于它频繁地对外用兵，给广大百姓带来的却是祸而不是福，并不值得肯定。因此，宋朝的历史地位，从总体上来说，比唐朝为高，应该说基本符合历史事实。

那么，为什么自清代以来，人们对唐宋两朝的历史地位会有截然相反的评价呢？笔者认为，其中主要原因当有以下几个方面。

一是受到清朝前期某些学者影射史学的影响。众所周知，清朝建立以后，为了镇压反清复明的思想，大兴文字狱，首当其冲的当然是汉族知识分子。在这种严酷的政治环境下，一些不忘故国的知识分子，便用极其隐晦的文字以表达反清思想，或借助历史以影射现实。本文在前面提到王夫之的《宋论》，就是这样的一部"杰作"。《宋论》一开始，表面上是在否定赵宋政权的合法性，实际上却是在否定清政权的合法性，借此责问当权者：我们从来没有听到过有爱新觉罗一姓，你们既未给百姓以恩泽，也没有受到百姓的拥戴，有何资格建立清政权？《戒石铭》只有 16 个字："尔俸尔禄，民膏民脂。下民易虐，上天难欺。"这应该是一首很好的反腐诗文，可是王夫之以指桑骂槐的手法，偏要与法律的公开化挂上钩。原来，在中国古代，统治者本着"刑不可知，威不可测"[1] 的原则，所制订的法律，一般不允许向百姓公布，唯恐百姓懂得法律以后，就会要求依法办事，给当权者的舞文弄法造成困难。可是，清军入关以后，一改以往的做法，顺治元年（1644）八月，清廷宣布要以《明律》为基础，"斟酌损益，刊定成书，布告中外，俾知画一遵守，庶奸慝不形，风俗移易"。三年，《大清律》修成，诏命公开刊布，"子孙臣民，其世世守之"[2]。按理说，向百姓公布法律，是一件值得肯定之事，王夫之却借此进行影射，实是醉翁之意不在酒。顺治十八年（1661）正月，顺治死，儿子康熙即位。社会上出现了种种传闻，其中之一是说他并没有死，而是上五台山出家做了和尚。大概王夫之也相信这个传闻，于是便借宋高宗"禅位"于孝宗说事，对顺治的"禅位"再作一番抨击。

王夫之作为明清之际的著名思想家，被后世公认为是一位学问渊博，尤精于经学和史学的学者，他所著的《宋论》，必然会得

---

[1]（明）丘浚：《大学衍义补》卷一〇二《定律令之制》上，文渊阁《四库全书》本。

[2]（民国）赵尔巽等：《清史稿》一四二《刑法一》，中华书局 1977 年版，第 4182—4183 页。

到后来治史者的推崇。因此,《宋论》通过曲意贬抑宋朝历史以影射现实的一系列论断,对后人正确评价宋朝历史地位产生了不小的副作用。

二是由于近代中国不断受到列强的欺凌,所以人们有意识地将南宋贬低为一个屈辱投降、腐败无能的典型,加以鞭笞;同时着意美化唐朝的富强,以满足自己心理上的需要。对此,有学者曾经做过颇有说服力的论述,他说:"晚清以来,中国饱受帝国主义列强的欺凌,经常被迫签订不平等条约,这都是中国军力不如外国造成的,因此很自然地习惯于单从军事角度品评一个国家的好坏、高低。在心理状况备受压抑时,自然就向往汉唐,想起当时称雄天下,四方皆来朝贡的场面,何等气魄,令人振奋!于是,蔑视打不过辽、金、元的宋朝,蔑视其不能横扫外敌而签订和议。因此,一旦有人指责宋'积贫积弱'、蔑称其(按:指南宋)'小朝廷',指责其投降卖国,借此发泄对政府举措的不满,便很容易被民众接受而广泛流传。"[1]当人们产生了这种思想感情和历史"共鸣"以后,即使是某些从事历史研究的人,也容易为各种表面的历史现象所迷惑,对正确认识宋朝的历史地位造成一定的思想障碍。

此外,一些在民间广为流传的小说、故事和戏剧,如《水浒传》《说岳全传》《杨家将》等,在歌颂英雄好汉和爱国将领的同时,对宋政权的描写却基本上都是负面的,许多人往往误以为是

---

[1] 李裕民:《破除偏见,还宋代历史以本来面目》,《求是学刊》2009年第5期。

信史，当然不会对宋朝有好的评价。

在中国历史上，唐朝是一个颇负盛名的朝代，它与汉朝一样，具有光彩夺目的一面，对后世的影响也很大，对此谁也不会否认。本文所以要指出唐朝的种种弊病和不足之处，是希望将真实的宋朝与同样真实、不被美化的唐朝在国情上进行全方位的比较，正确认识宋朝在中国历史上的地位，对它做出应有的实事求是的评价，这有利于我们更好地传承宋朝优秀的历史文化遗产。

宋初"峡盐悉趋荆南"问题探析

杨昌猛

在中国古代社会，对盐进行征税始于春秋时期的齐国。马端临曰："至管夷吾相齐，负山海之利，始有盐铁之征。"[1]汉代统治者对榷盐政策有所反复，汉元帝时期，"虽暂罢之，卒以国用不足，复建，自此以后，虽盐法有宽有急，然禁榷与古今相为终始。"[2]且"后之为国者，榷利日至"[3]。为此吕祖谦叹曰："天下利源不可开，一开不可复塞。"[4]至太祖建宋，太宗确立北宋基本疆域，原来分隶于各割据政权的食盐产区也统一由赵宋朝廷接管，《宋史·食货志》载曰："宋自削平诸侯，天下盐利皆归县官。"[5]此后，北宋政府对于食盐的管理进入了一个新的阶段。川峡地区因其特殊的地理条件，所产食盐被称为"井盐"。对于宋代西蜀食盐

[1] （元）马端临：《文献通考》卷一五《征榷考二》，中华书局2011年版，第419页。

[2] （宋）吕祖谦：《历代制度详说》卷五《盐法》，上海古籍出版社1987年版，第943页。

[3] （元）马端临：《文献通考》卷一五《征榷考二》，中华书局2011年版，第432页。

[4] （宋）吕祖谦：《历代制度详说》卷五《盐法》，上海古籍出版社1987年版，第943页。

[5] （元）脱脱等：《宋史》卷一八一《食货下三》，中华书局1977年版，第4413页。

的研究，学界有众多的探讨，[1] 从他们论述中可知，他们对北宋整体食盐政策的研究较为全面，但据笔者所掌握资料来看，学界似乎对北宋时期某一食盐政策调整的背景原因、统治者所采取的对策等问题未深入分析，鉴于此，本文试图以"峡盐悉趋荆南"这一问题为切入点，通过探讨太祖、太宗对蜀盐政策调整的变化原因，以期对宋初蜀地的盐政有进一步的了解。

一、宋太祖前期对川峡路盐政的调整

（一）调整蜀地盐价

太祖在平蜀之后，即对西川的盐价作了调整。乾德三年（965）正月，太祖颁布的《平蜀曲赦》中特别提及"西川城内人户食盐，伪蜀估定每斤一百六十文足陌，令每斤特减六十文足陌，今后只定一百文足陌；所有诸州盐，各取逐处价例，三分中与减一分。"[2] 而太祖既然能将减西川盐价作为"德音"之一，可知蜀

---

[1] 与之相关的主要研究有：郭正忠的《北宋四川食盐危机考析》(《中国史研究》1981 年第 1 期）认为四川——包括川西、川南、川北和川东一部分地区，都存在过不同程度的食盐危机。贾大全《井盐与宋代四川的政治和经济》(《西南师范学院学报》1983 年第 3 期）从井盐与财政、民族关系、经济发展以及人民负担等方面，探讨了井盐在宋代四川政治经济上的地位和作用。林文勋的《北宋解盐入蜀考析》(《盐业史研究》1990 年第 2 期）不仅论述了北宋时期解盐入蜀的情况，也对郭正忠的部分观点提出了自己的见解，认为北宋时期，四川地区确实存在着一定的食盐危机，但仅限于川西的益州路和利州路。此外，林文勋在其《北宋四川盐产量蠡测》(《盐业史研究》1992 年第 1 期）一文对北宋时四川地区的盐产量进行了探讨。

[2] （清）徐松辑：《宋会要辑稿》第 11 册，上海古籍出版社 2014 年版，第 6497 页。另见李攸《宋朝事实》卷一七，"削平僭伪"条，上海古籍出版社 1987 年版，第 198 页。

地的盐价确实影响了当地百姓的生产生活。

盐价的高低可以直观地反映出该地区食盐是否充足。太祖时期蜀地盐价比之其他诸州相差多少，我们可以从相关史料中窥探一二。"开宝初，尝诏诸州卖盐斤六十钱者减为五十，四十者为三十，后颗盐（解盐）减至四十四。九年，又减四钱。"[1] 此为颗盐在其行销区的价格变化。对于荆湖地区所食末盐（海盐）的盐价变化，从太祖针对广盐入侵荆湖诸州，侵夺课利时所颁布约束性诏书中亦可以看出：太祖于开宝四年（971）下诏曰："自今诸州并禁之，其岭北近荆湖、桂管州府，即依荆湖诸州例，每斤六十足。近广南诸州即依广州新定例，每斤四十足。"[2] 开宝七年（974）七月，太祖再次调整了蜀地的盐价，其诏曰："成都府于见卖盐价内每斤减钱十文足"。[3]

通过对以上材料的梳理可知：开宝七年后的蜀地盐价为每斤九十足，解盐行销区的盐价为每斤四十足，荆湖地区的盐价为每斤六十足。由此观之，虽然太祖一再调低蜀地的盐价，但其价格仍比其他食盐行销区的盐价要高。

（二）提高井盐产量

宋太祖主要是通过疏浚坍圮盐井的方式来提高井盐的产量。

---

[1]（元）马端临：《文献通考》卷一五《征榷考二》，中华书局2011年版，第437页。

[2]（清）徐松辑：《宋会要辑稿》食货二三《盐法杂录一》，上海古籍出版社2014年版，第11册，第6499页。

[3]（清）徐松辑：《宋会要辑稿》食货二三《盐法杂录一》，上海古籍出版社2014年版，第11册，第6498页。

宋人释文莹在其《玉壶清话》中对陵州盐井的疏浚工作有过详细的记述：

> （宋）太祖即位，建隆中（乾德三年二月），除贾琰（琏）赞善大夫，通判陵州，专干浚井。琰（琏）至井，斋戒虔祷，引锸徒数百人，祝其井曰："圣主临御，深念远民，井果有灵，随浚而通。"再拜而入，役徒惮不肯下，琰（琏）执锸先之，数旬才见泉眼，初炼数百斤，日稍增数千斤，郡人绘琰（琏）像祀于井旁。[1]

据上述材料可知，太祖任命贾琏为赞善大夫、通判陵州的主要目的是让其修缮陵州的盐井，对于此项工作，贾琏的做法是：首先"斋戒虔祷"以克服数百锸徒的恐惧心理。因为在盐井淤塞初期，当地人就曾"以缅缒炼匠下视"，但结果却是"缒者皆死"，此情况的发生使得众人对疏浚工作产生畏惧，陵井也就"不复开浚，民食大馑"。其次，他以身作则，"执锸先之"，起到了很好的带头作用。从事井盐疏浚的工作，不仅具有一定的危险性，而且工程繁复、耗时，当时参与疏浚的有"锸徒数百人"，且劳作"数旬才见泉眼"。

---

[1]（宋）文莹：《玉壶清话》卷三，中华书局1984年版，第27—28页。

二、"峡盐悉趋荆南"的原因

（一）经济原因

蜀地虽号曰"天府之国"，但经济发展水平较高的州府主要集中在四川盆地，且该地区刚经历过宋初的统一战争，其经济遭到了不同程度的破坏。加之蜀地多山的地理条件，使得粮食供应存在一定的困难。宋人石介有诗曰："五谷无种处，蜀民土田窄。痴岩顽石长不休，诜诜赤子将何食。"[1]峡路的百姓为了生存，采取了以盐换粮的做法。韩绛在其诗《送周知监》中有着清晰的描述，诗曰："土瘠事刀耕，家无终岁蓄。所资盐井利，持易他州粟。"[2]至于易何州之粟，对于刚经历过战乱的西川来说自然不是峡路之民以盐易粮的首选，因此他们把目光放到了比他们早归降的荆湖之地。[3]

此外笔者认为"峡盐悉趋荆南"[4]的发生，还与商人、小民逐利有关。但西川长期存在缺盐的情况，且从上述材料中，我们已

---

[1] （宋）石介：《蜀地多山而少平田因有云》，《全宋诗》卷二七〇，北京大学出版社1995年版，第5册，第3421页。

[2] （宋）韩绛：《送周知监》，《全宋诗》卷三九四，北京大学出版社1992年版，第7册，第4842页。

[3] 太祖平荆湖在乾德元年（963）三月，据《续资治通鉴长编》所载："（乾德元年三月），尽复湖南旧地，凡得州十四，监一，县六十六，户九万七千三百八十八。"（宋）李焘：《续资治通鉴长编》，中华书局2004年版，第87页。

[4] 荆南，据《元丰九域志》卷六"荆湖路"条载，宋初的荆南地区包括潭州、衡州、道州、永州、郴州、邵州、泉州、桂阳监。（王存：《元丰九域志》卷六，中华书局1984年版，第258—265页。）但笔者认为此处"荆南"应是泛指。

得出蜀盐之盐价在当时处于最高位，根据商人逐利的特性，本应将峡盐运至蜀地贩卖，为何要悉趋荆南？

对此问题，笔者认为应与荆湖地区所流通的铜钱有关。其实蜀地本不缺少铜、金、银等贵金属，据《尚书正义》卷六《禹贡》载曰："华阳、黑水为梁州……厥贡璆、铁、银、镂、砮、磬。"[1]《史记·佞幸列传》载："（汉文帝）赐邓通蜀严道铜山，得自铸钱，'邓氏钱'布天下。"[2]

蜀地第一次使用铁钱始于西汉末年，公孙述割据益州称帝时，他"废铜钱，置铁官钱，百姓货币不行。"[3]公孙述以"铁"代"铜"钱，确实有客观条件的支持。巴蜀之地，铁矿尤多，胡渭在《禹贡锥指》中注曰："梁州之利尤在铁。"[4]《史记·货殖列传》载："蜀卓氏之先，赵人也，用铁冶富。秦破赵，迁卓氏。……致之临邛，大喜，即铁山鼓铸，运筹策，倾滇蜀之民，富至僮千人。田池射猎之乐，拟于人君。"[5]此外笔者根据《太平寰宇记》中有关川、峡路两路有关"铁山"的记载，统计得十县，分别是剑南西道的邛州临邛县、临溪县，资州盘石县，巂州昆明县，剑南东

[1]（汉）孔安国传，（唐）孔颖达正义：《尚书正义》卷六《禹贡》，上海古籍出版社2007年版，第220页。

[2]（汉）司马迁：《史记》卷一二五《佞幸列传》，中华书局1975年版，第3192页。

[3]（南朝宋）范晔：《后汉书》卷一三《公孙述传》，中华书局1965年版，第537页。

[4]（清）胡渭：《禹贡锥指》卷九，上海古籍出版社1996年版，第287页。

[5]（汉）司马迁：《史记》卷一二九《货殖列传》，中华书局1975年版，第3276页。

道的陵州始建县，荣州资官县，昌州永州县，山南西道兴州长举县，合州石镜县，渠州邻山县。[1]

五代时期，孟氏据蜀，孟昶惧后周兴兵，"于剑门、夔、峡多积刍粟，增置师旅"，但随着铜、银等矿山长期的开采以及战争的消耗，导致国内铜钱"用度不足，遂铸铁钱。禁境内铁，凡器用须铁为之者，置场鬻之，以专其利。"[2]此时期为铜、铁钱杂用时期。铁钱与铜、银等的兑换为"每铁钱一千兼以铜钱四百，凡银一两直钱千七百，绢一匹直钱千二百，而铸工精好殆与铜钱等。"[3]

后蜀国主孟昶于乾德三年（965）出降。四年（966），知府吕余庆与转运使沈义伦上奏曰："乞拣出铜钱，计纲发充上供，其川界止行用铁钱。"[4]并"增铸铁钱易民铜钱，益买金银装发。"[5]乾德五年（967），朝廷废银山县，使之并入盘山县。[6]而银山县"隋

---

[1]（宋）乐史：《太平寰宇记》卷七五《邛州》，卷八〇《巂州》，卷八五《陵州》《荣州》，卷八八《昌州》，卷一三五《兴州》，卷一三六《合州》，卷一三八《渠州》，中华书局 2007 年版。

[2]（元）脱脱等：《宋史》卷四七九《西蜀世家》，中华书局 1977 年版，第 13847 页。

[3]（宋）李焘：《续资治通鉴长编》卷二三，"太宗太平兴国七年八月"条，中华书局 2004 年版，第 525 页。

[4]（宋）李心传：《建炎以来系年要录》卷一六九，"高宗绍兴二十五年八月甲午"条，上海古籍出版社 1987 年版，第 327 册，第 366 页下。

[5]（宋）杨仲良：《皇宋通鉴长编纪事本末》卷一一《蜀钱》，《续修四库全书》，上海古籍出版社 2002 年版，第 386 册，第 70 页下。

[6]（宋）乐史：《太平寰宇记》卷七六《资州》，中华书局 2007 年版，第 1540 页。

为内江县地，义宁二年分置银山县，因县界银山为名。"[1]太祖做此省废，从侧面反映出蜀地银产量呈下降趋势，不足以设县管理。此外，两川的冶金亦效率低下，宋人朱彧曾曰："两川冶金，沿溪取沙，以木槃淘，得之甚微，且费力。"[2]加之经过朝廷的大量攫取和兑换，蜀地的铜、金银等贵金属日益匮乏。于是铁钱逐渐"颇失裁制，物价滋长，铁钱弥贱。"[3]

开宝三年（970），太祖"令雅州百丈县置监铸铁钱，禁铜钱入两川，后令兼行，铜钱一当铁钱十。"[4]而其他在五代时期曾使用铁钱的地区，如南唐、楚、闽等地，在宋相继攻灭之后，逐渐以铜钱代替铁钱，最终禁止铁钱在这些地区的流通。[5]"太祖皇帝建隆三年（962），禁诸州铁镴钱，民间有者悉送官。"[6]可知荆湖地区在建隆三年后所流通货币应为铜钱。此外，荆湖地区的食盐也存在供应不足的问题，且质量较差。《宋史·食货志》载："初，荆湖亦病盐恶，且岁漕常不足，治平二年（1065），才及二十五万

---

[1]（唐）李吉甫：《元和郡县图志》卷三一《资州》，中华书局1983年版，第786页。

[2]（宋）朱彧：《萍洲可谈》卷二，《全宋笔记》第2编第6册，大象出版社2006年版，第162页。

[3]（元）脱脱等：《宋史》卷一八〇《食货下二》，中华书局1977年版，第4376页。

[4]（元）马端临：《文献通考》卷九《钱币考二》，中华书局2011年版，第232页。

[5] 王海宝：《北宋川蜀地区铁钱盛行的原因探究》，《重庆交通大学学报》2010年第3期。

[6]（元）马端临：《文献通考》卷九《钱币考二》，中华书局2011年版，第231页。

余石。"[1] 仁宗时期参知政事王随曾曰："淮南盐初甚善。自通、泰、楚运至真州，自真州运至江、浙、荆湖，纲吏舟卒，侵盗贩鬻，从而杂以沙土。涉道愈远，杂恶殆不可食。"[2] 因荆湖地区有对盐的需求，且为铜钱流通区域。于是在以上因素的综合影响之下，峡盐运至荆湖地区也就有了经济方面的驱动。

（二）交通原因

川、峡二路位于长江的上游，湍急的长江十分不利于航运。寇准曾作诗曰："复命经三峡，波澜极目愁。片云生断壁，孤石碍中流。道路连巴塞，风烟接楚丘。"[3] 而《四川盐法志》卷六"水运上滩图""陆运负盐图"则详细记载了水、陆两种运盐的过程：

凡盐船行大江皆顺流，惟滇黔常有转江入小河者多溯流。水浅滩多，艰险尤甚。一船须纤夫数十人，腰负纤绳，高者攀缘，低者匍匐沙际，两手据地而行。滩深处奔湍成窞，船与水争至，数十百人之力仅乃得上，上则额手相庆云。

凡盐行陆地，骡马驮运最便。人力则计岸多担荷，边岸有用背负者，一人率负百斤。而骡多者几与马力相埒，蹒跚

---

[1] （元）脱脱等：《宋史》卷一八二《食货下四》，中华书局1977年版，第4442页。

[2] （元）脱脱等：《宋史》卷一八二《食货下四》，中华书局1977年版，第4439页。

[3] （宋）寇准：《东归再经峡口》，《全宋诗》卷九〇，北京大学出版社1995年版，第1028—1029页。

巉岩绝壁间，数十百步辄一憩息。夏月挥汗成雨，严冬身不挟纩，劳而忘寒，亦天下之至劳苦者也。[1]

蜀地的井盐主要集中在峡路。据贾大全考证：宋代四川产盐州、军、监共 34 处，其中，川西的成都府路和利州路共有 11 处，川东的梓州路和夔州路共 23 处。[2] 而长江水运之险自峡州开始趋于和缓，《舆地纪胜》卷七三"峡州"条载："西通全蜀，楚之西塞，西陵重镇，国之关限。……陆辇秦凤，水道岷江，巴峡之险，至此始平夷。"[3] 寇准在其《县斋春书十二韵》中亦写道，"江到荆门阔，山连蜀国深。"[4] 根据以上分析可知：相比较而言，峡盐顺流入荆湖界要比逆流以济西川容易得多，因此交通的便易程度也在一定程度上影响了峡盐运销走向。

此外，当时东、西川之民常互相轻视。宋人钱易在其《南部新书》记载了一则事例：

蜀东、西川之人，常互相轻薄。西川人言："梓州者，乃我东门之草市也，岂得与我为耦哉？"节度柳仲郢闻之，谓幕客曰："吾立朝三十年，清华备历，今日始得为西川作市

---

[1]（清）丁宝桢等编：《四川盐法志》卷六，光绪间刻本。

[2] 贾大泉：《宋代四川经济述论》，四川省社会科学院出版社 1985 年版，第 131 页。

[3]（宋）王象之：《舆地纪胜》卷七三《峡州》，浙江古籍出版社 2013 年版，第 6 册，第 1843 页。

[4]（宋）寇准：《县斋春书十二韵》，《全宋诗》卷九〇，第 1012 页。

令。"闻者皆笑之。故世言东、西两川人多轻薄。[1]

东、西川之人互相轻薄风气的存在，使东川（峡路）之民产生了宁愿将峡盐运至荆南也不运往西川的心理。

三、宋太祖后期、太宗的对策

（一）太祖之对策

蜀地的井盐分为两类，"监则官掌，井则土民斡鬻，如数输课，听往旁境贩卖，唯不得出川峡。"[2]且四川的小盐井，除部分政府明确"许人扑买""容其扑买"外，其中允许"土民斡鬻，如数输课，听往旁境贩卖"者，则在征税制下的民营范围之内。[3]所以，从一定程度上来说，小盐井的生产自主性最大，政府也最难以管控。又因四川地区较大的盐井和部分小井，虽属官有，但不直隶朝廷，而是归于各路或者各州地方官府直接掌管，或由官府募人或役人主持，[4]所以当出现峡盐悉趋荆南、西川民乏食盐的情况时，太祖认为主要问题在于两路转运使管理不力，而其采取的措施也较为简单，直接"遣使劾两路转运使罪。"[5]峡盐趋荆南

[1]（宋）钱易：《南部新书》卷八，文渊阁《四库全书》本。

[2]（元）脱脱等：《宋史》卷一八三《食货下五》，中华书局1977年版，第4471页。

[3] 李明明、吴慧：《中国盐法史》，文津出版社1997年版，第124页。

[4] 郭正忠：《宋代盐业经济史》，人民教育出版社1990年版，第111页。

[5]（宋）李焘：《续资治通鉴长编》卷三八七，"太宗太平兴国元年十二月"条，中华书局2004年版，第387页。

产生的另一个负面影响则是峡盐侵夺了末盐在此地区的销售利润，不利于政府的财政收入。据《宋代销盐区划图》[1]可知，荆湖南、北路属淮浙盐区，即为末盐的行销区域。

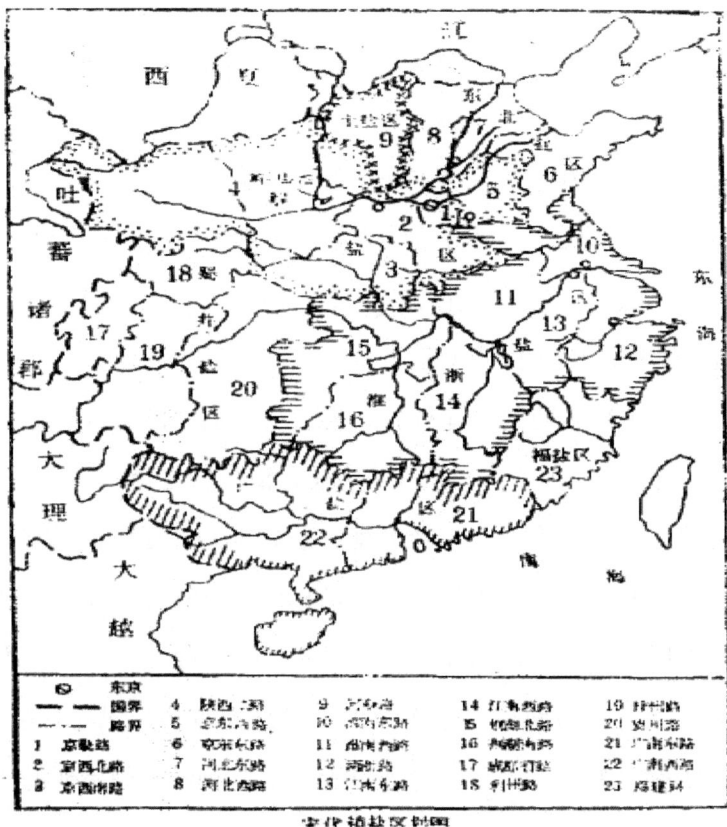

据《宋史·食货志》记载：

　　其在淮南曰楚州盐城监，岁鬻四十一万七千余

[1] 图片来源自郭正忠：《宋代盐业经济史》，人民教育出版社1990年版，第290页。

石，通州丰利监四十八万九千余石，泰州海陵监如皋仓小海场六十五万六千余石，……天圣中，通、楚州场各七，泰州场八，海州场二，涟水军场一，岁鬻视旧减六十九万七千五百四十余石，以给本路及江南东西、荆湖南北四路。[1]

咸平四年（1001），孙冕请放江南、荆湖地区通商时，陈恕曾反驳曰："江、湖之地，素来官自卖盐，禁绝私商，良亦有以。"[2] 从此话中反映出在咸平四年之前，荆湖地区的末盐行销主要是由政府统一管理，政府借此以获利。

太祖对于转运使的具体处置，史料中无明确的记载。但太宗在即位之初，为了使天下"覃在宥之恩，洽惟新之泽"[3]，颁布诏书，大赦天下，其中有对于贬谪官吏的处置，其诏曰："诸贬降、责授官量与升陟，在外未量移者与量移，已量移者与复资，已复资者与叙用。……诸司勒停罢职掌府吏，并与收叙。配流人内有曾任职官者，量与叙用。除籍为民、终身不齿、违误连累削任、免所居官者，并与叙用。"[4] 据此可推之，先前被太祖治罪的两路转运使应在赦免之列。

笔者认为，太祖治两路转运使罪的原因不仅在于与转运使管

---

[1]（元）脱脱等：《宋史》卷一八二《食货下四》，中华书局1977年版。

[2]（宋）李焘：《续资治通鉴长编》卷五〇，"真宗咸平四年十一月己卯"条，中华书局2004年版，第1085页。

[3] 司义祖整理：《宋大诏令集》卷一《即位》，中华书局1962年版，第1页。

[4]（清）徐松辑：《宋会要辑稿》第9册，上海古籍出版社2014年版，第5097页。

理不善、峡盐冲击淮盐行销区，应还与当时蜀地官民之间微妙的政治关系有关。西蜀于乾德三年被宋用武力拿下，但因宋方将领、官兵的大肆掠夺而引发了长达两年的军事对抗，后太祖增派士卒，蜀乱才于乾德五年（967）才逐渐平息。蜀地在太祖时期经历了"归附—动荡—平复"的过程，且在北宋期间，朝廷和其他政区的人对蜀人一直存在一种不信任的心理。[1]这也使得太祖在涉及蜀地的问题上比较敏感，更加看重西川的稳定，因峡盐趋荆南导致西川民乏食的情况，很可能再次引起蜀地的动荡，鉴于此考虑，太祖采取遣使问责两路转运使的对策以安抚民心。

（二）太宗之对策

太祖这种简单问罪的方式并不能从根本上解决峡盐趋荆南的问题，为此，太宗一即位，就从政治、经济两个方面做出了调整。

1.政治调整

宋太宗在面对出现的峡盐趋荆南问题时，下令"命西川转运使申文纬遥兼峡路，峡路转运副使韩可玭兼西川路。"[2]据此可理解为西川、峡路的转运使是申文纬，副使是韩可玭。这种行政职掌的调整好处在于西川、峡路的官吏在执行最高层命令时避免了相互之间的掣肘，提高了官吏在行政方面的效率。但是弊端亦十

---

[1] 余蔚，任海平：《北宋川峡四路的政治特殊性分析》，《历史地理》2001年第17期。

[2] （宋）李焘：《续资治通鉴长编》卷一七，"太宗太平兴国元年十二月"条，中华书局2004年版，第387页。

分明显，互兼后转运使管理下的政区似又回归到了孟氏割据蜀地时情形，两川再次成为一个整体，这一情况令强化中央权力的太宗所担忧。且朝廷对蜀地这一特殊区域一直不放心，对任职于蜀地的官员，则采取种种措施加以限制。太祖"以参知政事吕余庆知益州，余用选人，以轻其权。"[1]并下令："文武官任川、峡职事者，不得以族行，元从及仆吏以自随者，举姓名报枢密院给券。"[2]太宗对此项规定，稍稍放宽了限制，太平兴国六年（981），其诏曰："岭南、四川、江南、两浙职官等，先不许亲属至治所，自今得以期功亲一人随行，仍不得参预政事。"[3]但也仅允许一人随行。直到庆历以后，才允许与家人同行，叶梦得在《石林燕语》中谈及此，说道："自庆历以来，天下乂安，成都雄富，既甲诸率府，复得与家俱行。"由此知之，让申文纬一人任川、峡二路的转运使，虽在一定程度上提高了政府应对危机的效率，但因申文纬在蜀地过大的职权与太宗收地方之权的思想有冲突，所以在2个月之后，即在太平兴国二年（977）二月，太宗下令："分西川为东西两路，各置转运使、副使。兵部郎中许仲宣为西路转运使，考功员外郎滕中正为东路转运使。"经李昌宪考证，此时至太平兴国七年（982）这一段时间内，是剑南东、西、峡路三路并存时

---

[1]（宋）陈师道：《后山谈丛》卷三，《全宋笔记》第2编第6册，大象出版社2006年版，第96页。

[2]（宋）李焘：《续资治通鉴长编》卷六，"太宗乾德三年二月"条，中华书局2004年版，第149页。

[3]（宋）李焘：《续资治通鉴长编》卷二二，"太宗太平兴国六年十二月"条，中华书局2004年版，第506页。

期，[1]太宗防范地方势力之心可见一斑。

2. 经济调整

在经济方面，太宗对食盐的销售方式做出了调整。据《续资治通鉴长编》卷一五记载："川、峡盐，承伪制官鬻之。"[2]"官鬻"即官卖，官卖就是食盐由民制（或官制），收购、运输、销售都由官府负责办理。[3]但是在太平兴国二年（977）四月，右拾遗郭泌在论及剑南食盐问题时，曾说道："豪民黠吏相与囊橐为奸，贱市于官，贵粜于民。"可知此时官府并没有直接控制食盐的销售环节，这才会让豪民黠吏有机可乘。由此知之，在面对峡盐趋荆南的情况时，太宗的政策应该是改变井盐的销售方式，采取官府控制下的民户分销模式。[4]

四、结语

太祖在平蜀之时，针对蜀地过高的盐价，为了安抚新附蜀民，在其诏书中将降低蜀地盐价作为恩赦之一，此后，太祖多次下诏降低蜀地盐价。另外为了提高井盐产量，他还委派专人疏浚盐井，

---

[1] 李昌宪：《中国行政区划通史·宋西夏卷》，复旦大学出版社 2017 年版，第 79 页。

[2] （宋）李焘：《续资治通鉴长编》卷一五，"太祖开宝七年七月"条，中华书局 2004 年版，第 321 页。

[3] 李明明、吴慧：《中国盐法史》，文津出版社 1997 年版，第 118 页。

[4] 郭正忠在其著作《宋代盐业经济史》（人民出版社 1990 年版，第 173 页。）第三章《宋代食盐流通》一文中将食盐的销售体系分为三种：一是官府垄断的榷卖；二是官府控制下的民户分销；三是商民自由销售。

但西川民所食之盐仍供应紧张。在太祖统治末期，出现了峡盐悉趋荆南的情况，此情况的发生一方面导致西川民出现食盐危机，另一方面井盐冲击了末盐在荆湖地区的销售，太祖将责任归咎于两路转运使监管不善。但峡盐运至荆湖地区，是当时经济、政治以及当时民风民俗共同影响下的结果。太宗即位之时，即释转运使之罪，并调整了太祖的食盐政策，在政治上对川、峡路转运使的职掌做出了调整，两路转运使互兼提高了地方官吏的行政效率。但是朝廷出于对西蜀特有的偏见，太宗对西蜀转运使的职掌再次进行了调整。此外，在经济方面太宗允许商人参与井盐的运输、销售，但仍不得出川、峡地区。通过太宗的调整，西川食盐紧缺的情况得到了缓解。

北宋后期的西北社会治理与边疆安全——以王韶、王厚父子的经略活动为中心

王连旗

我国西北地区[1]是当今我国丝绸之路经济带建设的主要区域，自古以来就是中西联系的前沿要冲和重要的战略要地，这里地处亚欧大陆的腹地，是亚欧大陆重要的国际通道，是多民族聚居、多宗教并存、多文化交融的地区。异常复杂的区情、社情、敌情使得我国西北地区的边疆[2]安全[3]威胁表现出多样性、复合性、交互性、异质性与不对称性等特征，边安则国安，边乱则国不宁。

---

[1] 本文所涉及的西北地区的范围依据谭其骧主编的《中国历史地图集》及相关资料，主要包括今天的陕、甘、宁、青、新、蒙等省区的相关地区，在北宋行政区划上主要包括鄜延、环庆、泾原、秦凤以及熙宁后开拓的熙河路等经略安抚使路。

[2] 关于边疆的理解，学界有多种说法，典型的说法有："边疆是国家的外防区域和腹心区的缓冲地带，拱卫着国家的中心地带，是军事设防的重要区域，具有战略的意义和军事的意义。"参见周平：《国家视阈里的中国边疆观念》，载《政治学研究》2012年第2期；另一种说法是："边疆是以国家为基础，由陆疆、海疆、天疆三位一体的疆域边缘地带组成的实体边疆。"参见徐黎丽：《中国边疆安全研究（一）》，社会科学文献出版社2015年版，第25页。

[3] 本文对安全的理解采用学者余潇枫的说法：安全就是客观上不存在威胁、主观上不存在恐惧、主体间不存在冲突。参见余潇枫等：《非传统安全概论》，浙江人民出版社2006年版，第10页。

在社会发展的历史进程中，我国西北地区的地缘政治安全形势在很长时间内比较复杂，使得大部分王朝把大量的战略资源和财政收入用于维护西北地区的安全稳定上，在维护西北地区的安全稳定的历史实践中，北宋的范仲淹、王韶、高遵裕、俞充、种谔、王厚等将领做出了重要贡献。学术界对宋代西北社会治理活动进行了一定的研究，代表性研究成果有包伟民的《传统国家与社会（960—1279 年）》，马大正的《中国边疆经略史》，杨建新、马曼丽的《西北民族关系史》，李华瑞的《宋夏史探知集》，程民生的《宋代地域经济》《宋代物价研究》，田澍、何玉红的《西北边疆社会研究》，林文勋的《宋王朝边疆民族政策的创新及其历史地位》，汪天顺的《北宋前中期的西北边疆经略》等。这些成果对宋代西北地区的社会治理进行相关研究有诸多裨益，但是关于北宋后期[1]西北社会治理与边疆安全的专题性研究还比较少，尤其是关于北宋后期西北社会治理在维护西北边疆安全的作用及二者的相互影响的还不多见。在北宋后期的西北社会治理的实践中，北宋政府运用"因俗而治、恩威并济、怀柔羁縻"的指导思想，采用征战与安抚并用、屯田、营田、茶马贸易等多种社会治理方式，[2]引入内地先进的水利技术和稻田耕作技术等，维护了我国西北地

---

[1] 关于北宋的历史分期，学界有多种说法，本文采用张其凡先生的分期法，将北宋历史分为三个时期：太祖、太宗、真宗统治时期，为北宋前期；仁宗、英宗统治时期，为北宋中期；神宗、哲宗、徽宗、钦宗统治时期，为北宋后期。参见张其凡：《两宋历史文化概论》，广东人民出版社 2002 年版，第 61 页。

[2] 关于宋代屯田、营田的关系，参见史继刚：《宋代屯田、营田问题新探》，《中国社会经济史研究》1999 年第 2 期。

区的边疆安全，保障了丝绸之路的畅通。因此，本文从维护边疆安全的视角对北宋后期王韶等人的西北社会治理活动进行研究，研究其思想理念和成功经验，为当今我国的社会治理、国家安全观的构建提供历史借鉴和有益的启示。

一、北宋后期西北社会治理的历史背景及王韶、王厚父子简介

宋朝在中国历史上是一个标志性的朝代，经济水平空前繁荣，文化、教育发达，农业、印刷业、造纸业等均得到了长足发展，人才辈出。著名历史学家陈寅恪曾言："华夏民族之文化，历数千载之演进，造极于赵宋之世。后渐衰微，终必复振。"[1]北宋王朝是赵宋统治者通过"陈桥兵变"建立的，"陈桥兵变"的成功在很大程度上取决于决策者的谋划水平和政治良知。正如黄仁宇先生所说的"陈桥兵变"开创了"中国历史中创立了一种不经过流血而诞生一个主要的朝代之奇迹。"[2]北宋建立后，统治者鉴于唐末五代时期武人飞扬跋扈、左右政局的教训，实行重文抑武的政策，这使得北宋时期成为中国古代文人士大夫充分发展的一个重要时期，这在一定程度上反映出北宋王朝的制度、政策中所体现的公正性和合理性。北宋时期的社会环境使得北宋的士大夫有着深沉的忧患意识和强烈的入仕参政意识，"国家的统一和封建王权的确

---

[1] 陈寅恪：《金明馆丛稿二编》，上海古籍出版社1980年版，第245页。

[2] ［美］黄仁宇：《赫逊河畔谈中国历史》，九州出版社2011年版，第137页。

立，使北宋士大夫阶层重新找回被强权武力和外族入侵所破坏的话语权成为可能。"[1]"富弼、韩琦等人呼吁北宋君臣不可再以'古之夷狄'对待契丹与西夏，也不可以'古之夷狄'对待其他少数民族，应与时俱进，摈弃成见，转变旧观念，重视对方，才是可取之法。这些认识反映了部分宋人民族思想的进步之处。"[2]

为了维护西北地区的边疆安全，北宋政府和西北各政权积极进行政治、经济、文化等方面的交流。"建隆三年（962）四月，西州回鹘阿都督等四十二人以方物来贡。乾德三年（965）十一月，西州回鹘可汗遣僧法渊献佛牙、琉璃器、琥珀盏。太平兴国六年（981），其王始称西州外生师子王阿厮兰汉，遣都督麦索温来献。五月，太宗遣供奉官王延德、殿前承旨白勋使高昌。"[3]"984年4月，王延德回到开封，圆满结束了这次重大的外交活动。这次出使促进了中原同边疆地区经济、文化的联系和交往，增进了内地同边疆少数民族之间的相互了解和友谊。"[4]喀喇汗王朝也"于1009年派出了以回鹘罗厮温为首的使团携带地方特产前往宋朝朝贡。"[5]"（大中祥符）六年（1013），龟兹进奉使李延

[1] 杨亮军：《宋代基层社会治理体系中的乡约》，《甘肃社会科学》2015年第4期。

[2] 汪天顺：《招亡纳叛与建国立号：北宋西部民族地区的政治新动向》，《中国边疆史地研究》2020年第2期。

[3] （元）脱脱等：《宋史》卷四六〇《高昌传》，中华书局1977年版，第14110页。

[4] 田卫疆、伊第利斯·阿不都热苏勒：《中国新疆通史》，新疆美术摄影出版社2009年版，第151页。

[5] 田卫疆、伊第利斯·阿不都热苏勒：《中国新疆通史》，新疆美术摄影出版社2009年版，第156页。

庆等三十六人对于长春殿，献名马、弓箭、鞍勒、团玉、香药等，优诏答之。"[1]北宋政府还同甘州回鹘进行了积极的来往，甘州回鹘民众为维护西北地区的安全和社会发展做出了重要贡献，"由于甘州回鹘的维护，使丝绸之路在西夏的威胁下没有完全中断，有时还得以畅通无阻；丝绸之路的畅通，促进了甘州回鹘经济的发展，使中原王朝，特别是北宋政权得以源源不断地得到产自河西走廊一带的战马，增强了边防实力。"[2]北宋政府同西北地区的交往促进了族际融合和社会发展，维护了边疆安全。"宋代西北地区……经济比其他任何地区都更具特色，与外地的经济联系极为密切，成为北宋国内物资集散、交流的重要区域。"[3]这样，内地与西北地区在社会经济发展方面存在着较强的互补性。"宋、辽、金时期……各族人民克服了战争造成的种种困难，内地和边疆的开发与交流进一步发展。"[4]

由于社会的发展，我国西北地区的边疆安全形势发生了显著的变化，党项崛起，回鹘分裂，吐蕃衰弱，崛起后的党项政权，经常威胁着北宋西北地区的安全稳定。到了北宋中期，西夏元昊掌权后，北宋和西夏之间的矛盾激化，宋政府在冲突中处于劣势，北宋政府在三川口（在宋陕西路延州西北，即陕西安寨县东延川、

---

[1] （元）脱脱等：《宋史》卷四九〇《外国六》，中华书局1977年版，第14116页。

[2] 朱悦梅：《甘州回鹘与周边关系研究》，西北师范大学硕士学位论文，2005年，第66页。

[3] 程民生：《宋代西北与各地的经济联系》，《河北学刊》1992年第5期。

[4] 马大正：《中国边疆经略史》，武汉大学出版社2013年版，第3页。

宜川、洛川三条河流汇合处）、好水川（在宋陕西路渭州笼竿城西，即今宁夏隆德县西北好水）等战役中遭到失败，这加剧了北宋王朝严峻的西北边疆安全局势。再加上宋初实行重文抑武政策，导致了冗官、冗兵、冗费的出现，使国家面临着严重的内忧外患的统治危机，这给北宋的政治、军事和财政造成了很大的困难。为了解决西北地区的边疆安全危机，北宋王朝采取积极的治理措施来维护西北地区的安全稳定，特别是宋神宗赵顼登基后，"神宗一改真宗、仁宗、英宗诸朝以防御西夏为主的战略，转而为积极进取。"[1]企图改变自宋太宗对辽战争失败后对一些少数民族政权所形成的妥协退让、用经济力量来平衡外交的战略，重新恢复汉唐盛世时期周边少数民族政权对中原王朝强烈的认同感。北宋名臣司马光为此说道："及神宗继统，材雄气英，以幽、蓟、云、朔沦于契丹，灵武、河西专于拓跋，交趾、日南制于李氏，不得悉张置官吏，收籍赋役，比于汉唐之境，犹有未全，深用为耻，遂慨然有征伐、开拓之志。"[2]正是在此形势下，北宋政府开始了后期的西北社会治理活动。

"北宋自神宗熙宁（1068—1077）中期实行熙河开边，至徽宗大观（1107—1110）年间，前后历经40余年的军政经略，向西北和西部扩有熙、河、岷、洮、兰、廓、西宁、积石等州军之

---

[1] 李华瑞：《宋夏关系史》，中国人民大学出版社2010年版，第56—57页。

[2] （宋）李焘：《续资治通鉴长编》卷三六三"元丰八年十二月己丑"条，中华书局2004年版，第8689页。

地。"[1]最远到达了塔里木盆地的东南边缘，"宋朝的西部疆域曾经远至今新疆且末县，这是我国的历史学家所从来不曾提及过的。"[2]"公元1104年，北宋改鄯州为西宁州，隶属陇西都护府"[3]，这四十余年的军政治理与开发活动中，王韶父子做出了重大贡献。王韶（1030—1081），字子纯，江州德安（今属江西）人，北宋著名的政治家、军事家。北宋嘉祐二年（1057）进士，[4]曾率军取得了熙河之役的胜利，因功迁枢密直学士，后拜礼部侍郎、擢枢密副使。元丰四年（1081），王韶得病而卒，卒后"赠金紫光禄大夫，谥曰襄敏。韶起孤生，用兵有机略。临出师，召诸将授以指，不复更问，每战必捷。"[5]王韶文武双全，苏辙在《代毛筠州祭王观文韶文》曾云："公学敦诗书，性喜韬略。奋迹儒者，收功戎行。千里开疆，列鼎而食。丰功伟烈，震耀当年。"[6]王韶颇能诗文，据《宋史》记载，其著有《敷阳子》七卷、《熙河阵法》一卷、《奏议》六卷，但今已佚。其次子王厚（1054—1106）是北

---

[1] 韦祖松：《北宋国家安全问题研究》，暨南大学博士学位论文，2006年，第31页。

[2] 钱伯泉：《黄头回纥的变迁及名义》，《新疆社会科学》2004年第6期。

[3] 张海洋、良警宇：《散杂居民族调查：现状与需求》，中央民族大学出版社2006年版，第24页。

[4] 嘉祐二年（1057）进士是宋代历史上具有典型意义的一榜进士，这一榜进士可谓人才辈出，群星璀璨。这一榜进士精英主要有：支持王安石变法的王韶、曾布、邓绾、吕惠卿、张璪等，理学家张载、程颢、吕大钧、朱光庭等，唐宋八大家中的苏轼、苏辙、曾巩。嘉祐二年所取士人在仕途上多成为名公巨卿，他们深刻地影响了北宋中后期的历史。参见曾枣庄：《文星璀璨——北宋嘉祐二年贡举考论》，复旦大学出版社2010年版，第2—3页。

[5] （元）脱脱等：《宋史》卷三二八《王韶传》，中华书局1977年版，第10582页。

[6] 曾枣庄、吴洪泽：《宋代文学编年史》，凤凰出版社2010年版，第808页。

宋中后期的一位杰出的将领，"少从父兵间，畅习羌事，官累通直郎。"[1]王厚深受其家庭环境的影响，自幼随父出征，铸就了其优秀的军事才能和胆略智慧，王厚因功进熙河经略安抚、威州团练使、拜武胜军节度观察留后等职。王韶父子为西北社会治理做出了突出的贡献。"王韶、王厚父子不仅在军事史上留下了卓越建树和军事艺术，而且也给后人留下了治理边疆地区的政治智慧。"[2]

二、王韶、王厚父子西北社会治理的措施

（一）军政建设与社会治理

王韶、王厚父子军政建设与社会治理活动是北宋统一战争的继续，也是王安石变法实现富国强兵的一项重要战略目标，在北宋后期的军政建设与社会治理活动中，"先后约一百二十多万的吐蕃部落族帐归顺北宋统治。对已投诚的吐蕃诸部，朝廷实行了许多抚绥政策，因此，内附熟户帮助北宋朝廷打击来犯之敌。"[3]"宋代的疆域，是中国历史上主要王朝中最为拘狭的；而其统治所达到的纵深程度，却是前朝所难于比拟的。"[4]这四十余年的军政建设与社会治理活动中，王韶、王厚等人做出了重大贡献。

王韶在熙宁元年（1068）向宋神宗上《平戎策》，得到宋神宗

---

[1]（元）脱脱等：《宋史》卷三二八《王韶传》，中华书局1977年版，第10582页。

[2] 罗家祥：《北宋晚期的政局演变与武将命运》，《学术研究》2011年第11期。

[3] 陈武强：《北宋后期吐蕃内附族帐考》，《西藏研究》2012年第2期。

[4] 邓小南：《信息渠道的通塞：从宋代"言路"看制度文化》，《中国社会科学》2019年第1期。

和王安石等人的赏识和重用，"神宗异其言，召问方略，以韶管干秦凤经略司机宜文字。"[1] 王韶上任后，充分利用有利时机，在秦州布置经略熙河事宜，采纳众将官的意见，"蕃部俞龙珂在青唐最大，渭源羌与夏人皆欲羁属之，诸将议先致讨。韶因按边，引数骑直抵其帐……龙珂率属十二万口内附，所谓包顺者也。"[2] "朝廷特为这位豪爽的酋长赐名"包顺"（据说是因为他仰慕包拯包公为人而提出要求姓包，朝廷特意予以满足），并封赏官爵与财物，使这支势力成为归顺天子的臣民和武装，日后发挥了重要的作用。"[3]

王韶还积极对渭河沿岸进行考察，提出在渭源至秦州之间设市易司，所收之利，用来开垦土地，宋神宗听取了其建议。熙宁四年（1071），王韶被任命为"太子中允秘阁校理兼管勾秦凤路缘边安抚司兼营田市易。……自古渭寨接青唐武胜军应招纳蕃部、市易、募人营田等事，并令韶主之。"[4] "（熙宁）五年（1072），王

---

[1] （元）脱脱等：《宋史》卷三二八《王韶传》，中华书局 1977 年版，第 10579 页。

[2] （元）脱脱等：《宋史》卷三二八《王韶传》，中华书局 1977 年版，第 10579 页。

[3] 陈峰：《将军归佩印累累——记北宋名臣王韶》，《美文》2011 年第 9 期。

[4] （宋）李焘：《续资治通鉴长编》卷二二六"熙宁四年八月辛酉"条，中华书局 2004 年版，第 5501 页。

韶招纳沿边蕃部，自洮、河、武胜军以西，至兰州[1]、马衔山、洮、岷、宕、叠等州，凡补蕃官、首领九百三十二人，首领给餐钱、蕃官给奉者四百七十二人，月计费钱四百八十余缗，得正兵三万，族帐数千。"[2]熙宁五年五月，王韶任通远军知军事，率兵大败吐蕃，并筑南关堡、北关堡、临洮堡，对西夏形成了包围之势。随后王韶亲率军队直奔武胜，"韶躬擐甲胄，麾帐下兵逆击之，羌大溃，焚其庐帐而还，洮西大震。……遂城武胜，建为镇洮军。"[3]北宋政府后"又更名镇洮为熙州，以熙、河、洮、岷、通远为一路，韶以龙图阁待制知熙州。"[4]

熙宁六年（1073）三月，王韶率军队向西进取河州地区，"六年三月，取河州，迁枢密直学士。"[5]随后又乘胜追击，"初，王韶既城河州，独将兵至马练川，降瞎吴叱，进攻宕州，拔之；通洮山路，岷州本令征以城降，遂入岷州，分兵破青龙族于绰罗川……军行凡五十有四日，涉千八百里，复州五，辟地自临江寨

---

[1] 兰州的县治于西汉时期设立，因取"金城汤池"之意而命名为金城。隋初废郡置州，改置兰州总管府，始称兰州。唐代丝绸之路中线便经过金城郡（今兰州）。宋代初期，兰州仍为吐蕃所据有。至神宗熙宁年间（1068—1077），收复了河湟的大部地区，设立熙河路。元丰四年（1081），熙河路经略李宪又从西夏人手中收回西市新城（今榆中三角城）及兰州，扩大为熙河兰会路，兰州属之。参见政协兰州市委员会文史资料研究委员会：《兰州文史资料选辑》，1988年；王棣著：《丝路佛境》，北京大学出版社2013年版，第63页。

[2] （元）脱脱等：《宋史》卷一九一《兵志五》，中华书局1977年版，第4757页。

[3] （元）脱脱等：《宋史》卷三二八《王韶传》，中华书局1977年版，第10580页。

[4] （元）脱脱等：《宋史》卷三二八《王韶传》，中华书局1977年版，第10580页。

[5] （元）脱脱等：《宋史》卷三二八《王韶传》，中华书局1977年版，第10580页。

至安乡城，东西千里，斩首三千余级，获牛羊马以数万计。"[1]这些战果在一定程度上打破了弥漫于北宋王朝的因循苟安、不思进取的政治空气，为王安石变法的顺利推行创造了条件。"宰臣王安石等以修复熙州、洮、岷、叠、宕等州，幅员二千余里，斩获不顺蕃部万九千余人，招抚小大蕃族三十余万帐，各已降附，上表称贺。上解所服玉带赐安石。"[2]表扬王安石知人善任、力排保守派非难的做法。同时也对王韶经略活动进行鼓励，（王韶）"进左谏议大夫、端明殿学士。"[3]熙宁六年（1073）四月，王韶率军筑康乐城，后"韶还熙州，以兵循西山绕出踏白后，焚八千帐，瞎征穷蹙丐降，俘以献。拜韶观文殿学士、礼部侍郎。……官其兄弟及两子，前后赐绢八千匹。未几，召为枢密副使。"[4]北宋政府在开拓熙河路的过程中，投入了大量人力、物力和财力，修筑堡寨城池……就其现实意义而言，是通过对该地区的开发建设，将其有效地纳入宋王朝的统治体系之内，而它的潜在的价值，则为以后的治理打下了一定的基础。[5]

王韶等人的西北社会治理活动是王安石变法的重要组成部分，宋神宗、王安石君臣支持王韶的社会治理活动，"在王韶行军的进

［1］（宋）李焘：《续资治通鉴长编》卷二四七"熙宁六年十月戊寅"条，中华书局 2004 年版，第 6022 页。

［2］（宋）李焘：《续资治通鉴长编》卷二四七"熙宁六年十月辛巳"条，中华书局 2004 年版，第 6022—6023 页。

［3］（元）脱脱等：《宋史》卷三二八《王韶传》，中华书局 1977 年版，第 10581 页。

［4］（元）脱脱等：《宋史》卷三二八《王韶传》，中华书局 1977 年版，第 10581 页。

［5］汪天顺：《熙河开发与北宋国家统一述评》，《云南社会科学》2002 年第 3 期。

程当中，王安石还不断写信给他，告诉他在战争中应注意的一些策略，在精神上给予鼓励，使他得以奋勇地依预定计划行事。"[1] 王韶在西北社会治理时把北宋的治国理念和措施运用到实践过程中，熙宁六年（1073），神宗提出："今熙河蕃部既为我用，则当稍以汉法治之，使久而与汉兵如一。"[2] 而王安石提出："请令韶如诸路以钱借助收息，又捐百余万缗养马于蕃部，且什伍其人，奖劝以武艺，使其人民富足，士马强盛，奋而使之，则所向可以有功。今蕃部初附，如洪荒之人，唯我所御而已。"[3] 于是宋神宗下诏让王韶用汉法来加强对蕃族的管理，这更有利于王安石变法在西北地区的推行，也为王韶次子王厚治理西北打下了基础。

元丰八年（1085），三十八岁的宋神宗病逝，年仅八岁的宋哲宗继位，北宋政局剧变，这种局势在一定程度上成就了王厚的功业。

王厚深受其家庭环境的影响，自幼随父出征，铸就了其优秀的军事才能和胆略智慧，但王厚的功业是在北宋后期残酷的新旧党争中取得的，承担着巨大的政治风险。

宋神宗去世后，高太后一度掌权，重用司马光等人，司马光等人认为，熙丰时期的开疆拓土行动，劳民费财，成效不大，放弃了王韶等人苦心经略的河湟地区。宋哲宗掌权后，变法派积极

---

[1] 邓广铭：《王安石统一中国的战略设想及个人行藏》，《传统文化与现代化》1997 年第 2 期。

[2] （元）脱脱等：《宋史》卷一九一《兵志五》，中华书局 1977 年版，第 4758 页。

[3] （元）脱脱等：《宋史》卷一九一《兵志五》，中华书局 1977 年版，第 4759 页。

支持开发治理西北地区的活动，"绍圣中，（王厚）用荐者换礼宾副使、干当熙河公事。"[1]再加上吐蕃发生内乱，宋政府决定派王厚等人率军出师西北地区。

王厚继承其父王韶剿抚并用的方略，"会羌酋瞎征、陇拶争国，河州守将王赡与厚同献议复故地。元符元年（1098）六月，师出塞。……遂定湟、鄯。诏赐陇拶姓名曰赵怀德，进厚东上阁门副使，知湟州。"[2]这次出征收复了湟州并管下的通川堡等城寨，"湟州一境土壤膏腴，实宜菽麦，控临西夏，制其死命。前世所欲必复之地，今仍一举得之。"[3]

元符三年（1100），宋哲宗去世，宋徽宗赵佶继位，北宋政局发生变化，王厚受到打击。"既而他种叛，合兵来攻，厚不能支。朝廷度二州不可守，乃以畀怀德，而贬厚右内府率，再贬贺州别驾。"[4]

建中靖国元年（1101），宋徽宗掌权后开始恢复熙丰年间的西北社会治理的政策，王厚因他的战功和其父王韶的影响被统治者认为是率军出征的合适人选。再加上权臣蔡京也赞同这一做法，北宋政府在王厚出征时也需派心腹去防范和观察，就派宦官童贯当监军，使王厚与童贯结为同僚，最终完成了王厚等人治理开发我国西北地区的功业。

---

[1]（元）脱脱等：《宋史》卷三二八《王厚传》，中华书局1977年版，第10582页。

[2]（元）脱脱等：《宋史》卷三二八《王厚传》，中华书局1977年版，第10583页。

[3] 曾枣庄、刘琳主编：《全宋文》卷二八六四《克复湟州奏捷》，上海辞书出版社2006年版，第133册，第31页。

[4]（元）脱脱等：《宋史》卷三二八《王厚传》，中华书局1977年版，第10583页。

"崇宁初，蔡京复开边，还厚前秩，于是羌人多罗巴奉怀德之弟溪赊罗撒谋复国。……厚声言驻兵而阴戒行，羌备益弛，乃与偏将高永年异道出。多罗巴三子以数万人分据险，厚进击破杀之，唯少子阿蒙中流矢去，道遇多罗巴，与俱遁。遂拔湟州。（王厚）以功进威州团练使、熙河经略安抚。"[1]据王厚崇宁二年（1103）九月所上奏状称，攻取湟州后，他回到河州处理事务，但"仍每月一次轮差将官领千余骑，附十余日粮，前去湟州及临宗、绥远、来宾一带巡绰。照管抚存新归部族讫，即回本驻扎处，"[2]为巩固所取得的成果，王厚于崇宁二年（1103）在湟州洒金平"得便地曰洒金平，建五百步城一座，后赐名绥远关。"[3]

崇宁三年（1104）三月，王厚与童贯率军发动了鄯廓之役。"（崇宁三年夏四月）甲寅，厚，贯入安儿城。乙卯，引大军至鄯州，军于城东五里，伪龟兹公主前封齐安郡夫人青谊结牟及其酋豪李阿温率回纥、于阗、般次诸族大小首领等开门出降，鄯州平。"[4]"厚计罗撒必且走青唐，将夜追之，童贯以为不能及，遂止。师下青唐，知罗撒留一宿去，贯始悔之。"[5]可见，王厚在战场上表现出了出色的军事才能。

---

［1］（元）脱脱等：《宋史》卷三二八《王厚传》，中华书局1977年版，第10583页。

［2］ 曾枣庄、刘琳主编：《全宋文》卷二八六四《言差军兵往湟州照管抚存新归部族奏》，第133册，第34页。

［3］（清）黄以周等辑注，顾吉辰点校：《续资治通鉴长编拾补》卷二一，"崇宁二年六月甲戌"条，中华书局2004年版，第756页。

［4］（清）黄以周等辑注，顾吉辰点校：《续资治通鉴长编拾补》卷二三，"崇宁三年四月乙卯"条，中华书局2004年版，第801—802页。

［5］（元）脱脱等：《宋史》卷三二八《王厚传》，中华书局1977年版，第10583页。

王厚攻下鄯州后，"公元1104年，北宋改鄯州为西宁州，隶属陇西都护府"[1]，宋军在几天之内就攻下了廓州，崇宁三年（1104），王厚前往湟州招纳蕃族，"臣得弟端书，近往湟州措置招纳……廓州蕃僧欲候大军到献酒，青丹谷首领阿丹三人亦称候大军到迎降。"[2]"厚将大军趣廓州，酋落施军令结以众降，遂入廓州。超拜厚武胜军节度观察留后。"[3]崇宁四年（1105），"罗撒复入寇，永年战死，羌焚大通河桥以叛，新疆大震。厚坐逗遛，降郢州防御使。已而赵怀德约降未决，厚以书谕之，怀德即纳款。还厚旧官。入朝，提举醴泉观。"[4]随后，宋军乘胜西进，最远达到了塔里木盆地的东南边缘。"（大观）二年，诏发兵六万讨之……师逾青海，至节占城，草头回纥数万（归命），官其酋豪，通道于阗，底贡宝石，而地辟青唐矣。"[5]

经过王厚等人在元符、崇宁年间在我国西北地区的开发治理活动，北宋王朝的版图得到了扩充，"开拓疆境，幅员三千余里。其四至：正北及东南至夏国界，西过青海至龟兹国界，西至卢甘国界，东南至熙、河、兰、岷州，连接阶、成州界，计招降到首

[1] 张海洋、良警宇：《散杂居民族调查：现状与需求》，中央民族大学出版社2006年版，第24页。

[2] （清）黄以周等辑注，顾吉辰点校：《续资治通鉴长编拾补》卷二三，"崇宁三年正月丁酉"条，中华书局2004年版，第785页。

[3] （元）脱脱等：《宋史》卷三二八《王厚传》，中华书局1977年版，第10583—10584页。

[4] （元）脱脱等：《宋史》卷三二八《王厚传》，中华书局1977年版，第10584页。

[5] （宋）王安中：《初寮集》卷六《定功继伐碑》，台湾商务印书馆1986年版。

领二千七百余人，户口七十余万"[1]，王厚等人的军政治理取得了较好的成效，也表现了王厚多谋善断，智勇双全的大将风范。

王厚等人的西北社会治理活动维护了我国西北地区的边疆安全，促进了西北民族对北宋王朝的认同，进一步改变了宋夏政权之间的军事态势，使得北宋在与西夏的军事对抗中占据了一定的优势，增强了国防力量。"王厚于北宋晚期两次出征河湟地区，均立下了大功。王韶、王厚父子不仅在军事史上留下了卓越建树和军事艺术，而且也给后人留下了治理边疆地区的政治智慧。"[2]

（二）经济开发与社会治理

"宋代是中国历史上一个具有承前启后作用的社会转型时期，社会经济取得了空前的发展。"[3]北宋后期的西北经济开发与社会治理是北宋经略西北过程中相互促进、相辅相成的两个方面，经济开发为社会治理奠定物质基础，社会治理又为经济开发提供保障，北宋后期的西北经济开发是北宋后期国家大战略的具体实践，对欧亚的社会发展产生了重要影响。据西方相关学者论述："是宋代经济的大发展才导致西亚经济的发展，由此引起连锁反应，发展浪潮波及欧洲，启动了意大利半岛的经济，而那里只是在经济发展以后，才发生了所谓'文艺复兴'。"[4]

---

[1] （清）黄以周等辑注，顾吉辰点校：《续资治通鉴长编拾补》卷二三，"崇宁三年三月庚午"条，中华书局 2004 年版，第 805—806 页。

[2] 邓小南、杨果、罗家祥：《宋史研究论文集》，湖北人民出版社 2011 年版，第 242 页。

[3] 聂传平：《宋代环境史专题研究》，陕西师范大学博士学位论文，2015 年，第 1 页。

[4] 阮炜：《不自由的希腊民主》，上海三联书店 2014 年版，第 117 页。

北宋后期的西北经济开发活动是伴随着社会治理而进行的，随着疆域的扩大，北宋政府利用经济手段干预西北地区的事务，多次下发款项购买官员职田，加上部分少数民族首领的主动献地和通过战争及交换等方式获取了大量荒地，使北宋政府在西北地区拥有较多土地资源。北宋政府为了维护西北地区的社会安全和稳定，在西北地区实施了屯田、营田、土地买卖、茶马贸易等多种治理措施，试图建立一种新的经济秩序，并采取措施保护西北民众的基本经济利益。

王韶等人经略西北地区初期，北宋政府为了保障西北地区军队的粮饷供应和减轻内地运往西北地区的运输压力，学习汉唐王朝成功的屯田做法，以保证西北地区的安全。北宋政府通过购买等多种方式获得了大量的可以开发的土地。熙宁三年（1070），王韶建议朝廷在秦州等地招募弓箭手[1]营田，"北宋西北弓箭手营田采用人授田二顷、有马者加五十亩的授田制，规模大，分布广，历时长，成为经营最成功的官田形态。"[2]"弓箭手在开发土地、保卫西北国防安全以及在节省宋朝财政开支方面做出了突出贡献。"[3]"渭源城下至秦州，沿河五六百里，良田不耕者何啻万顷，但自来无钱作本，故不能致利。欲每岁常于秦州和籴场预价

---

[1] "宋代有名叫弓箭手的民间武装，它是由边地农牧民组成的壮丁队，有警则赴，无事在田：除维持当地治安秩序外，战时配合正规军队，担任勤务，协同作战。"参见吴天墀：《西夏史稿》，广西师范大学出版社2006年版，第51页。

[2] 魏天安：《宋代弓箭手营田制度的兴衰》，《中国社会经济史研究》2006年第1期。

[3] 汪天顺：《关于宋仁宗时期弓箭手田的几个问题》，《中国边疆史地研究》2010年第3期。

钱三五万贯作本，择田之膏腴者，量地一顷，约用钱三十千，收岁不下三百硕，千顷之田三万贯，收三十万硕。以十万为人、牛粮用外，岁尚完二十一万硕。"[1]北宋政府随即下诏秦凤路经略司借支封桩钱三万贯，委任王韶募人耕种。熙宁四年（1071），为了加强对秦州的管理，宋政府任命王韶为太子中允秘阁校理兼管勾秦凤路缘边安抚司兼营田市易。熙宁五年（1072）"韶言募到勇敢九百余人，耕田百顷，酒坊三十余处。蕃部既得为汉人，蕃部贱土贵货，汉人得与蕃部交易，即汉得土，蕃部得货。两各得所欲，而田畴垦、货殖通。蕃汉为一，自然易以调驭。"[2]熙宁五年（1072），神宗"诏以古渭寨为通远军，以王韶为知军"[3]，"古渭寨的修建已经使北宋屯田从渭河中游推进到上游，在成功控制渭河上游地区之后，宋军便着手继续向西扩展，古渭寨则成为西拓边疆的前哨。……古渭寨升为通远军，标志着北宋西进河陇战略的最终确定，它掀开了边界西扩及屯田扩展的新篇章。"[4]

北宋后期的西北土地开发主要分布在黄河上游及湟水、岷水、洮水等流域，具体分布在古渭寨至青唐武胜军、河州、熙河、陇山以及庆州、渭州、鄯州、廓州等地区。这里有适合土地开发的

［1］（清）徐松辑：《宋会要辑稿》食货六三，刘琳、刁忠民、舒大刚、尹波等校点，上海古籍出版社2014年版。

［2］（宋）李焘：《续资治通鉴长编》卷二三三"熙宁五年五月辛卯"条，中华书局2004年版，第5655页。

［3］（宋）李焘：《续资治通鉴长编》卷二三三"熙宁五年五月辛巳"条，中华书局2004年版，第5645页。

［4］程龙：《北宋西北沿边屯田的空间分布与发展差异》，《中国农史》2007年第3期。

自然条件，加上这些地区远离军事冲突区，使得这里的土地开发非常迅速。王韶指出："熙、河、鄯、湟自开拓以来，疆土虽广而地利悉归属羌……仰本路帅臣相度，以钱粮茶彩或以羌人所嗜之物，与之贸易田土。田土既多，即招置弓箭手，入耕出战，以固边圉。"[1]王厚等人对收复区采取恩威并举的社会治理措施，"（崇宁三年五月）乙酉，王厚奏：'臣契勘大军今来收复鄯、廓等州，拓疆幅万余里。……左右除是心白人户田土，依旧为主，秋毫不得侵占外，因与官军抗敌杀逐心黑之人所营田土，并元系西蕃王子董毡、瞎征、温溪心等田土，顷亩不少，已指挥逐州尽行拘收入官，摽拨创置弓箭手，应付边备。"[2]并得到实施。

北宋后期的西北社会治理活动表现出一定的开放性，如对内地移居西北地区的民众准许前往新辟区耕种土地，北宋政府采纳了王韶"洮河一带可以引水种稻，请求朝廷调发一批稻农前来从事此项生产"[3]的建议，熙宁五年（1072）"诏：'淮南、两浙、江南、荆湖、成都府、梓州路如有谙晓耕种稻田农民犯罪该刺配者，除强盗情理凶恶及合配本州、隣州、沙门岛人外，并刺配熙州，候及三百人止。'"[4]熙宁七年（1074）诏言："讨平河州叛蕃，辟土甚广，已置弓箭手，又以其余地募蕃兵弓箭手，每寨三指挥

[1]（元）脱脱等：《宋史》卷一九〇《兵志四》，中华书局1977年版，第4723页。

[2]（宋）杨仲良：《皇宋通鉴长编纪事本末》，黑龙江人民出版社2006年版，第2355—2356页。

[3] 程民生：《宋代地域经济》，河南大学出版社1992年版，第93页。

[4]（宋）李焘：《续资治通鉴长编》卷二三九"熙宁五年十月甲辰"条，中华书局2004年版，第5822页。

或至五指挥，每指挥二百五十人，人给田百亩，以次蕃官二百亩，大蕃官三百亩，仍募汉弓箭手为队长，稍众则补将校，暨蕃官同主部族之事。"[1]这既充实了西北地区土地开发的劳动力，引进了内地先进的稻田耕作技术，使得粮食产量得到大幅度提高，提高了当地民众的生活水平，促进了族际融合，维护了我国西北地区的边疆安全。

由于北宋政府曾用经济手段和文人政治来治理国家，导致了财政紧张。为了增加财政收入，北宋政府非常重视商品贸易的发展。随着北宋社会的发展，中原市场的商品流通半径延伸到了西北少数民族地区，这种趋势逐步把西北少数民族地区卷入北宋政府的全国性市场体系之中。在这种市场扩张的大背景下，王韶等人在我国西北地区积极开展经贸活动，熙宁元年（1068）二月，王韶以管干秦凤路经略司机宜文字的身份到秦州后，借鉴西汉大臣桑弘羊的平准措施，制定市易法，设立市易司。熙宁四年（1071），北宋政府"置洮河安抚司，自古渭寨接青唐武胜军，应招纳蕃部、市易、募人营田等事，并令韶主之。"[2]市易司的设立，促进了西北地区的社会发展。"不仅如此，沿边诸州折博务和市易司的相继设立，尤其是诸市易务隶属都提举市易司期间，商人和朝廷为供应西北边防军需，贸迁物货，从事茶盐粮草和布帛等物交易，从而扩大和密切了西北边贸市场与全国各区域市场的联系，

---

[1]（元）脱脱等：《宋史》卷一九一《兵志五》，中华书局1977年版，第4759页。

[2]（宋）李焘：《续资治通鉴长编》卷二二六"熙宁四年八月辛酉"条，中华书局2004年版，第5501页。

并且在这种贸易关系的发展中，逐步使西北边贸市场与全国市场连为一体。"[1]

北宋政府在熙宁七年（1074）"命知熙州王韶都提举熙河路买马，权提点刑狱郑民宪同提举，以中书言熙河出马最多，虽已置买务于熙州，立法未尽故也。"[2]熙宁九年（1076）初，宋政府在熙、河、通远军置买马场，主要以四川茶换取西北少数民族的马匹。"熙河从此也成为宋代及明代国马的主要供给地，其地位直到清代才被新疆官马厂取代。"[3]"即由四川运茶于秦州与西蕃易军马。四川名山所出茶深受西部少数民族的喜爱，自熙宁七年始，宋政府每年运输四万驮（四百万斤）与之交换马匹。"[4]适应了吐蕃民众"人喜啖生物，无蔬茹醢酱，独知用盐为滋味，而嗜酒及茶"[5]的生活习惯。王韶等人设置的以茶马贸易为主的汉蕃互市是宋王朝同周边各少数民族互市的重要组成部分，这是宋朝在边疆民族政策方面做出的贡献。

北宋政府鼓励民间告发茶叶走私的违法活动，"而博买牙人与蕃部私交易，由小路入秦州，避免商税打扑。乞诏秦熙河岷州、通远军五市易务，募博买牙人，引致蕃货赴市易务中卖，如敢私市，许人告，每估钱一千，官给赏钱二千，如此则招来远人，可

[1] 燕永成：《熙丰变法时期的西部边贸开发》，《中国经济史研究》2000年第2期。

[2] （宋）李焘：《续资治通鉴长编》卷二五四"熙宁七年六月丁卯"条，中华书局2004年版，第6205页。

[3] 王晓燕：《王韶经营熙河管窥》，《中央民族大学学报》2005年第5期。

[4] 程民生：《宋代西北与各地的经济联系》，《河北学刊》1992年第5期。

[5] （元）脱脱等：《宋史》卷四九二《吐蕃传》，中华书局1977年版，第14163页。

以牢笼遗利，资助边计。"[1]元丰六年（1083），北宋政府在兰州设置了市易务，以便进一步促进蕃汉族际贸易。随着社会的发展，到了徽宗大观二年（1108），宋政府将原计划在广南西路等地区实施的蕃汉关系法，首先在西北地区颁布了《熙河兰湟秦凤路敕》，对蕃汉贸易活动进行了规范与保护，维护了西北地区的经济安全。

（三）文治教化

王韶在《平戎策》中提到的汉法教化蕃部，平等对待蕃部，杂居互相学习等策略，在西北社会治理活动中得到了贯彻执行。"'治天下'必须重视教化，汉儒总结出来的历史经验，对我国封建王朝的长治久安有着不可忽视的作用。"[2]熙宁六年（1073），"熙州西罗城已置州学，晓谕蕃官子弟入学"[3]；熙宁七年（1074），北宋政府在岷州建州学；熙宁八年（1075），"知河州鲜于师中乞置蕃学，教蕃酋子弟，赐地十顷，岁给钱千缗，增解进士为五人额。从之。"[4]这些学校的部分教师由儒生担任，教育经费主要由政府拨款和学田（政府拨给学校的土地）所收田租构成，科考时增加一些蕃部录取名额。王韶等人开设蕃学，对归顺的部族首领子弟进行儒家文化教育，并鼓励这些年轻人参加科举考试。除此

---

[1] （宋）李焘：《续资治通鉴长编》卷二九九"元丰二年七月庚辰"条，中华书局2004年版，第7272页。

[2] 卜宪群：《谈我国历史上的"大一统"思想与国家治理》，《中国史研究》2018年第2期。

[3] （宋）李焘：《续资治通鉴长编》卷二四八"熙宁六年十二月壬午"条，中华书局2004年版，第6059页。

[4] （宋）李焘：《续资治通鉴长编》卷二六一"熙宁八年三月戊戌"条，中华书局2004年版，第6357页。

之外，还修筑寺庙，在灾荒时给予赈济等。[1]王韶等人的社会治理活动促进了西北地区民众文化素质的提高和社会的安定。

王韶父子的西北社会治理活动，注重利用宗教来招抚蕃部，王韶在经略西北初期，就利用京师相国寺的僧智缘前往蕃部，说服结吴叱腊和俞龙坷等蕃部归顺，"熙宁中，王韶谋取青唐，上言蕃族重僧，而僧结吴叱腊主部帐甚众，请智缘与俱至边。神宗召见，赐白金，遣乘传而西，遂称'经略大师'。智缘有辩口，径入蕃中，说结吴叱腊归化，而他族俞龙坷、禹藏讷令支等皆因以书款。"[2]

宋政府收复熙河六州后，为了安抚人心建立了广仁禅院、东山禅院和东湖禅院等寺院，熙宁五年（1072），宋政府"赐秦凤路缘边安抚司钱一万缗，于镇洮军建僧寺，以大威德禅院为额。"[3]熙宁六年（1073）"又赐熙州新修东山禅院名曰慈云、东湖曰慧日。"[4]这些寺院在修建的过程中融进了许多汉文化的内容，体现了北宋统治者的汉法政策和民族观念的进步，满足了当地民众的崇佛心理，这些措施有效地保障了西北地区的少数民族的宗教信仰，维护了我国西北地区的安全和稳定。

---

[1] 陈峰：《将军归佩印累累——记北宋名臣王韶》，《美文》2011年第9期。

[2] （元）脱脱等：《宋史》卷四六二《方技下》，中华书局1977年版，第13524页。

[3] （宋）李焘：《续资治通鉴长编》卷二三九"熙宁五年十月甲申"条，中华书局2004年版，第5809页。

[4] （宋）李焘：《续资治通鉴长编》卷二四八"熙宁六年十二月戊寅"条，中华书局2004年版，第6055页。

三、王韶、王厚父子的西北社会治理对边疆安全的影响

以王安石变法为契机的王韶父子西北社会治理活动，涉及了政治、军事、经济、文化等方面，尤其是制定和颁行了许多民族政策法规，这些民族政策法规成为北宋国家汉法民族法律体系的重要组成部分，这对北宋后期的政治、军事、经济、文化等方面都产生了深远的影响。

（一）军政建设与社会治理对西北边疆安全的影响

王韶领导的熙河之役的胜利，"是北宋王朝在结束了十国割据局面之后，八十年来所取得的一次最大的军事胜利。"[1] 王韶熙河开边的成功，是变法派为了实践富国强兵的国家安全理论，用边功支持新法推行的重要行动，是北宋国家安全战略的有力实践，有力地促进了新法的推行。王韶利用河湟吐蕃分裂之机，凭借军事力量和恩抚收复熙河地区，在熙河设路，使熙河地区在中央的直接管辖之下，确保了西北疆域的安定，有利于国家的统一和以后多民族国家的巩固和发展，也使蕃汉百姓免遭长期割据状态下的战祸之苦。[2]

王韶等人的军政建设与社会治理活动，促进了土地的开垦，内地先进的农田水利与种稻技术得到了推广，矿产、森林等资源得到了开发，经济得到快速发展，加上蕃学教育的推行，蕃兵组

---

[1]　袁行霈：《中华文明之光》，北京大学出版社 1999 年版，第 409 页。

[2]　王晓燕：《王韶经营熙河管窥》，《中央民族大学学报》2005 年第 5 期。

织的进一步整顿和规范，这些成就对新法产生了不同程度的影响，坚定了宋神宗、王安石等人变法的信心，一定程度上达到了王安石变法"富国强兵"目的，丰富了我国国家安全理论。"它鼓舞了人心，改变了宋王朝被动挨打的尴尬形象，以致用务实的思想行动振起北宋社会浮薄务虚风气的逐步改变。它对宋人人心的警示和震荡作用，也许已经超过了事情本身的意义。……熙河开边，作为王安石变法强国强兵的组成部分之一，其得失姑置勿论，就王安石、王韶那种坚毅、执着和勇敢的改革精神，已足以为后人所敬仰和学习。"[1]王韶等人西北社会治理活动笼络了西北地区的民众，再加上北宋政府对西北归顺首领的封赏，提高了西北民众对北宋政府的认同，显示了中原王朝的宽厚和富庶，同时保障了北宋时期我国西北地区商贸交通线的安全。"由于熙河之役的成功，被西夏的掠夺战争而阻断的丝绸之路，又变得畅通起来。……回鹘、大食等西域各国的商队、使团，又可以经由河湟而来往于中西之间，活跃北宋的经济，加强各民族的联系。"[2]

"北宋熙宁开边以后，于阗进入中原的道路畅通无阻，掀起了一个朝贡贸易的小高潮。"[3]"熙宁以来，远不逾一二岁，近则岁再至。所贡珠玉、珊瑚、翡翠、象牙、乳香……地产乳香，来辄群负，私与商贾牟利，不售，则归诸外府得善价，故其来益多。"[4]

---

[1] 汪天顺：《熙河开发与北宋国家统一述评》，《云南社会科学》2002年第3期。

[2] 冯瑞、贺兴：《王韶〈平戎策〉及其经略熙河》，《兰州大学学报》2002年第1期。

[3] 杨蕤：《五代、宋时期陆上丝绸之路研究述评》，《西域研究》2011第3期。

[4] （元）脱脱等：《宋史》卷四九〇《于阗传》，中华书局1977年版，第14108页。

王韶、王厚等人的西北社会治理活动，促进了东西方贸易的发展，正如喀喇汗王朝时期诗人玉素甫·哈斯·哈吉甫在《福乐智慧》所说："世间倘无商人奔走四方，怎能穿到紫貂皮的衣裳？……倘无商人在世间东奔西走，谁能看到成串的宝石珍珠？"[1]诗人对于各族之间物质文化交流，给予了高度的评价，彰显了北宋西北社会治理活动所产生的积极作用。王韶等人西北社会治理活动促进了中原同西北地区贸易的扩大，贸易规模的扩大既是经济联系不断发展的动力，同时又是经济联系加强的结果。"（元丰）四年，（于阗国王）遣部领阿辛上表称'于阗国倮倮有福力量知文法黑汗王，书与东方日出处大世界田地主汉家阿舅大官家'，大略云路远倾心相向，前三遣使入贡未回，重复数百言。董毡使导至熙州，译其辞以闻。诏前三辈使人皆已朝见，锡赍遣发，赐敕书谕之。"[2]元丰（1085）八年十一月，"于阗国进马，赐钱百二十万。"[3]从上述材料可知，于阗国王称北宋皇帝为"阿舅"，宋神宗亲自接见使者，并且询问了沿途各民族的政治情况和地理特点，并督促西北社会治理边疆事务的特使李宪等人对西域的于阗、回鹘等政权进行交往，提高了北宋政府在西域民众面前的威信，北宋政府还利用互市对西北相关民族实行经济控制，达到了北宋政府君臣们的主观愿望，维护了西北地区的安全，从而实现

---

[1] 玉素甫·哈斯·哈吉甫著，郝关中等译：《福乐智慧》，新疆科学技术出版社2006年版，第562页。

[2] （元）脱脱等：《宋史》卷四九〇《于阗传》，中华书局1977年版，第14109页。

[3] （宋）李焘：《续资治通鉴长编》卷三六一"元丰八年十一月壬寅"条，中华书局2004年版，第8638页。

了王韶父子提出的社会治理活动的目标。

北宋后期王韶等人的西北社会治理活动，锤炼出北宋军队中主要由乡兵和蕃兵组成的西北边军，这些边军"则当稍以汉法治之，使久而与汉兵如一"[1]，有效地维护了宋代西北地区的边疆安全，一定程度上反映了我国西北地区政府与民众之间的国防经济关系。南宋初年，西北边军成为抗金战场上的主力军，在南宋抗金名将中，韩世忠、刘琦、吴玠等人早年均参加了北宋后期的西北经略活动，并立有战功。可见，西北边军为两宋的安全稳定做出了巨大贡献。

北宋后期王韶、王厚等人的西北社会治理活动在巩固边疆、稳定边防、扩大边界、提高当地民众的生活水平等方面取得了明显的成效，但也导致了人口的减少、财政危机等负面影响，"初，王韶既城河州，独将兵至马练川，降瞎吴叱，进攻宕州，拔之……斩首三千余级，获牛羊马以数万计。"[2]王厚出师河湟时，"蔡京用事，复务拓土，劝徽宗招纳青唐，用王厚经置，费钱亿万，用大兵凡再，始克之，而湟州戍兵费钱一千二十四万九千余缗。"[3]在修建堡寨方面有一定的盲目性，因当时的财力、物力、人力有限，再加上有些边将好大喜功，为了得到朝廷的奖赏，这些边将在军事价值不大的地方修筑堡寨，造成了一定的浪费和当

---

[1]（元）脱脱等：《宋史》卷一九一《兵志五》，中华书局1977年版，第4758页。

[2]（宋）李焘：《续资治通鉴长编》卷二四七"熙宁六年十月戊寅"条，中华书局2004年版，第6022页。

[3]（元）脱脱等：《宋史》卷一七五《食货上三》，中华书局1977年版，第4247页。

地百姓负担过重而破产的局面。另外王厚征战河湟的胜利，使蔡京取得了宋徽宗的信任，掌握实权多年，使北宋政治更加腐败，从而激化了社会矛盾；同时也使北宋的边疆安全形势恶化，先后形成了辽夏与宋金两大对立集团，一定程度上加速了北宋的灭亡，影响到了后来的政权南迁。

（二）经济开发与社会治理对西北边疆安全的影响

王韶父子西北社会治理活动，在经济开发中使用了多种经略方式，引入了内地先进的水利技术和稻田耕作技术，使得以熙州、河州、通远军为中心的土地开发区的粮食产量大幅度提高。同时王韶等人实行市易法，增加了北宋政府的财政收入。熙宁七年（1074）二月，王韶言："通远军自置市易司以来，收本息钱五十七万余缗，乞下三司根磨，推奖官吏。"[1]元祐六年（1091），熙州知州范育言："恭惟神宗皇帝奋神武之略，资天下富强之势，开置熙、河数郡。当其经营之始，不无劳人费财之患，积累于今二十余年，其郡邑既已雄盛，人民既已富庶，法令既已整备，边势既已盛强，兵日益减，费日益省，谷日益贱，其规模之宏远，可以保万世之安矣。"[2]北宋政府鼓励龟兹回鹘等政权在熙河地区进行贸易，"绍圣三年（1096），（龟兹国主）使大首领阿连撒罗等三人以表章及玉佛至洮西。熙河经略使以其罕通使，请令于熙、

---

[1]（宋）李焘：《续资治通鉴长编》卷二五〇"熙宁七年二月庚辰"条，中华书局2004年版，第6093页。

[2]（宋）李焘：《续资治通鉴长编》卷四六〇"元祐六年六月丙午"条，中华书局2004年版，第10998—10999页。

秦州博买，而估所赍物价答赐遣还，从之。"[1]王韶父子经略西北地区使森林、草原、矿产、河流等自然资源也得到了不同程度的开发，"北宋王韶开边，洮河绿石及洮砚得到进一步的开发，渐成全国三大名石之一，与端、歙二砚齐名。"[2]

王韶等人推行的市易法促进了西北地区经济的发展和社会的安定，使得西北地区成为王安石变法的实验场和突破口，王安石变法的许多内容都是直接总结于西北地区而后推广到全国的，西北地区的发展成为宋朝社会发展的重要组成部分。北宋的西北社会治理活动增强了内地对西北各族经济、文化的影响，逐渐改变了西北地区的经济状况，同时也使西北地区对北宋的经济依赖加强，促进了西北地区城镇的形成和发展，促进了西北地区的边疆安全，促进了族际融合，增强了西北边疆地区民众对宋王朝的认同感和向心力，为元朝能够将原来处于羁縻控制下的边疆民族纳入中原王朝的直接统治之下打下了基础，进一步充分体现了中华文明的凝聚力。

王韶等人的西北社会治理活动也有盲目性，王韶实行土地开发的做法是利国利民的战略，但没有和客观实际有机地结合起来，这里有些地区气候干旱、土壤贫瘠，适合牧业发展，不太适宜农业发展，在实行过程中出现了不尽如人意的现象；再一个营田招募来的部众多以弓箭手为主，不熟悉农业耕作，这种做法忽视了

---

[1]（元）脱脱等：《宋史》卷四九〇《龟兹传》，中华书局1977年版，第14123页。

[2] 杨文：《北宋经略河湟民族政策研究》，西北师范大学博士论文，2009年，第220页。

西北少数民族民众生活习性在短期内难以改变的事实，造成了北宋政府财力、人力的浪费，同时森林植被遭到破坏，对西北地区的生态环境造成了一定程度的破坏。

（三）文治教化对西北边疆安全的影响

北宋后期的西北社会治理活动，有更深的文化内涵。熙宁五年（1072），"是时，王韶拓熙河地千二百里，招附三十余万口。安石奏曰：'今以三十万之众，渐推文法，当即变其夷俗。'"[1]可见北宋统治者西北社会治理活动主要目的是使西北各族在接受汉文化的熏染后，融入北宋王朝的主流文化中去。"在中国历史上，少数民族的大部分封建化过程都与其汉化过程相关联，而这种汲取汉族先进政治经济制度的过程，没有离开汉族人民特别是汉族士大夫的帮助和推动。"[2]如王韶招抚吐蕃首领俞龙珂，因崇拜北宋名臣包拯的忠贞、清廉、耿直、干练的品质，亲自到京城朝见北宋朝廷，宋廷赐其姓名"包顺"，其兄弟被赐名为"包诚""包约"。"赐姓名氏"是一种缩小民族思想文化差距的经略活动。王韶在西北社会治理时改变了当地的风俗，"羌俗不食鱼，鱼大如橡柱，臂股河中甚多。……（王）韶在熙河，始命为网，捕以供膳。"[3]这一做法调整了当地的饮食结构，丰富了当地的饮食文化。

在教育方面，北宋政府在西北地区设立蕃学，让归附的吐蕃

［1］（元）脱脱等：《宋史》卷一九一《兵志五》，中华书局1977年版，第4758页。

［2］ 肖全良：《信息控制与边疆安全——以宋夏为例》，西北师范大学硕士论文，2011年，第22页。

［3］（宋）吴曾撰，王仁湘注：《能改斋漫录》卷十五《羌俗不食鱼》，中国商业出版社1986年版，第106页。

贵族子弟学习汉文化，激发他们学习汉文化的热情，使汉文化逐渐融入吐蕃文化中去，促进了西北各族民众对北宋王朝的认同，有些蕃族子弟通过科考，跻身于仕途，从而实现宋蕃之间的民族情感认同，同时北宋政府设立蕃学也是羁縻蕃部的一种手段："种世衡在环州建学，令蕃官子弟入学，监司疑其事，遣官体量。世衡以为非欲得蕃官子弟为门人，但欲与之亲狎，又平居无事时，家家如有质子在州。"[1]

在宗教方面，北宋政府重视和保障西北地区各族的宗教信仰自由，提倡佛教向善积德、因果报应、普度众生的思想，引导各族人民行善向善，北宋政府推崇佛教实质上是中央王朝对蕃民在精神上进行羁縻，同时满足了西北地区民众的崇佛心理，这既有利于建立良好的人际关系和族际关系。

王韶父子的西北社会治理活动，进一步促进了族际融合，为蒙元时期更大规模的民族融合创造了条件，体现了我国自古以来各族间文化上的兼收并蓄、经济上的相互依存、情感上的相互亲近，提高了西北各族对中华文化的认同，增强了西北各族人民对一体多元的中华民族国家的认同感、向心力和凝聚力。

综上所述，王韶父子生活在重文轻武和党争非常激烈的北宋中后期，由于当时客观条件的限制，我们不能苛求于古人，王韶、王厚父子西北社会治理活动维护了边疆安全，加速了西北蕃族由游牧向农耕主流社会融入的进程，促进了我国西北地区的经济发

---

[1]（宋）李焘：《续资治通鉴长编》卷二三三"熙宁五年五月丙申"条，中华书局 2004 年版，第 5662 页。

展和社会进步，同时使得王安石变法得以在西北地区开花、结果，顺应了北宋政府西北社会治理活动的社会发展形势。但我们也不能忽视王韶父子对当地社会经济文化发展带来的负面影响，这样更能体现以史为鉴的价值。

北宋后期西北社会治理的成功经验对我们今天建设西北地区、维护边疆安全有着重要的启示，我们要总结北宋后期西北社会治理活动在西北地区的成功得失，继承北宋后期西北社会治理的成功经验。在尊重客观规律的前提下，以经济发展和民生改善为基础，以促进西北各族心理文化上的交往交流与交融为重点，尊重各民族的信仰和风俗习惯，大力协调发展区域经济，促进公平公正、协商民主、责任分担、共同参与等民生需求，不断促进社会协同、公众参与等社会治理能力的提升；进一步提高对国家治理能力现代化的认识，在尊重社会成员自主性的基础上，探索多方参与的社会治理新模式，实现活力与秩序良性依存的新型社会治理格局；促进我国西北地区的社会发展，巩固我国西北地区的社会稳定和长治久安，从而建立起经济上和文化上血肉相连的命运共同体，增强我国西北边疆少数民族地区广大人民群众对国家的向心力和认同感。

宋代沿海渔民日常活动及政府管理

徐世康

我国的渔业起源很早，考古工作者在旧石器时代晚期山顶洞人的遗物中便已发现了用海蚶壳做的饰物。[1]在商周时期，渔业有了更进一步的发展，在商代遗址中发现了出产于东海、南海等地的海贝等物品。[2]成书于先秦时期的《管子》中也出现了"渔人之入海，海深万仞，就彼逆流，乘危百里，宿夜不出者，利在水也"[3]的记录，描绘了当时沿海渔人的捕鱼活动。至两汉时期，近海捕鱼业有了一定的规模，汉政府"置少府海丞"，管理其事务。[4]魏晋至隋唐时期，在前代的基础上，沿海渔业继续发展，一些新的捕鱼技术与捕鱼方法出现。但直至宋代前，大规模的海洋渔业捕捞并未兴起，内陆水域捕捞是水产捕捞的主要形式，只有到了两宋时期与之相适应的造船技术发展起来后，近海捕捞才快速发展起来，使得大量近海经济鱼类资源得到开发利用。宋代还开始了对岭南水居族群"蜑民"的管理与命名，对后世管理"蜑

---

[1] 徐荣:《我国历史上沿海地区的传统渔业》,《古今农业》1992年第1期, 第72—78页。

[2] 杨艳梅:《商、蜀先民贝随葬与贝祭祀习俗》,《史前研究》,陕西师范大学出版社2006年版, 第586页。

[3] 黎翔凤:《管子校注》,中华书局2004年版, 第1015页。

[4] (汉)班固:《汉书》,中华书局1964年版, 第352页。

民"起到了借鉴的作用。关于宋代沿海渔民日常活动及政府管理等问题，学界已有一些论述，[1] 但缺少全面针对宋代渔民生活、政府管理及宋代砂岸税收等方面的论述，本文希望在这方面有所贡献。

一、宋代渔民的海捕及其他日常活动

（一）宋代海船与渔具的发展

两宋时期是渔船与捕鱼器械的快速发展期。据《中国渔港沈家门》载：宋时，当地海洋渔船船身增长至 8—10 米，载重约 3—4 吨，船头两侧开始装饰"船眼睛"，称之为"亮眼木龙"。没有装

---

[1] 魏天安《宋代渔业概观》(《中州学刊》1988 年第 6 期，第 108—113 页) 认为宋代的沿海捕鱼业以近海采捕为主，还提到了宋代船户人数以及船户服役等问题；徐荣《我国历史上沿海地区的滩涂渔业》(《古今农业》1992 年第 3 期，第 50 页、第 83—88 页) 主要论述我国古代至近代沿海滩涂采集的问题，提到了早在宋代，我国东南沿海地区便开始养殖牡蛎；丛子明等《中国渔业史》(中国科学技术出版社 1993 年版) 在论述中国渔业发展时，提到了渔歌与相关的诗词作品，但多是描写内陆渔民，很少涉及海上渔民；《辉煌的中国渔业史》(《北京水产》1999 年第 4 期，第 39—40 页) 对我国渔业发展做了历史分期，其中作者认同宋代是我国捕捞海洋鱼类的开始，此外还介绍了捕捞海鱼的渔具以及保存和运输方式；漆侠《宋代经济史（上）》(中华书局 2009 年版) 提到了宋代东南沿海广泛存在渔户，其中除少部分人经商外，多数靠海捕为生，另还提到了宋代"砂岸"，即众共渔业之地，可惜未进一步论述。关于宋代蜑民问题，最早可以追溯到罗香林《蜑民源流考》(《百越源流与文化》，1978 年) 认为蜑民是古代越族的后代，且认为其分布地从西南川陕一直到东南沿海；詹坚固《试论蜑名变迁与蜑民族属》(《民族研究》2012 年第 1 期，第 81—91 页、第 110 页) 对罗香林的研究提出了异议，认为宋代船居蜑民应该仅限于东南沿海，而西南地区的蜑民与其是没有关系的两个族群，詹氏另有《宋代蜑民考略》(《黑龙江社会科学》2012 年第 5 期，第 147—151 页) 详细论述了宋代蜑民的分布区域、生活习俗、各种生计与政府管理等，是目前所见对宋代蜑民论述最全面的文章。

饰"船眼睛"的称为"瞎眼龙头"。[1]海洋渔船的总体结构由船壳、木桅、风帆、橹、桨、舵、锚（古称"碇"）等部分组成，其形态结构可分为"纵、横、内、外"四个部分，已经相当完整。宋代，人们还通过观察分析，按不同渔获对象、不同鱼汛季节、不同作业方式等为渔船冠以不同的名称，一定程度上实现了由专门渔船捕捞专项品种鱼类的方式。在两宋时期还出现了固定在浅海中的张网、铺设在鱼类往返通道上的刺网等渔网。钓钩的组成成分也已包括了"竿（钓竿），纶（钓线），浮（浮子），沉（沉子），钩（钓钩）、饵（钓饵）"这六部分，与近代竿钓已基本相同。在钓鱼方法上，北宋时期出现了拖钓、南宋时出现了空钩延绳钓。此外，"沪"这一起源于东晋时期的定置渔具，在宋代开始被普遍使用。[2]

（二）宋代沿海渔民海捕活动与海产品

宋代海捕活动的发展是伴随宋代渔具与渔船发展而来的，下面将具体讨论宋代渔民海捕活动与海产品的情况。宋代，我国沿海渔民已从滩涂走向海洋捕捞，当时捕捞海产品类种类繁多，并且已有了一些固定的渔场如舟山群岛（昌国县）等。吴自牧《梦粱录》曾记载南宋临安市场所卖的海鲜类产品，具体有"酒江瑶（笔者按：疑为酒江鳐）、酒香螺、酒蛎、酒蟟龟脚、瓦螺头、酒垅子、酒鲖鲞、酱蛏蛎、锁官蟙、小丁头鱼、紫鱼、鱼膘、蚶

---

[1] 政协舟山市普陀区委员会教文卫体与文史委员会编：《中国渔港沈家门》，中国文史出版社 2005 年版，第 75 页。

[2] 丛子明：《中国渔业史》，中国科学技术出版社 1993 年版，第 36—39 页。

子、鲭子、魟子、海水团、望潮卤虾、蟹鲚鲞、红鱼、明脯、鲞干、比目、蛤蜊、酱蜜丁、车螯、江虾、蚕虾、膘肠等"[1]。从所引内容看，除了各种鱼类（鲭类如鲭子、鲽鱼类如比目）及鱼类器官（鱼膘），还有蚌类（如酒江鳐，亦名瑶柱，肉晒干为干贝）、螺类（如酒香螺）、鲎类（如酒鲎鲞）、牡蛎类（如酱蟹蛎）、有柄蔓足类（如酒蝛龟脚，亦名石蜐）、蚶类（如蚶子）、虾类（如望潮卤虾）、蛤蜊类（如蛤蜊）等等，种类繁多。其他著名海产品还有兴化军子（鲻）鱼。黄庭坚的"子鱼通印蚝破山，不但蕉黄荔子丹"[2]，清晰地道出了莆田的四大美味（子鱼、海蛎、香蕉、荔枝），其中便以子鱼为首。《鹤林玉露》还记载有皇太后向秦桧夫人抱怨最近吃不到优质子鱼的故事，可见当时子鱼已流入宫廷，为皇室所追求。[3]此外，上文提到的车螯也是一个名产品，史载："绍圣三年，始诏福唐与明州，岁贡车螯肉柱五十斤。"[4]宋代诗人，曾巩之弟曾肇，曾赋诗："岩岩九门深，日举费十万。忽于泥滓中，得列方丈案。腥咸置齿牙，光彩生顾眄。从此辱虚名，岁先包橘献。微生知几何，得丧孰真赝？玉食有云补，刳肠非所患。"[5]以赞美车螯。最后还有石首鱼，在宋代，浙江杭州湾外的

［1］（宋）吴自牧：《梦粱录》，中国商业出版社1982年版，第139页。

［2］（宋）吴曾：《能改斋漫录》，《全宋笔记》（第5编），大象出版社2012年版，第159页。

［3］（宋）罗大经：《鹤林玉露》，上海书店出版社1990年版，第36—37页。

［4］（宋）吴自牧：《梦粱录》，中国商业出版社1982年版，第161页。

［5］（宋）吴自牧：《梦粱录》，中国商业出版社1982年版，第161页。

洋山，成为重要的石首鱼渔场。[1]《能改斋漫录》载"两浙有鱼，名石首，云自明州来。问人以石首之名，皆不能言。予偶读张勃《吴录·地理志》载：'吴娄县有石首鱼，至秋化为冠凫，言头中有石。'又《太平广记》云：'石首鱼，至秋化为冠凫，冠凫头中有石也。'又《岭表录异》云：'石头鱼，状如鳜鱼，随其大小。脑中有一石子，如乔麦，莹如白玉。'"[2]反映了宋人对于石首鱼这类海洋鱼类的认识。关于蟹类，《宋代经济谱录》中有专门的《蟹谱》（上篇记录宋以前各种文献对蟹的描述，下篇记录了宋代关于蟹的一些佚事）、《蟹略》（分别介绍了蟹原、蟹象；蟹乡、蟹贝、蟹品、蟹占；蟹贡、蟹馔、蟹牒；蟹雅、蟹志、蟹赋、蟹咏等），可以说是对蟹类认识集大成的作品。此外，还有士大夫吕亢《蟹图》（又名：《蟹谱》）介绍了十二种蟹类生物形状特点等。[3]

对这些海产品的认识无疑都来自沿海渔民长期劳作的积累。宋代留下的文献中，对这些渔民的捕捞活动有许多描述，如"郡之城东江滨有蝤蛑庙，俗传有渔人获一巨蝤蛑，力不能胜，为巨螯钳而死，今庙即其地，前贤多呼四明曰蝤蛑州。"[4]虽然夸大其词，有想象的成分，但依然表现出海捕的艰辛与不易。现借助

［1］佚名：《辉煌的中国渔业史》，《北京水产》1999 年第 4 期，第 39—40 页。

［2］（宋）吴曾：《能改斋漫录》，《全宋笔记》（第 5 编），大象出版社 2012 年版，第 168 页。

［3］（宋）洪迈：《容斋四笔》，《全宋笔记》（第 5 编），大象出版社 2012 年版，第 270—271 页。

［4］（宋）胡榘修：《宝庆四明志》，《宋元方志丛刊》，中华书局 1989 年版，第 5043 页。

《宝庆四明志》所载，制成表1，以便对当地所产海产品做一个窥伺，从而可见现代人日常所见的许多海产品种类其实在南宋时已成为餐桌上的美食。

表1 四明水族产品目录[1]

产品名称	具体种类
鱼类	鲈鱼、石首鱼（鳇鱼）、河豚（鲵鱼）、春鱼、鲍鱼、鲳鯸、鲨鱼、比目鱼、带鱼、鳗、华脐鱼、鲟鳇鱼、鲦鱼、箭鱼、鳖鱼、银鱼、白鱼、梅鱼、火鱼、短鱼、魟鱼、池青鱼、竹夹鱼、肋鱼、马鲛鱼、鲻鱼、鳢鱼、吹沙鱼、泥鱼、箬鱼、黄滑鱼、吐哺鱼、阑胡
甲壳动物类	蟳蚌（青蟹）、簸虫（蟹）、螃蟹（毛蟹）、彭越（彭蜎）、虾、鲎、龟脚（石蜐）
软体动物类	乌贼、章巨（章鱼）、鲇鱼（海蜇）、淡菜、蛤蜊、蟥、车螯、蛏子、蚌、江珧、海月、蛎房、螺、蚬、蚶子、肘子
棘皮动物类	沙噀

从表1看，在宋代所捕捞的海产品中，排除鱼类，贝类产品占了极大比例，一些以贝类产品为主的菜肴声名远播。王赛时《中国古代海产贝类的开发与利用》指出，宋代蛤蜊食品开始向全国各地传递，宋人还掌握了烹饪蛤蜊的技巧，名菜"酒蛤蜊"更是名扬四海，是其中的代表之作。[2]

（三）宋代渔民其他日常活动

采珠是另一项渔民谋生的手段，不过采珠的主体是两广地区的疍（蜑）民，所谓疍（蜑）民，是岭南水居族群，宋代开始被

---

[1] 根据《淳熙三山志》卷一四制作。

[2] 王赛时：《中国古代海产贝类的开发与利用》，《古今农业》2007年第2期，第22—33页。

冠以"蜑民"的称呼，按照詹坚固的研究，疍民的主要生活手段有江海捕捞（包括采珠、采蚝）、水上运输、伐木及造船、参军以及水上搬运，而首要的手段便是江海捕捞。其中关于疍民参军，詹先生认为两宋时期都征调蜑丁参加水军，并认为其是水军的良好来源，南宋后蜑民编入水军更成为常态手段。[1] 若从《宋史》载"迨咸淳末，广东籍蛋丁，闽海拘舶船民船，公私俱弊矣"来看，[2] 似至宋末，始对疍民登记户口，且是"不得已而为之"，此前并未将其视为"王化之民"。笔者推断可能只是适当招募少数人员入伍充当水手，且以南宋时期为主。詹先生所举《宋史》、天顺《东莞县志》中"水军以蜑户最为便也""琼州遣蜑兵具舟自取（租米）"之类论述，也可能只是对在军中充当水手之类疍民或者被编入水师中疍民群体的泛称。令人敬佩的是，蜑户虽然居于底层，也同样忠勇过人。南宋末期厓山之战，南宋政权已将崩溃，依然有数千艘乌蜑船只自发前去解救末帝赵昺，虽然元将张弘范认为不过是"取死耳"，最后的结果也不言而喻，但却表现出了疍民的爱国情怀。[3]

除了捕捞活动，部分渔民也会参与贸易，《宝庆四明志》载："贸山，县东三十里，高二百八十丈。按《十道四蕃志》云：'以海人持货贸易于此，故名县，居贸山之阴，乃加邑为鄮。'"[4] 将县

[1] 詹坚固：《宋代蜑民考略》，《黑龙江社会科学》2012年第5期，第147—151页。

[2] （元）脱脱等：《宋史》，中华书局1977年版，第4583页。

[3] （元）苏天爵：《国朝文类》，上海商务印书馆1922年版，第38页。

[4] （宋）胡榘修：《宝庆四明志》，《宋元方志丛刊》，中华书局1989年版，第5146页。

名由来解释为：贸加邑等于郯，可见渔民在此贸易十分频繁。

（四）宋代渔民与渔歌

最后还要谈一下宋代渔歌与描写渔民的诗歌。我国渔歌的历史很早，可以追溯到商周时期，如目前可知最早的《越人歌》，便是一位仰慕襄成君而欢唱歌谣的船夫所唱。唐宋以来，因为沿海渔业的发展，渔人渔歌、描写渔人生活的诗歌也慢慢发展起来，如唐代王建的《海人谣》："海人无家海里住，采珠杀象为岁赋。恶波横天山塞路，未央宫中常满库。"[1]描述了一群中唐后期在海底从事采珠活动的海人的悲惨境遇。陈造《定海甲寅口号》："父子分头上海船，今年海熟胜常年。官中可但追呼少，不质田输折米钱。"[2]反映了一对父子在海上收货后，为可以免遭官府摧残的心情。《中原民谣·造海船》："造海船，海旁朴斫雷殷山。大船辟舰容万斛，小船飞鹘何翩翩。传闻潞县燕京北，木柹翻空浪头白。近年升作北通州，谓是背吭宜控扼。坐令斩木千山童，民间十室八九空。老者驾车辇输去，壮者腰斧从鸠工。自期鼓楫沧溟隘，他时取道胶西寨。樯愿相风风北来，飞航信宿趋吴会。谁为此计狂且愚，南北土性天渊殊。北人鞍马是长技，南人涛濑如坦涂。果尔疑非万全策，驱民忍作鱼龙食。任渠转海入江来，自有周郎当赤壁。"[3]描述了当时造船的情形，相比惊叹于当时"大船辟舰容万斛，小船飞鹘何翩翩"的造船技术，"民间十室八九空"的语

---

[1]（唐）王建：《王建诗集》，中州古籍出版社2006年版，第59页。

[2] 傅璇琮：《全宋诗》，北京大学出版社1998年版，第28219页。

[3] 傅璇琮：《全宋诗》，北京大学出版社1998年版，第23562页。

句，普遍反映出绝大多数渔民因为"造海船"、疲于奔命而导致家破人亡的悲惨遭遇。

福州地区传唱至今的疍民渔歌，已被列入福建省第三批省级非物质文化遗产名录，其历史可以追溯至一千年前的宋代，为闽江渔歌文化增添一道绚丽多彩的景观。经过千年的发展，目前有"盘诗""唱贺年歌"等形式，可惜目前已接近失传。同样产生于宋元时期的广东汕尾渔歌，经过几百年的传承、变迁和不断完善，形成了歌词简朴、真切，旋律简练、婉转，富于吟诵性、咏叹性的风格，成为南海渔歌的代表。另据汕尾市群众艺术馆马薇姗馆员考证，因当地渔民长期生活在漂泊无定居的水上，惯于用歌声来抒发和表达自己的感情，其中的婚嫁歌，更是汕尾渔歌乃至瓯船渔歌的代表之作。[1] 2012 年被列入第二批国家级非物质文化遗产名录的惠东渔歌，亦是在宋朝由福建沿海传入惠东的浅海渔歌。千百年来，渔歌在惠东沿海疍家中代代相传，经久不歇。这些渔歌中，疍民的渔歌明显占了一大部分。虽然这些渔歌在宋代或仅仅具备雏形，但是两宋时期无疑是我国海上渔民渔歌发展的一个开端，是沿海渔人文化的一个初步发展时期。

---

[1] 马薇姗：《浅谈汕尾渔歌的渊源、成名、现状及其传承发展》，《神州民俗》2011 年第 3 期，第 152—154 页。

二、宋代政府对沿海渔民的管理

（一）宋代政府对船户的编户

在宋代，沿海地区拥有船只的渔户编入户籍，称之为"船户"，而将他们的渔船称为艇，如"言舟船者，大曰舟，小曰船，渔人乘者为艇，隐逸所乘曰船"[1]、"渔人艇子时往还，笭箵掷下前溪湾"[2]等。元丰二年（1079），宋政府下令"诏立水居船户，五户至十户为一甲"[3]，是为水居船户编入户籍的开始，但未阐明是将所有船户均按此方法编入户籍，或是仅限于福建一地，《续资治通鉴长编》的记载为："诏立水居船户五户至十户为一甲相纠察救助法。从福建提点刑狱司请也。"显得更为清晰，此次编户可能仅限于福建路。[4]到了元祐六年（1091），"刑部请广南恩、端、潮等州县濒海船户每二十户为甲，选有家业、行止众所推服者二人充大小甲头，县置籍，录姓名、年甲并船橹棹数。其不入籍并橹棹过数，及将堪以害人之物，并载外人在船，同甲人及甲头知而不纠，与同罪。如犯强盗，视犯人所犯轻重断罪有差，及立告赏没官法。从之。"[5]也证明了似乎前述诏令只是限于福建路，而此时被推广到了广南地区的沿海渔民中，相比之前仅仅"五户至十

---

[1]（宋）韩拙：《山水纯全集》，《中国书画全书》，上海书画出版社1993年版，第357页。

[2]（宋）韦居安：《梅磵诗话》，《历代诗话续编》，中华书局1985年版，第580页。

[3]（元）脱脱等：《宋史》，中华书局1977年版，第298页。

[4]（宋）李焘：《续资治通鉴长编》，中华书局1980年版，第7309页。

[5]（清）徐松辑：《宋会要辑稿》，中华书局1957年版，第5658—5659页。

户为一甲相纠察救助"而转为设置"大小甲头，县置籍，录姓名、年甲并船橹棹数"[1]，实施更为严格，表明了宋政府真正将其纳入了户籍系统中。南宋初年，可能是因为战乱以及纲运转而借由海道等原因，宋政府于建炎四年（1130）下令"福建、温、台、明、越、通、泰、苏、秀等州，有海船民户及尝作水手之人，权行籍定五家为保，毋得发船往京东，犯者并行军法"[2]。重新将福建路船户编入户籍，并扩大到了两浙路地区，以恢复秩序，便于纲运和军事需要。

（二）宋代船户"上番"役

宋代船户的具体人数已经难以得知，但依然留下了一些蛛丝马迹，如《淳熙三山志》中便专辟有关于当时福州地区海船户的记录，相关内容可见表2。

表2　福州海船数统计表[3]

县名	海船总数	甲番	乙番	丙番	海船上番率
闽县	80	30	28	20	97.5%
连江县	40	8	18	14	100%
侯官县	7	0	3	4	100%
长溪县	79	25	25	29	100%
长乐县	18	6	6	6	100%

[1]（清）徐松辑：《宋会要辑稿》，中华书局1957年版，第5658—5659页。

[2]（宋）李心传：《建炎以来系年要录》，上海古籍出版社1992年版，第527页。

[3]　根据《四明续志》卷四制作。

续表

县名	海船总数	甲番	乙番	丙番	海船上番率
福清县	125	34	53	32	95.2%
宁德县	10	3	3	4	100%
罗源县	10	4	1	5	100%
怀安县	4	1	1	2	100%
总数	373	114	138	116	98.66%

表 2 中的甲乙丙三番，是指南宋建炎二年（1128），"御营使司始请募沿海州、军海船，防托海道"之事所做的轮番上役安排。从表中来看，虽然名义上是募役，但几乎所有的船只都需要参与，等同于强制执行。此外，对渔船的大小也有规定，如"福建合雇募海船五百只，并面阔一丈八尺至二丈"[1]。此后，在一丈三尺以上的船只也都被"籍之安抚司"，绍兴二十九年（公元1159年）"帅司奏：'船阔一丈二尺以上，率十只岁拘三只，备缓急雇募，余听其便。'寻以一丈二尺以上者不多，乃令一丈以上亦籍之"[2]，更是扩大了雇募海船的范围。渔户服役的时间也很长，史载："先是，船以岁八月至十一月，又自十二月至明年三月，分为两番。至是，三分之，半岁一易。"[3]普通的海船户最少也需要在外应募四个月，最多竟多达半年之久。这样的强制"募役"造成

---

[1]（宋）梁克家：《淳熙三山志》，《宋元方志丛刊》，中华书局1989年版，第7901页。

[2]（宋）梁克家：《淳熙三山志》，《宋元方志丛刊》，中华书局1989年版，第7901页。

[3]（宋）梁克家：《淳熙三山志》，《宋元方志丛刊》，中华书局1989年版，第7900—7901页。

了"陆者不安于陆，渔者不安于渔"的境地。福建路其余地区情况也相似，如同属福建路的漳州地区因为"比年纲运皆由海道，又有防托等差使"[1]使得官府"一岁之间，科率百余船户，凡二万缗余"[2]。如此繁重的"科率"，连刚到任半年的徽猷阁直学士、知漳州廖刚也觉得过重，认为"今所谓船户，初非前日为盗之人"，理应"有以赈恤之"，还针对船户的困境，以及海路纲运等的种种弊端提出了解决办法。[3]

南宋初年，福建路的船户情况大体如此，而位于今天浙江地区两浙路沿海地区，是宋代经济最为发达的地区，同样也是渔业经济最为发达的地区，情况更加复杂。史载"海濒之民，以网罟蒲嬴之利而自业者，比于农圃焉"。[4]足以证明在该地区，渔业经济及捕鱼业之发达。当地的海船数目巨大，《四明续志》明确记录了南宋两浙路庆元府、温州、台州等地的海船户情况，且还区分为了一丈以上及一丈以下两种尺寸，见表3。

[1]（宋）廖刚：《高峰文集》，《全宋文》（第139册），上海辞书出版社2006年版，第44页。

[2]（宋）廖刚：《高峰文集》，《全宋文》（第139册），上海辞书出版社2006年版，第44页。

[3]（宋）廖刚：《高峰文集》，《全宋文》（第139册），上海辞书出版社2006年版，第44—45页。

[4]（宋）朱长文：《吴中图经续记》，中华书局1989年版，第644页。

表3　两浙路庆元府、温州、台州海船数统计[1]

府/州名	县名	船只尺寸	船只数	各县总计	府/州总计	三地总计
庆元府	1.鄞县	一丈以上	140	624	7916（疑误，应为7926）	19297（按修正后的数据更正）
		一丈以下	484			
	2.定海县	一丈以上	387	1191		
		一丈以下	804			
	3.象山县	一丈以上	128	796		
		一丈以下	668			
	4.奉化县	一丈以上	411	1699		
		一丈以下	1288			
	5.慈溪县	一丈以上	65	282		
		一丈以下	217			
	6.昌国县	一丈以上	597	3324（疑误，应为3334）		
		一丈以下	2737			
温州	1.永嘉县	一丈以上	259	1606	5083	
		一丈以下	1347			
	2.平阳县	一丈以上	300	809		
		一丈以下	509			
	3.乐清县	一丈以上	371	1686		
		一丈以下	1315			
	4.瑞安县	一丈以上	169	982	5083	
		一丈以下	813			

---

[1]　根据《宝庆四明志》卷四制作。

续表

府／州名	县名	船只尺寸	船只数	各县总计	府／州总计	三地总计
台州	1. 宁海县	一丈以上	288	2809	6288	19297（按修正后的数据更正）
		一丈以下	2521			
	2. 临海县	一丈以上	552	1974		
		一丈以下	1422			
	3. 黄岩县	一丈以上	166	1505		
		一丈以下	1339			

从表3数据看，仅庆元、温州、台州三地所拥有的海船数量便达到了一万九千二百九十七艘。按照一户一艘船，一户五口的规模计算，共计达九万六千四百八十五人，接近十万。而此数目还不包括两浙路其他地区，两浙路确实无愧是整个宋代渔业经济最为发达的地区。同福建地区一样，两浙路的渔民也需轮番服役，因为这三府船只数量很多，所以并不是所有船只都需强制服役，只是其中的一部分。如"本司自嘉熙间准朝廷指挥，团结温、台、庆元三郡民船数千只，分为十番，岁起船三百余只，前来定海把隘及分拨前去淮东、镇江戍守"[1]。从总数一万多艘而只有数千只分番上役来看，上番率远低于福建路地区。此外，两浙路渔民服役的主要工作是把守关隘以及前往一些重要地区戍守，但是服役也很长，每次一年，这样的劳役同样给船民带来了很大的压力，"以致典田、卖产、货妻、鬻子以应官司之命，甚则弃捐乡

---

[1]（宋）梅应发：《开庆四明续志》，中华书局1989年版，第5991页。

井而逃，自经沟渎而死，其无赖者则流为海寇"[1]的结局。在两浙路，庆元府为宋政府所特别重视，其原因应该与当地渔民悍勇有关。史载："庆元府诸邑惟昌国、象山、定海枕海而处，奉化亦半之。沿海之人，多恶少亡命，以渔盐为业，大率剽悍轻捷，在水如龙，非官军比也。浙之东西以及福建，凡并海而生者，虽无非习熟波涛之夫，独以庆元人为称首。"[2]正是因为其剽悍远超其他地区的渔民，甚至连官军也"自愧不如"，所以造成他们往往被"超期服役"。

（三）宋政府对"上番"役政策的反思与调整

对于"上番"所造成的种种弊端，宋政府也并非一无所知。事实上，为了防止船户因为生活所迫而成为海贼，宋政府很早就采取了行动来缓解船户压力。早在北宋时，便曾"给度僧牒一百三，赐福州船户，以其被募征安南，船有损坏故也"[3]。南渡后，因为"纲运皆由海道"，渔民服役时间增加，宋政府更重视防止吏人侵犯船户，一些官员也重视防止吏人借机侵害渔民，如楼钥就指出温州地区"十舟梢工轮差永嘉县有田产船户，每船所用水手则又泛差诸县濒海之细民为之。此曹各有渔业，深惮此行。吏人乘时为奸，追扰迨遍，始得人足"，希望政府罢免温州船场。[4]淳熙十一年（1184），可能是各地官吏欺压船户的情况实在

---

[1]（宋）梅应发：《开庆四明续志》，中华书局1989年版，第5991页。

[2]（宋）吴潜：《许国公奏议》，中华书局1985年版，第97页。

[3]（宋）李焘：《续资治通鉴长编》，中华书局1980年版，第6995页。

[4]（宋）楼钥：《攻媿集》，《全宋文》（第263册），上海辞书出版社2006年版，第195页。

严重，宋孝宗下诏：

> 诸路州军犯盗等人间有意欲报仇，及受吏人教唆，妄将
> 本处富室上户及沿海有船之家以停藏资给之类，攀引追逮，
> 州县不审是否，便行捕治；及所在巡尉弓兵、商税场务以搜
> 检铜钱为名，辄将船户舟中所需之具指为军器，欺诈钱物，
> 致使无辜之人枉被追扰。令诸路提刑司及沿海帅臣、制置司
> 各约束所部州县常切禁止。如有违戾，觉察以闻。仍出榜晓
> 谕。[1]

此诏书中所提到的禁止吏人"无端骚扰"富户船户的事，在当时理应十分频繁。而当地官员在明知可能存在"冤假错案"的前提下，依然"不审是否，便行捕治"，上下沆瀣一气，吏治败坏。

官员的贪残、朝廷的苛政，使得许多渔民越来越难以生存，其中一些人"铤而走险"——成了海贼；而另一些人则投入到了当地的土豪势力下，以求立足。这些行为自然为政府所不容忍，却又难以完全根治，于是宋政府改变策略，转而加以利用当地土豪，希望招抚他们并依托其援助官军。如绍兴枢臣叶义问建议：

> 土豪谙练海道之险，凭藉海食之利，能役使船户，平日

---

[1]（清）徐松辑：《宋会要辑稿》，中华书局1957年版，第6556页。

自如，若杂以官兵，彼此气不相下，难以协济。今欲于江海要处分寨，以土豪为寨主，令随其便，使土豪挠于舟楫之间，官兵振于塘岸之口，则官无虚费，民无横扰，此策之上者也。[1]

徐鹿卿也赞同叶义问的想法，认为是"可行之一策也"[2]。还有官员建议加强对"远役船户"及其家庭给予优恤，以便激发他们的爱国热情。如曾参与平定水寇倪郎之乱的陈俊卿认为：

陛下厉精为治，约己利民，至于军须之用，亦无取之民者，独于海舟尚借民力，盖不获已。然自顷边事既息，率三分调一以备守御，非有缓急不尽发也，此意亦已厚矣。今乃但以教阅之故而使三番并发，彼不当番者既已远出，岂能遽归？[3]

指出轮番服役的船民因"无事而发，玩习为常，一旦有急，或反误事"，还会影响渔民正常的生活，正确的做法是"尽以教阅付之州县，或令且发一番，当亦未至阙事"，还能得到"船户既蒙优恤，遗时或有缓急，虽赴汤蹈火亦不避矣"的意外效果，转化

---

[1] （宋）李心传：《建炎以来系年要录》，上海古籍出版社1992年版，第634页。

[2] （宋）徐鹿卿：《清正存稿》，《全宋文》（第333册），上海辞书出版社2006年版，第117页。

[3] （宋）朱熹：《少师观文殿大学士致仕魏国公赠太师谥正献陈公行状下》，《全宋文》（第252册），上海辞书出版社2006年版，第294页。

潜在的威胁，成为政府军事力量的辅助。[1]汪应辰《请免追海船修船神福等钱状》也指出："船户远役，其家别无优恤，更令追取已请用过之钱，尤于人情不顺。"[2]希望政府改变这样的状态。

（四）宋代政府对砂岸钱的征收

宋代，沿海船民的主要谋生方式是捕鱼，且主要是在砂岸捕鱼。"所谓砂岸者，即其众共渔业之地也。"[3]即是近海可以供捕鱼的场所，现在由于史料欠缺，我们只能通过以庆元府为主的砂岸来窥见宋代砂岸的主要情况。《宝庆四明志》卷三记载在庆元府各地分布有多处砂岸，即有秀山、石弄山、石坛、虾辣、鲎涂、大嵩等数处砂岸，其中秀山租钱二百贯文（全部为官会）、石弄山租钱五千二百贯文（省陌钱二分半，官会七分半）。[4]又如任职泉州知府、秘阁修撰兼福建提刑颜颐仲还提到"本府有岁收砂岸钱二万三贯二百文，制置司有岁收砂岸钱二千四百贯文，府学有岁收砂岸钱三万七百七十九贯四百文，通计五万三千一百八十二贯六百文。（十七界会子）"[5]。这是理宗宝祐年间（1253—1258）的数据，可以看出包括当地政府、制置司、府学等不同机构都收取

---

［1］（宋）朱熹：《少师观文殿大学士致仕魏国公赠太师谥正献陈公行状下》，《全宋文》（第252册），上海辞书出版社2006年版，第295页。

［2］（宋）汪应辰：《文定集》，中华书局1985年版，第153页。

［3］（宋）颜颐仲：《乞蠲放砂岸钱奏》，《全宋文》（第333册），上海辞书出版社2006年版，第27页。

［4］（宋）胡榘修：《宝庆四明志》，《宋元方志丛刊》，中华书局1989年版，第5017页。

［5］（宋）胡榘修：《宝庆四明志》，《宋元方志丛刊》，中华书局1989年版，第5017页。

砂岸钱。又如《宝庆四明志》卷二十《昌国县志》中记载《昌国县》砂岸收入为四千贯文。[1]与替政府水军轮番服役充当水手相比，由于"海乡细民资砂岸营口腹"[2]，这些税收对渔民生活影响更大。许多官员也多次提出想要政府免去这些费用，如上文提到过的颜颐仲，便提出，"（当地砂岸钱）自淳祐六年正月为始，悉行蠲放，却将别项窠名拨助府学养士及县官俸料支遣。"[3]希望政府能够名副其实，不要假借另一名目继续征收砂岸钱。并就豪强之家在政府蠲免砂岸钱后继续借砂岸侵凌渔民提出惩治措施，指出：

> 应是砂岸属之府第豪家者，皆日下听令民户从便，渔业不得妄作名色复行占据。其有占据年深脱给不照，或请到承佃榜据因而立契典卖者，并不许行用。欲乞公朝特为敷奏，颁降指挥，著为定令。或有违戾，许民越诉，不以荫赎，悉坐违制之罪。庶几海岛之民可以安生乐业，府第豪户不得倚势为奸，非惟为圣朝推广惠下之仁，亦不至异日激成为盗之患。[4]

---

[1]（宋）胡榘修：《宝庆四明志》，《宋元方志丛刊》，中华书局1989年版，第5252页。

[2]（宋）刘克庄：《宝学颜尚书神道碑》，《全宋文》（第331册），上海辞书出版社2006年版，第88页。

[3]（宋）胡榘修：《宝庆四明志》，《宋元方志丛刊》，中华书局1989年版，第5017页。

[4]（宋）胡榘修：《宝庆四明志》，《宋元方志丛刊》，中华书局1989年版，第5017页。

南宋时期对砂岸税场的置废曾有过反复，如宝祐五年（1257），时任参知政事兼右丞相兼枢密使吴潜以当时流行的"适当海寇披猖之余，遂行考究本末，多谓因沿海砂岸之罢，海民无大家以为之据依"[1]，建议兴复砂岸税场，以便达到"清海道、绝寇攘之计"。一年后，吴潜认识到"今已将应干砂岸诸旁并行团结，具有规绳，本土之盗不可藏，往来之盗则可捕"，没有必要再设置砂岸税收，希望"昨来兴复砂岸税场所入之课利，仍可尽弛以予民矣"，得到了政府的允许，"将砂岸两税场仍旧住罢，庶几除害而弛利"。[2]

三、结论

在两宋时期整个经济文化大发展的背景下，宋代的渔业经济也得到了迅速发展。宋代渔民得以借助先进的渔业技术和捞捕工具，从内陆的滩涂走向浅海地区从事捞捕活动，此后，我国的渔业捞捕中心也从内陆走向了海洋。宋代人们可以食用的海产品种类也大大上升，烹调方式也便各有特色。此外，还可以归纳以下几点：

其一，宋代渔业的发展其实是宋代经济发展不均衡的一个"侧面"。相对于内陆一些地区，渔业活动发达的两浙路等地也是经济较为发达的地区，人口增长速度较快，而耕地有限，将目光

---

[1]（宋）梅应发：《开庆四明续志》，中华书局1989年版，第6008页。

[2]（宋）梅应发：《开庆四明续志》，中华书局1989年版，第6009—6010页。

投向海洋，通过海捕等活动来谋生成了最可能的手段。漆侠先生就曾介绍过福建路地区人们"与海争地"的情形[1]，而这些活动反过来又会促进海捕技术、造船业等的发展、进步。

其二，宋政府对沿海渔民的政策在大多数情况下，并不利于渔民的发展，反而还起到抑制作用，同时，沿海渔民还受到"势力"家族的压迫与欺凌。这些又在一定程度上制约着渔业的发展壮大。

其三，宋代渔民，特别是蜑民阶层，在外部艰苦的条件下，依然创造了多姿多彩的文化、培养了乐观向上的不屈姿态。如各种歌颂渔人文化的诗歌、传唱至今的渔歌等等，均是其多姿多彩文化的生动表现。渔人们敢于与自然环境作斗争、敢于与官府的勒索作斗争、更敢于与"豪强形势"之家抗争到底的反压迫精神，则是乐观向上、不屈姿态的完美诠释。

总而言之，宋代的渔民在当时经济社会活动中扮演着重要的角色，宋代的沿海渔业活动也为后世的海洋渔业捕捞活动迈出了开拓性的一步，是整个宋代乃至整个中古时期社会经济史的重要一环。

---

[1] 漆侠：《宋代经济史》，中华书局 2009 年版，第 70 页。

超越"内圣外王"——重新审视宋代"文人治国"的政治功效

郭海龙 徐红霞

宋代文人治国为后世知识分子津津乐道。同时,宋代文人治国存在弊端。宋代的亡国在一定程度上就与文人治国伴生的党争有着密切关联。文人治国背后的政治哲学是"哲学王"假设,这一假设存在重大缺陷,必须通过理性的程序设计进行弥补,才能发挥知识分子群体的优势,避免文人治国产生的弊端。

一、宋代文人治国存在弊端

提起宋代,人们对其存在两种截然相反的印象。一种认为宋代积贫积弱,对外战争中总是吃败仗,两宋均亡于外敌之手。另一种认为宋代繁荣昌盛,经济发达。其中,"皇帝与文人士大夫共治天下",[1]中华文化"造极于赵宋之世"[2],更是为人们津津乐道。二者各执一词,都有支撑各自观点的论据。

这两种截然相反的观点之所以同时存在,是因为论者的立场、

---

[1] 杨世利:《近二十年宋代士大夫政治研究综述》,《中国史研究动态》2008年第4期,第8—14页。

[2] 陈寅恪:《邓广铭〈宋史职官志考证〉序》,《金明馆丛稿二编》,上海古籍出版社1982年版,第245页。

视角存在差别。第一种观点认为宋代积贫积弱，对外军事斗争远远不如汉唐盛世，是从政治尤其是军事方面讲的。第二种观点反映了知识分子的立场。实际上，二者是有机统一的。自从赵匡胤立下"不杀士大夫"的祖训后，两宋时期，知识分子享有崇高的地位、优渥的待遇，因而最大限度地发挥了知识分子的积极性和创造力，有了文化上繁荣昌盛的局面。在宋代，相比于知识分子的优越地位，农、工、商等处于"万般皆下品"的位置。同时，鉴于唐末的藩镇割据和五代十国时期频仍的政权更迭，宋代明确采取了重文抑武的政策，狄青、岳飞等名将结局都比较凄惨。从宋代起，"好男不当兵，好铁不打钉"的说法开始形成，出将入相的情形几乎绝迹，形成了文人治国掌握政权的局面。这一局面的优点和缺点都十分鲜明。

（一）优点

一是发挥了文人的聪明才智，通过完善道德体系促进了政治清明，避免了军事政变。早在春秋末年，孔子的杰出弟子子贡以"一言以兴邦"的非凡外交智慧，达到了"存鲁，乱齐，破吴，强晋，霸越"的效果，集中体现了文人的聪明才智。汉初萧何、张良等都是杰出的知识分子，奠定了汉朝的制度基础，兴汉四百年。唐初房谋杜断，更是奠定了大唐盛世的基业。宋代开国宰相赵普"半部论语治天下"、明代王阳明和清代曾国藩以儒学造诣成就文治武功，更是被人们视为文人治国的典范。

宋代营造了文人发挥聪明才智的氛围，促进了政治清明。自宋以后，尤其是程朱理学的形成，儒家学说体系成了全民尤其是士大夫的行为准则。这不能不说是宋代重文抑武政策以及程朱理学的功劳。强调三纲五常的程朱理学,使得"君臣、父子、兄弟、夫妇、朋友"五伦关系有了明确的准则。忠君爱国成为一个人最高的行为标准,这从道德层面规制了将帅发动叛乱。久而久之,促进了政权巩固。此外,在宋神宗之前,宋代以范仲淹、王安石为代表的文人继承了汉代以来文人儒生经世致用的朴学传统,普遍具有济世安民的抱负,从而提出、延续并发扬了忧乐关乎天下的传统。这种优良风气促进了北宋前期的政治清明。

二是文化繁荣昌盛。宋代文化和之前相比发生了很大变化,以前强调上层贵族精神生活的文化逐渐趋于平民化,适合平民阅读的平话(小说的雏形)萌芽,市民阶层开始出现,类似西方文艺复兴时期的文化现象开始出现,这被称作"近世化"。这其实是世界范围内最先出现的资本主义萌芽。虽然宋朝军事方面表现不佳,但是软实力首屈一指,有人甚至在"纳岁币"一事上进行解读,认为宋朝虽然失去了岁币,但是,辽、金、夏、大理等政权都成为了大宋的经济附庸,使用大宋的货币,模仿大宋的官制。这虽然是过度解读,但也从侧面反映出大宋强大的软实力。

(二)宋代文人治国的弊端

宋代政治最突出的特征是文人治国。如上所述,文人治国有着巨大的好处,同时存在着明显的弊端。

1.国防意识和政治远见存在严重不足

两宋时期,最初为了防止五代十国政权更迭频繁,永葆赵家江山,宋太祖采取了两方面的措施以"强干弱枝",可归纳为文、武两个方面。文的方面，就是派文官到地方任官员，节度使不再掌握实权。遵循"不可杀士大夫"的祖训，采取重文抑武的方针。武的方面，一方面接受赵普"惟稍夺其权，制其钱谷，收其精兵，则天下自安矣"的建议，通过"杯酒释兵权"，消除了安史之乱以来地方割据、藩镇坐大的隐患，另一方面强化禁军，并通过枢密院、布兵图等方式造成"兵不识将，将不识兵"的局面，直接控制禁军，消除禁军发动类似"陈桥兵变"这种事件的可能。这样做固然强化了中央集权。宋代也因此被认为是向绝对君主制过渡的重要时期。但与此同时，这些举动大大降低了将帅和士兵的积极性，削弱了国防实力。

宋朝的经济实力在世界上首屈一指，远远胜过辽、金、夏、元，却往往在战争中处于被动挨打的局面，有时不得不签署城下之盟。宋朝在战争中屡屡吃败仗，不得不通过纳岁币的方式，以金钱赎买和平。久而久之，人们就习以为常了。北宋初期，澶渊之盟签订之时，宰相寇准还顾及国家体面，要求谈判者不要做太大的让步，岁币控制在每年30万缗。到了北宋"元祐更化"之时，当朝宰辅司马光甚至提出了割让土地换取苟安的主张。理由是"君子怀德，小人怀土"，君子在德不在土，其迂腐由此可见一斑。总之，国家的军事实力在一帮文人手中变得十分差。

2. 党争此起彼伏导致国势每况愈下

文人治国与历史上的党争存在天然的关联。中国历史上的党争，先秦不可考。战国时期纵横家在各国的游说，导致"合纵""连横"的争论，已经有党争的端倪。东汉时期，宦官、外戚之间争权夺利,党争已经出现,党锢之祸是第一次以党争为重要内容的标志性事件。不过,在中唐以前,党争并不是政治斗争的主流,政治斗争往往伴随着世家大族的武力角逐。中唐、晚唐以来,随着科举制度的完善,庶族地主崛起,世家大族衰微,导致私人武装废弃,政治集团之间武力斗争变得不现实,朝堂之上党争才逐渐成为政治斗争的重要组成部分。牛李党争是这一时期的典型事件,这也使得唐朝政治在安史之乱之后更加混乱不堪。随后的五代十国时期,政变频仍。到了宋代,统治者吸取教训,确定了重文抑武的方针,文人政治使得党争变成政治生活的主流。历史上,党争在宋代和明代中后期比较突出。元祐党争是北宋走向衰亡的标志性事件。明代清流与循吏、东林党与阉党之间的斗争也严重影响了晚明的政治局势。清代末期,帝党与后党之争,使得洋务、变法、"新政"等受到重大影响,直接加速了清朝的灭亡。

二、文人治国弊端产生的原因分析

文人治国存在优势,也存在很多弊端,产生弊端的原因主要如下。

(一)文人秉性使然

一是清高、自负、自命不凡。正如魏文帝曹丕《典论·论文》中所说:"文人相轻,自古而然。"在术业有专攻的一些文人心中,自己掌握了某种其他人都不会的独门绝技,以此"遗世而独立,羽化而登仙"（苏轼《前赤壁赋》）。在这种心态的作用下，文人很容易恃才傲物、恃才放旷。文人智慧而多疑，对政见不同的人缺乏信任。思维过于理想化、固执偏激，食古不化。同时，按照站队用人，人才得不到重用。这在宋代文人治国的环境下，表现尤甚。王安石和司马光都是道德上无可挑剔的君子，然而，正是他们过于自信，造就了宋代最大的党争。这导致庙堂之上良莠不齐，在"劣币驱逐良币"的恶性循环下，一些正直之士被迫远离朝堂。苏轼文采（文化才华）、干才（政治才能）卓越，却因秉持中庸之道，受到新党和旧党的轮番打击，屡屡遭受打压。

二是重名轻实。好钢未用到刃上，国家负担太重，冗员太多。受儒家所谓"名不正则言不顺，言不顺则事不成"思想影响，很多文人讲究正名。过于追求正名，喜欢摆谱，舞文弄墨，繁文缛节，会把太多的物质和民力耗费在各种排场和仪式上，从而浪费国力。例如，南唐李煜曾经设立专门管理笔、墨、纸、砚的官员，宋徽宗也有类似的设置。这种与国家大事毫无关系的设置显然是无限制的机构膨胀的结果，只会加深百姓的疾苦，不利于政权的稳定。过于重视繁文缛节和细枝末节，过于精致的制度容易产生"过度文明"，进而抑制变革。中国历史上，从孔子开始，大量熟读诗书的儒家基本上都是守旧派，对于社会变革或改革变法持抵制态度。孔子强调克己复礼，维护西周初年以分封制、嫡长子继承等为主要内容的秩序，对于当时出现的礼崩乐坏深感忧虑。后世王莽执政获得最高政权后，更是异想天开地要恢复井田制等古代的制度，导致政权紊乱、崩溃。事实上，文人容易清高，很多文人必须满足各种礼节的要求才肯为国家、为社会效力，这种对繁文缛节和细枝末节的过于重视，导致制度趋于精致，这实际上不利于制度适应客观经济、政治、社会形势的变化，久而久之，制度就会不适应社会发展，产生"过度文明"，进而抑制变革。

（二）政治竞争缺乏文明的制度规范，陷入朋党政治

由于缺乏制度规范，宋代文人群体之间的斗争最初还是君子之争，后来则陷入了残酷斗争、无情打击的地步，导致内耗严重，最后促成了北宋的灭亡。在元丰、熙宁年间，新党执政，王安石作为一代鸿儒，比较有雅量，对于司马光等守旧派并无迫害，而是尊重司马光的意愿，让其在洛阳编书，撰成鸿篇巨制《资治通鉴》。但是，待到王安石下台，司马光秉政，事情就起了巨大变化，司马光对吕惠卿，章惇对苏轼，蔡京对章惇、司马光都进行了无情打击，甚至司马光被蔡京列为《元祐党籍碑》中的奸党之首。此时，变法与守旧的政策之争到了北宋后期已经完全变成了朋党之争。文武卓越之人得不到重用，诸如蔡京投机钻营之辈以及一些毫无主见的庸碌之人秉持朝政。"庙堂之上，朽木为官"，结果是国事糜烂，对内政治昏暗；朝堂之上，没有把人才用在富国强兵上，而是浪费在党争之中，导致堂堂大宋对外妥协软弱。大宋被折腾得积贫积弱、国事糜烂，每况愈下。

（三）用人路线不成熟

自宋代起，伴随着庶族地主的崛起，"朝为田舍郎，暮登天子堂"的做法，已经流传开来。这使得很多政治人物毫无基层或地方执政经验，凭借所谓的书本知识，就直接进入权力中枢，贸然

执政。其执政必然是纸上谈兵，比如司马光。著书19年，一朝出山，就担任首辅，立即组阁。这导致其对王安石变法不甚了解，在缺乏调查研究的基础上，全面废除新法，引发了朝廷动荡。古训"宰相必起于州郡，将军必发于行伍"（《商君书》），在宋代中后期荡然无存。这种人才路线可以说是大宋灭亡的因素之一。

王安石出身于州郡，在成为宰相之前，曾经在地方任职多年，而且身体力行推广新法，并取得了成效。但是，王安石担任宰相之后，由于急于求成，听不进逆耳之言，提拔重用了大量投机钻营之徒。结果变法队伍之中鱼龙混杂，那些心术不正的新法执行者，利用新法的漏洞，从中渔利，严重影响了变法效果，也为顽固守旧势力攻击变法提供了口实。

这样，当时用人路线在人才成长和提拔方面的偏差和错误，严重影响了文人治国的效果，并且加剧了党争，使得文人治国的弊端放大。

（四）程朱理学自身存在的不足影响了时代风气

反思宋朝的文人治国，程朱理学是一个绕不开的话题。程朱理学的开山鼻祖周敦颐是一个品行高洁的君子。其学说为程颐、程颢兄弟和朱熹发扬光大之后形成了程朱理学。程朱理学在政治上主张统治者代表"天理"，用三纲五常统治社会，被统治者要"存天理，灭人欲"，顺应和服从统治者。这其实是将孔孟之道进行了法治化和伦理化，使其变成人们遵从的法律和道德。这在统治者看来，确实是一个有利于自己统治的学术主张。程朱理学实际上是对汉代朴学的一种反动。把理论上汉唐崇文尚武的健全人格，蜕变成了佞文厌武的偏狭人格。佞文厌武使得北宋中后期和南宋一朝都对外频频战败，无力抵御入侵。有分析认为，程朱理学的崛起中断了北宋前期经世致用的儒学传承，使得文人格局变得十分狭促，并由此影响了人们的性格。

三、超越"内圣外王"：对当代如何完善"专家治国"路径的启示

从哲学角度来看，文人治国的理论根源在东西方都存在。在西方，古希腊柏拉图主张的"哲学王"主张是其源头。中国的孔孟之道主张的"内圣外王"和"哲学王"异曲同工。通过对前文对文人治国弊端的分析，不能不让人反思"内圣外王"和"哲学王"中存在的缺陷。

第一，哲学并非尽善尽美，生搬硬套容易出现偏差。任何学说，包括儒家等学说以及西方的哲学思想，都是一种理论体系。理论始终是对实践经验的总结和描述，与实践总是存在着或大或小的差异。要是从哲学或者儒家思想出发去从事政治活动，会陷入教条主义或本本主义，脱离实际，甚至会陷入空谈和扯皮。拘泥于某种理论，容易纸上谈兵，给国家和人民带来损失。

第二，哲学家也有自己的利益，难以完全不偏不倚。法国著名生物学家巴斯德说过一句名言"科学无疆界，学者却有自己的祖国"。这句话，也适用于哲学家，"思想一旦离开利益就会使得自己出丑"。人们经常批评一些著名的大学培养出了"精致的利己

主义者"，就是因为著名的大学虽然教育了很多人，这些人有的学富五车、学贯中西，但是，他们也有自己的利益，想当然地认为经历过高等教育的人就是道德完人，是一种脱离实际情况的表现。宋代文人治国同样也会考虑自己和自己集团的利益，从而结成利益共同体，即结党营私。

第三，政治不仅仅是哲学辩论，更是利益综合、利益博弈和利益妥协。哲学往往追求真，而政治则不同，追求的是利益平衡。只有利益平衡了，社会关系才能和谐。而这种操作，不是哲学辩论就能够解决的，而是需要身体力行，制定各种平衡利益的规则。从本质而言，政治是不同群体之间的利益表达和利益综合，只有共赢的局面才能促进共生和谐。如果仅仅靠哲学原则解决问题，那么会严重违背政治规律，小则政治混乱，大则国家倾覆。从马克斯·韦伯的政治统治合理性角度而言，"哲学王"或"内圣外王"更接近于克里斯马型统治，只是这种魅力源于哲学家的气质。然而，并不是任何哲学通达者就一定具备克里斯马型统治所具有的超凡魅力。因此，其统治难以持久。而且，哲学家容易把简单问题复杂化，使得人们难以适应其复杂的统治哲理，久而久之，必将产生某种脱节，从而偏离了正常的政治发展轨道。

鉴于这些原因，应着重从以下几个方面着手去克服"内圣外王"导致的种种弊端。

第一，完善智库机制，让专家通过智库机制起到决策咨询的作用。文人治国之所以出现种种弊端，在决策层面来看，主要是因为决策系于文人之手，而要使国家长治久安，完全依赖文人不行，离开文人的聪明才智更不可行。因此，既要发挥文人的聪明才智，又要避免文人治国的弊端。于是，古代的智囊、军师，现代的智库应运而生。通过智库机制，既能让决策层看到专业的分析，又能避免专家局限于某一领域的高精尖，而对其他领域盲目无知导致的决策失误。可谓一举两得。

第二，完善人才成长机制和评审选拔机制，突出基层实干经验和业绩。实践出真知，实践长才干。"纸上得来终觉浅，绝知此事要躬行"，陆游的这句诗实际上强调了实践的重要性。人才的成长，尤其是政治人才的成长，离不开实践经验积累。一段时间以来，"三门干部"（指从家门到校门，毕业后进了机关门的新公务员）总是出问题，就在于缺乏基层实践经验，对事情的发展把握不准、吃不透。而选拔和任用干部突出基层工作经验有助于克服这一不足。

第三，明确政治纪律，用严明的法纪消除潜规则，消除宗派主义。宋代之所以党争无底线，就是因为文人治国缺乏刚性的约束，而宋神宗、宋哲宗等过于宽大为怀，对各种文人包容甚至是纵容，这导致党争不断，直接影响了朝堂局势。要克服这一现象，就需要明确规则，对于触犯规则的人，无论地位多高、贡献多大，都应淘汰出局。用明确的规则消除潜规则，用任人唯贤的原则，消除宗派主义，用政治纪律和法纪塑造清明政治。

文人雅士本身就应立足于传承和发扬文明等本职工作，至于参政、秉政，并非大多数文人雅士的强项。然而，政治史往往是学术和权术交织和较量的历史。从国家层面讲，没有学术的真理力量，只有政客玩弄权术，将会是指鹿为马、万马齐喑的昏暗污浊局面；只有文人雅士在那里凭意气、兴趣治国理政，则会出现宋代、南唐那种过于精致导致国家积贫积弱的局面。从群体层面讲，文人雅士如果"处江湖之远"（范仲淹《岳阳楼记》），则"鸾鸟凤凰，日以远兮。燕雀乌鹊，巢堂坛兮"（屈原《涉江》）；文人雅士如果秉政，则必须变换气质才能促进政治安定，"圣人无常心，以百姓心为心"（《道德经》）。然而，"江山易改，秉性难易"，文人气质一旦形成，就形成了思维定式和惯性，难以摆脱自我和本我，更难以达到超我。因此，最佳策略是，任用能改变气质投身政治的个别文人，如管仲、张居正等"君子之儒"，让他们成为国家的栋梁之材；对于大多数难以改变气质，应当把他们置于参谋的位置，让他们提供真知灼见，以供参考。同时以制度约束文人和政客的私欲，共同服务于国家建设。

《陆游的乡村世界》引言

包伟民

一

年轻时，笔者十分爱读南宋著名诗人陆游（1125—1210）的绝笔诗《示儿》："死去元知万事空，但悲不见九州同。王师北定中原日，家祭无忘告乃翁。"[1] 既为他深沉执着的爱国激情所感动，也敬佩其"死去元知万事空"的凝远通达。进入老年，慢慢地更喜欢陆游的另一名篇《游山西村》了，着迷于它的自然成趣、恬淡隽永，尤其是诗句所描述的八百年前浙东农户的淳朴敦厚，"莫笑农家腊酒浑，丰年留客足鸡豚"，以及生活与自然的和谐，"山重水复疑无路，柳暗花明又一村"[2]，觉得余味无穷。这大概是自己阅世既久，能够真正体会日常生活的意义，更因为多年从事史学研究，对于当代史学难以触及历史时期人们真实生活的状况，

[1]（宋）陆游著，钱仲联校注：《剑南诗稿校注》（以下简称《诗稿》）卷八五，嘉定二年冬十二月作于山阴（下文径注时间，仅非创作于山阴的诗篇才注明地点），上海古籍出版社2005年版，第8册，第4542页。

[2]《诗稿》卷一，乾道三年春，第1册，第102页。

越来越不满意了。

我们的祖先们为了使子孙后代能够从先人的生活经历中有所受益，向他们讲述先前的故事，传授经验，这大概就是历史学的起源，它同时也体现了历史学的一个基本特性——"叙述"。或者说：讲故事。近代以来，随着历史学研究方法的社会科学化，这门学科日益以解剖、分析历史时期人类社会为己职。这对于我们认识以前的人类社会提供了许多帮助，但同时也常常使我们停留在"性质""结构"等概念中的历史社会，有一种悬空八只脚的不落实感，对于人们在历史上的真实生活有点隔膜。与此同时，经典的历史学理论虽然强调历史为劳动人民所创造，在实际的研究工作中，由于留存至今的历史资料绝大部分只记载上层社会的帝王将相，基层民众的历史活动总是隐晦不显，为人们所遗忘，普罗大众就不幸地成为沉默的大多数。

于是，这推动着笔者将自己观察的目光转向历史时期的乡村社会。

可是，想要观察分析中国传统时期县级政权之下基层的乡村社会并不容易。事实上，史学界一向重视研究乡村基层社会，对于 10 世纪至 13 世纪这个在中国传统社会中具有前后转折意义的两宋时期，更是如此。只不过，当时虽然雕版印刷术开始普及，保留下来的书籍比前代多了好几倍，但关于基层社会的记载依然十分有限。目前讨论相对深入的部分，仍然不免集中在国家制度等方面的内容，例如关于如何编造户籍、组织乡里保甲、征发赋役等，其他方面，尤其是关于村民们的日常生活，则大多不得不停留在泛泛而谈的层面，难以真正深入，令人沮丧。例如，无论是对后期历史的许多研究发现的，还是当今现实生活向我们提示的，都可以推知 10 世纪至 13 世纪的宋代乡村社会必然存在明显的地域性差异，但是现有的研究却常常不得不满足于平面的笼统描述。

困窘的局面促使我们改变观察的视角，也许不再执着于传统研究思路所关注的各种社会科学式的"问题"，而是尽可能回归历史学的本义，从专注分析转向侧重叙述，这样至少在某些方面，尽可能去复原两宋时期乡村民众的各种生活场景，有一定的可能性。在这一方面，宋代文人留给我们的海量田园诗，能够为我们提供不少历史信息。

陆游就是这样走进了笔者的视野。

在中国历代诗人中，诗作保留到今天、数量最多的就是陆游，达 9362 首。据估计，共 72 册的《全宋诗》中共收录了不下 9000 位诗人的作品，共计 27 万余首，陆游一个人的诗作在其中占了近 3 册，约为总数的 3.5%。而且陆游长期居住在浙东农村，他的诗作大部分是反映乡村生活的内容，因此是一个十分难得的资料宝库。

二

在这里，我们有必要先简单介绍一下陆游的生平事迹。

陆游，字务观，号放翁，公元 1125 年，宋徽宗宣和七年的农历十月十七日，他出生在一条行进在淮河的官船之上。当时他的父亲陆宰（1088—1148）从淮南路转运副使任上接到诏令，回京城开封府向朝廷述职，由水路进京，结果到半路夫人唐氏在官船上产子，取名陆游。陆游是陆宰的第三子。后来陆游对自己的出生专门写过一首诗——《十月十七日，予生日也。孤村风雨萧然，偶得二绝句。予生于淮上，是日平旦，大风雨骇人，及予堕地，雨乃止》："少傅奉诏朝京师，舣船生我淮之湄。宣和七年冬十月，犹是中原无事时。"[1]这当然是他后来根据长辈们的告知记下来的。

陆氏是江南越州（今浙江绍兴）山阴名族，据说五代时从嘉兴迁居杭州（南宋为行都，改称临安府），后又渡过钱塘江，迁至越州山阴县，赘居于城西鲁墟村，数代务农。到北宋真宗赵恒（968—1022）大中祥符五年（1012），陆游的高祖陆轸（979—1051）考中进士，陆氏家族才开始"起家"。近200年后，陆游在写给儿子的诗中，还专门提及："西望牛头渺天际，永怀吾祖起家初。"[2]从此，山阴陆氏成为官宦世家，子孙们或者通过科举，或者依靠门荫制度入仕为官，出了不少名宦。其中官位最高的是陆佃（1042—1102），他在宋神宗熙宁三年（1070）登进士第，曾经向王安石学习儒家经典。到宋徽宗赵佶继位的建中靖国元年（1101），陆佃升任尚书右丞，几个月后又升左丞，位列执政（副宰相）。陆游的父亲陆宰是陆佃的第五子，陆宰是通过门荫入仕的，官至吏部尚书，曾任南宋行都临安府的知府，但山阴陆氏要

---

[1]《诗稿》卷三三，庆元元年冬，第4册，第2199页。

[2]《诗稿》卷四六《舍西晚眺示子聿》，嘉泰元年夏，第5册，第2829页。

到陆宰的儿子陆游这一辈，才在文坛上大放异彩。

陆游出生之时，恰逢北宋亡国大难，金军正在大举南侵。女真金国在与宋朝双方约定海上之盟、联合灭辽后，于宣和七年（1125）十月出兵南下，进攻当时已经交还给宋朝的燕京府，拉开了灭宋战争，并在两次围攻开封府后，于宋钦宗靖康二年（1127）二月丙寅日（3月20日）携掠宋徽宗、宋钦宗两个皇帝北上，北宋从此灭亡。当时陆宰居住在寿州（今安徽寿县），年幼的陆游在父母膝下。第二年，他跟着父母回到了越州城中故居。

建炎元年（1127）五月初一，宋徽宗第九子赵构（1107—1187）收拾残部，在南京应天府（今河南商丘）即位，成为南宋第一位皇帝。建炎三年（1129）十月，金军为了彻底消灭新建立的南宋政权，再次起兵南侵，十一月渡过长江，一路追击赵构，连下建康府（今江苏南京）、临安府（今浙江杭州），直至明州（今浙江宁波）。为了躲避兵祸，陆宰带着母亲以及包括年仅六岁的陆游在内的全家人，向南逃到婺州东阳县（今浙江东阳）的深山之中，三年后才返回山阴故里。那时陆游已经九岁了。出生于国难之时，成长于兵乱之中，幼年的经历无疑是陆游形成以北伐复国为主题的爱国主义思想的最重要原因。

宋朝制度规定，中高级官员的子弟可以依程序直接出仕当官，称为"门荫"。绍兴六年（1136），陆游十二岁时，就已经通过其父亲的门荫，获得了登仕郎的低级官阶（官位级别），只是还没有被任命具体的职务。不过就像当时所有士大夫家庭的子弟一样，他们仍然以参加科举考试获得功名从而出仕为自己人生的首要目标。据说陆游少时就很会写文章，颇有文名，从东阳避难回越州后，他一直埋头苦读，刻苦用功，并且从绍兴十年（1140）十六岁那年起，开始参加科举考试，但一直不顺利。

约二十岁时，陆游与表妹唐婉（约1128—约1156）结婚，夫妻恩爱，鸾凤和鸣。可是他的母亲不喜欢唐婉，约两年后陆游迫于母命，与唐婉离婚。第二年（绍兴十七年，1147）又应母命娶了夫人王氏。这一婚变给陆游留下了极深的精神创伤，他后来曾撰有多篇诗词表达对唐氏的眷念与自己的悲情，名篇《钗头凤》就是代表作。

绍兴二十四年（1154）陆游三十岁，参加由礼部主持的考试，权相秦桧（1090—1155）因为陆游在初试时排名在自己孙子秦埙（1137—？）前面，更恼怒他喜欢谈论北伐恢复北方故土，胁迫主试官员将其黜落。[1]这是他最后一次参加科举考试。第二年秦桧病死，南宋朝廷的政治出现一些变化。陆游经人荐举，开始出仕。有学者认为绍兴二十六年（1156）冬到二十七年（1157），陆游曾经出任温州瑞安县主簿，是他的首次出仕为官。不过陆游后来曾有诗明确提到，绍兴二十八年（1158）自己三十四岁时出任宁德

[1] 参见《诗稿》卷四〇《陈阜卿先生为两浙转运司考试官，时秦丞相孙以右文殿修撰来就试，直欲首选。阜卿得予文卷，擢置第一。秦氏大怒。予明年既显黜，先生亦几蹈危机。偶秦公薨，遂已。予晚岁料理故书，得先生手帖，追感平昔，作长句以识其事，不知衰涕之集也》，庆元五年秋，第5册，第2530—2531页。

县（今福建宁德）主簿为"初仕"。[1]

绍兴三十年（1160）五月，陆游三十六岁，在福州司法参军任上奉朝廷征召，任敕令所删定官。这是他第一次到行都任职。这次他在临安府生活了三年。两年后，绍兴三十二年（1162）六月，宋高宗赵构退位为太上皇帝，养子赵昚（1127—1194）继位，他就是宋孝宗。九月，敕令所改为编类圣政所，陆游遂由枢密院编修官兼任编类圣政所检讨官。圣政所的工作是编撰皇帝的"圣政"，这是宋朝官修史书的一种，所以这也是陆游第一次出任朝廷的"史官"。

宋孝宗继位以后，改变了其养父赵构一味求和的方针，试图反击金国，重振国势，任用了一批主张北伐抗金的士大夫，又以陆游"力学有闻，言论剀切"，赐他进士出身[2]，这样陆游终于有了一个科举功名。只可惜到了第二年，因为不满幸臣弄权，招致宋孝宗不高兴，被贬为镇江府（今江苏镇江）通判（州府的副长官）。三年后，改任隆兴府（今江西南昌）通判。不久却因"力说张浚用兵"等原因被罢官，回到山阴。这次陆游在山阴闲居了三年。

乾道五年（1169）年底，陆游四十五岁，得报被任命以左奉议郎的官阶出任夔州（今重庆奉节）通判，于是在第二年闰五月

---

[1]《诗稿》卷六二《予初仕为宁德县主簿……觉而感叹不已》，开禧元年秋，第6册，第3566页；卷六四《绍兴中予初仕为宁德主簿……当时所尚也》，开禧元年冬，第7册，第3654页。

[2]（元）脱脱等：《宋史》卷三九五《陆游传》，中华书局1977年版，第34册，第12057页。

携家小前去四川赴任。陆游在四川任上历时八年，这是他官宦生涯中最为重要的一段经历。这中间他更换了几个不同的职务。乾道八年（1172）三月到十月，陆游出任置司于兴元府（今四川汉中南郑区）的四川宣抚使司干办公事兼检法官，这是他所任官职最靠近前线的一次。四川宣抚使司是四川地区最高军政机构，陆游任职其中，就算是他生平中唯一的一次军旅生涯了。这八个月的军旅生涯促成陆游诗风更趋雄放，也是他一生最得意的时期。

淳熙五年（1178）二月，陆游得到朝廷诏令，携家人东还，回到了临安府。此后陆游又曾分别出任提举福建路与江西路的常平茶盐公事。到淳熙七年（1180）十一月，宋廷将其召回，但因谏官弹劾，陆游就回到了山阴故里。按宋朝的惯例，卸任官员在一定时间内可以挂名担任主管某个道观的祠官，称为"奉祠"。淳熙九年（1182）宋廷提拔陆游的官阶为朝奉大夫，让他担任"主管成都府玉局观"，实际上他仍然闲居乡里，只是可以请领一份祠官的俸禄。

四年后，宋廷再次召回陆游，先是命他出知严州（今浙江建德），后又到临安府任军器少监、礼部郎中。到淳熙十六年（1189）十二月，又被人弹劾，罢官返里。第二年除中奉大夫，提举建宁府（今福建建瓯）武夷山冲祐观。

一直到嘉泰二年（1202）六月，朝廷又一次召陆游回临安府，任秘书监，负责编修国史。这时他已经是七十八岁的老人了。第二年四月，陆游向朝廷奉上编修完成的《孝宗实录》五百卷、《光宗实录》一百卷，请求致仕回乡。从此，一直到嘉定三年（1210

八十六岁那一年去世，陆游再未离开山阴农村。

总之，从三十四岁出仕到八十六岁去世的五十二年间，陆游仕少闲多，总计在外任职不到二十二年，先后出任近十任地方官，最重要是在川蜀的八年，因此他以"渭南"为自己文集之名，"剑南"为诗集之名。他还三次到行都临安府的朝廷中任职，主要是数次充任史官。陆游对此也是颇为得意的，所以在临去世前不久还专门写下《残菊》一诗，自诩"我是三朝旧史官"。[1]除去游宦在外的时间，他就长期在山阴乡村闲居。嘉泰二年，陆游有《自嘲》一诗，说自己"平生扬历半宫祠"。注文称："予仕官几五十年矣，历崇道、玉局、武夷，今又忝佑神之命。"[2]这"仕官几五十年"之中，在家闲居领宫祠近三十年。如果再加上出仕前的时间，他在山阴农村生活了近六十年。

相对而言，陆游存世的作品，属于散文的那部分以表、笺、启、帖、铭、赞等礼仪性文字为多，奏、札、记、文、书、信等纪实性文字略少。纪实性文字之所存留至今的，也大多数是讨论国家政事与文人间应酬往来的文字，较少反映乡间日常生活。只有《家世旧闻》《放翁家训》等笔记稍可参考。除此之外，陆游对南宋时期浙东农村细致的观察，就都反映在他那些存世的海量诗作中了。可以说，加上早年未出仕前的作品，他的海量诗文作品中大约有六七成是与家乡农村生活有关的。

本书的叙述之所以可能，另一个重要原因还在于陆游诗集

---

[1]《诗稿》卷八五，嘉定二年冬，第8册，第4525页。

[2]《诗稿》卷五二《自嘲》，嘉泰二年冬，临安，第6册，第3089页。

《剑南诗稿》的编纂工作做得相当完善。《诗稿》的前二十卷是陆游在知严州任上亲自删定印行的，后六十五卷由他的长子陆子虡（1148—1223）在其去世十年后最后编定，但陆游生前也曾一一"亲加校定"[1]，两部分合起来共八十五卷。因此巨量诗篇的编次相当清晰与准确，再加上历年来有关学者的辛勤而有成效的研究工作，不仅使得几乎每一首诗的创作时间与地点都已基本明确，为将它们引为史学研究的资料提供了必要的前提，而且关于陆游生平、文学思想、艺术风格等各方面内容，也都已有相当丰富的学术史积累。只有在前人这些研究的基础之上，我们才有可能着手去探索陆游的"乡村世界"。

所谓陆游的"乡村世界"，就是试图通过集中解读陆游的诗文，借陆游的目光来观察南宋时期浙东地区的农村社会。

三

不过，陆游心目中的乡村世界，与我们试图探寻的目标仍存在明显的落差。

首先，诗由心发，诗词并非纪实文体，由诗句所描绘的乡村与现实世界之间必然有不可忽视的距离。如何透过文人诗意的夸张与遐想，去发掘出可资利用的历史信息，进而将其拼凑成一幅幅鲜活的历史场景，绝非一件轻松的工作。可贵的是，陆游的诗词创作具有某种写实的特点。有学者认为，"可以说陆游几乎是

---

[1]（宋）陆子虡：《剑南诗稿江州刊本陆子虡跋》，《诗稿》第 8 册，第 4545 页。

以写日记的方式在写诗"[1]，这就更为我们的解读工作提供了某种可能。

其次，我们根据陆游的诗文了解他心目中的"乡村世界"，不免是折射的与片面的。一位闲居乡间的官宦人士，他所关心的方方面面以及与其所交往接触的人与物，最后吟咏而书者，其主题选择必有其主观性，其观察必有其片面性。换句话说，陆游的乡村生活与一般的农民之间，无论在生活方式还是个人立场等各方面，都会有明显的不同。所以，他所记述的只不过是当时乡村基层社会的片面一角，不可能是全貌。难能可贵的是，陆游本人对自己与一般农民之间生活的差别有着相当清醒的认识，他曾经自愧："民穷丰岁或无食，此事昔闻今见之。吾侪饭饱更念肉，不待人嘲应自知。"[2]事实上，他确实写下了大量反映当时一般乡村生活，尤其是贫民生活困苦的诗篇，他的这种近乎有意识的"纠偏"，使得我们的讨论更具可行性。总之，"陆游的乡村世界"大概只能是历史记忆瓦砾堆中几块相对成形、略呈光泽的碎片。不过，吉光片羽，弥足珍贵。

乡村生活丰富多彩，乡居社会阶层复杂，闲休官宦散居于乡

---

[1] 林岩：《晚年陆游的乡居与自我意识——兼及南宋"退居型士大夫"的提出》，第131页，载中国陆游研究会、绍兴市陆游研究会主编《陆游与南宋社会——纪念陆游诞辰890周年国际学术研讨会论文集》，中国社会科学出版社2017年版，第94—134页。林岩还有注释文字做出说明："对于这一点认识，我本以为是自己的独得之秘，但后来发现日本学者吉川幸次郎早已指出这点。[日]吉川幸次郎著，李庆等译：《宋元明诗概说》，中州古籍出版社1999年版，第118页。"

[2]《诗稿》卷三八《午饭》（第二首），庆元四年冬，第5册，第2445页。

里，宋人多称之为寓公，他们本身即构成了当时乡村社会的一个重要阶层，值得关注。学术界此前讨论宋代乡村权势人物的社会角色，有人将其归纳为豪横与长者两种形象，当然这样的归纳不过是后人在历史观察中所做的概念式梳理，现实生活中，人们的性格往往有其多面性与复杂性。[1]陆游当然属于长者。此外，学者们更多关注的还在于乡村社会如何具体运作，以及如何从宋代乡村权势人物的活动中去分析后世缙绅阶层的形成过程等问题。可惜后人视野中这些重要的议题，能够在陆游的诗作中得到"回应"的却极少。大致来讲，关于南宋时期的浙东农村，陆游"乡村世界"的个案可能比较集中地提供了三个方面的信息：其一，浙东乡村一个中上水平乡居寓公的生活范本；其二，关于士人在乡村的社会角色的某些侧面；其三，由陆游所感知与描述的当时农村基层社会的一些其他生活场景。

这本小册子就试图主要从这三个方面略做试探。其结果，估计也只能给出一些孤立的白描性质的历史画面，无法达到经过一定量的、相互间存在有机联系的个案研究的积累，并经抽象归纳，最终达到描绘出整体的"宋代农村"画面的目的。如果能够以历史叙述的立场，在一定程度上为我们想象"宋代农村"提供几个可以依凭的支点，本书的目的也就算是达到了。

---

[1] 梁庚尧：《豪横与长者：南宋官户与士人居乡的两种形象》，《南宋的农村经济》下册，联经出版事业公司1984年版，第474—536页。

《秩序之间：唐宋法典与制度研究》前言

戴建国

社会秩序通常可区分为政治秩序、经济秩序和生活秩序等，法律规范则是维持社会秩序最具威权性的工具之一。数千年绵延不断的中国法律发展史，铸就了深厚而宏阔的法律传统。

唐中叶以降，从政治制度、经济关系到社会结构都发生了一系列重要变化，研究这一时期法律的制定和传承演变，探讨社会制度的变化，对于进一步揭示中国社会发展的内在规律，无疑有着重要意义和作用。

本书结构分上、中、下三篇，共十四章。

上篇为《天圣令》与唐令复原研究。陈寅恪先生曾云："一时代之学术必有其新材料与新问题，取用此材料，以研求问题，则为此时代学术之新潮流。"[1]宋仁宗天圣七年（1029）纂修的《天圣令》，作为唯一传世的唐宋时期的一部令典，长期以来湮没无

---

[1] 陈寅恪：《陈垣敦煌劫余录序》,《金明馆丛稿二编》, 上海古籍出版社 1980 年版，第 236 页。

闻，自 1999 年在宁波天一阁被发现披露后，引发了国内外学术界的热烈反响。《天圣令》是在唐令基础上吸收宋代新制修改而成的，此令典分前后两个部分，前半部分载宋代行用之令，后半部分附录弃而不用的唐令，保存了大量唐、宋令的原貌，弥足珍贵。《天圣令》对于唐令研究，对于唐宋史乃至中国法制史研究，对于日本古代律令的研究，都有着极为重要的价值。

本书探讨了现存《天圣令》文本的来源和《天圣令》的修纂方式，依据《天圣令》在行的宋令，参考日本《养老令》以及唐宋文献，对唐代的《田令》《赋役令》《捕亡令》《杂令》分别作了复原尝试，并对与《田令》《赋役令》《捕亡令》《杂令》相关的一系列问题和国家制度进行了深入研究。本书力图突破囿于断代史研究而造成的限制，上溯唐代，探讨北宋与唐的历史传承性，揭示这一时期发生在法律这一上层领域内的变化。对于《天圣令》所反映的制度，应该考虑到传世的唐令制定于唐前期，在唐后期并没有什么实质性的修改。因此唐令规定的条文，反映的是唐前期实施的制度，而到唐后期法制已发生很多实际变化。例如唐后期大中七年（853）制定的折杖新规，在传世的唐令里根本找不到蛛丝马迹。宋代的新制应该说是从唐后期经过五代的演变逐渐形成的。脱离了这个背景，直接参照唐令来理解《天圣令》很容易产生歧义。

宋代法律源流可以上溯唐代的律、令、格、式，宋代的法律体系与唐代的律令体系一脉相承。《天圣令》规定的法令是北宋时期政治经济生活的集中体现，反映了当时的物质关系和社会关系。宋初法律多沿用唐令，宋代文献载曰："国初用唐律令格、式。"[1] 如果说北宋初期，唐代的旧令勉强还能应付统治需要，那么此后随着宋代社会的发展，沿用的唐代旧令已不能满足社会需求。宋仁宗即位后，命人撰修新令，制定成《天圣令》，这是宋代真正意义上的第一部普通法令典。《天圣令》颁布后，至元丰七年（1084）宋修订了第二部令典——《元丰令》。《天圣令》上承唐令，下启《元丰令》，"其重要性，在于从法制上正式全面宣告终结唐制，并在唐制基础上重新建立宋制，具有承先启后作用"[2]。自其文本刊布以来，受到广泛关注，学界研究至今仍方兴未艾，显示了其所蕴含的重要价值。

本书的中篇探讨了唐宋律令制法律体系的传承流变。所谓"律令制"法律，是指主要由律、令、格、式组成的法律体系，是中华法系成熟的标志。"律以正刑定罪，令以设范立制，格以禁违正邪，式以轨物程事"[3]。唐代法律体系中，"律"和"令"是最具代表性的国家法，被国际学术界誉为"东方法制史枢轴"，对当时和后来的中国社会以及周边国家产生过深远影响。

"一切历史都是当代史"，从中国法律发展史来看，统治阶级的法律总是以当代法为核心，这是中国古代法律传统的一个实质

---

[1]《宋会要辑稿》刑法一之一，上海古籍出版社 2014 年版，第 14 册，第 8211 页。

[2] 高明士：《〈天圣令〉的发现及其历史意义》（上），台湾师范大学历史系、中国法制史学会、唐律研究会主编《新史料·新观点·新视角：〈天圣令论集〉》，台北元照出版社 2011 年版，第 25 页。该文经修改收入高明士：《律法与天下法》，台北五南图书出版股份有限公司 2012 年版，第 304—309 页。

[3]（唐）李林甫等：《唐六典》卷六"刑部郎中员外郎"条，中华书局 1992 年版，第 185 页。

性的问题。而当代法通常都是以皇帝诏敕为法源而修成的。由于中国传统社会专制集权的特点，当代法高于历史积淀而成的法，具有优先适用的法律效力。这一法律价值取向在唐代是如此，在宋代亦不例外。

唐后期，统治集团为适应社会发生的重大变化，直接将皇帝诏敕修纂成法典——格后敕，先前的律、令、格、式法典体系不再予以整体修订，而是用格后敕来进行补充修正。格后敕的法律效力优于律、令格、式等常法，遂成为唐后期加强专制皇权统治的有力工具，被广泛适用。进入宋代以后，修纂编敕成为国家最主要的立法活动。史载：宋神宗"励精为治，议置局修敕。盖谓律不足以周尽事情，凡邦国沿革之政与人之为恶入于罪戾而律所不载者，一断以敕，乃更其目曰敕、令、格、式，而律存乎敕之外"[1]。元丰七年立法将原先编敕中单一的敕的法律形式分修为敕、令、格、式四种形式，"丽刑名轻重者皆为敕"[2]。标志着宋代法律体系经过北宋前期的发展，已摆脱唐代法律体系的约束，在律之外，宋正式形成自己的独立完整的敕、令、格、式法律体系。敕与律并行，敕并没有取代律，敕是律在宋代社会的补充和发展，并具有优于律的效力。朱熹云："今世断狱，只是敕，敕中无，方

---

[1]（元）马端临：《文献通考》卷一六七《刑考》，中华书局2011年版，第5012页。

[2]（宋）李焘：《续资治通鉴长编》（以下简称《续资治通鉴长编》）卷三四四"元丰七年三月乙巳"条注，中华书局1992年版，第8254页。

用律。"[1]为此作了最好的诠释。

法律体系的多元结构是宋代立法的一大特色，除了普通法之外，宋还制定有庞杂的特别法。自唐中叶以降，随着社会的变化，三省制逐渐向中书门下体制转化，新的使职差遣制成为行政主体。使职体系的发展对律令格式规定的职官体系造成了冲击。原先以式的法律形式规定的制度，明显滞后于社会发展。进入北宋后，在一段时期内这种状况依然如故。直到元丰修《敕令格式》，明确实行宋初以来逐渐形成的普通法与特别法分修的原则。分修的目的在于"便于典掌，不使混淆"，即职在有司，便于法律的实施执行。特别法与普通法的分开编纂，方便了法官检法，降低了司法成本，有利于提高法律效力。在新的多元法律体系构建中，宋保留沿用了原先格、式的外壳，将新的内涵注入其中，例如唐式这一细则性法典兼普通法法典经改造后，一部分被吸纳入宋普通法，一部分收入特别法。

本书围绕两部法律文本《庆元条法事类》《至元杂令》，探讨了唐宋律令体系的传承演变及其式微问题。并以唐宋专卖法为视角，论述了唐中期以降"敕"的崛起，揭示律令体系的具体演变过程，梳理了宋代经济发展与立法之间的互动关系。

唐王朝在府兵制瓦解后，为适应募兵制度，不得不借助于榷盐、榷酒制，以解决军费开支问题。禁榷收入给唐政府提供了丰厚的财源，这是唐后期以降社会变化的一大表征。宋政权建立后，

---

[1] （宋）黎靖德编：《朱子语类》卷一二八《法制》，《朱子全书》第18册，上海古籍出版社2002年版，第3080页。

大刀阔斧加强中央专制集权，改革兵制，扩充兵员，军费的巨额开支迫使宋政权不断扩大财源，导致专卖法收入在财政中所占比重日益增长。伴随着专卖法的逐步实施，宋代制定和实施了一套严厉的榷禁法律，以保证和巩固财政收入。宋在继承唐律的基础上，合理地沿用了唐后期以来格后敕的形式，适时地根据变化了的社会制度作了立法上的调整，律令制由此发生了诸多变化。宋代将专卖法收入《卫禁敕》，将专卖法视为与保卫皇帝及其陵庙安全同等重要的第一要务，关乎国家政权稳定的首要大法。专卖法的实施与法律的互动改革是唐宋社会变迁时期影响深远的举措。宋代将榷禁的法条纳入以"敬上防非"为宗旨的"卫禁"刑法体系，其立法意义是深远的。宋代专卖法入《卫禁敕》，从一个侧面充分体现了宋代敕的功能和作用。

元代《事林广记》所载《至元杂令》是书商编撰元前期在行法令和制度规范的产物，深刻反映了元前期制定的法律规范已与唐宋律令制法律体系分道扬镳而有所区别，从一个侧面标志着后"律令制"时代的开启。

本书下篇研究的聚焦点是宋代朝廷和地方的政治经济制度，围绕宋代社会四个领域的问题从不同的视角探讨了构建和维护宋代社会秩序的内在因素，以及促进社会经济关系发展的内在动力。

通过对宋神宗时期五起重大案件审理的解剖，本书考察了案件审理过程所折射出的宋代法制理念以及法律实施后的社会效果，探讨法律是如何为专制统治服务的。神宗为实行变法，推行政令，强化了君主专制体制，防官员结成利益集团，凡有嫌疑，即设立诏狱，行使独立的司法审讯权，务必厘清事实，严加惩处，防微杜渐，将危害皇权的行为消灭在萌芽之中。即使是面对礼优大臣的祖制，也在所不顾，毕竟"关防"重于一切。熙丰时期这一变化，归根结底，乃社会发展的结果导致宋代治国方针政策的调整。

在宋代基层社会活跃着一批法律人，他们包括讼师、私名贴书、茶食人、停保人和书铺户。"讼师"在中国历史上作为一个正式的职业称谓，出现于南宋后期，有着鲜明的时代背景。宋代土地买卖盛行，租佃制和雇佣制普遍确立，社会流动加剧，经济活动极为活跃，然而这些经济活动，离不开维护社会秩序的保障体系的建立，这种保障既需要有国家强制力的维护，也要有民间社会力量的支撑。讼师这一群体正是在此历史背景下，于宋代率先登场。讼师对于宋代地方社会秩序的维护，从某种程度上说起到了积极作用，这一群体的发展衍生对后世社会产生了重要影响。对基层社会法律人群体进行深入研究，是一项很有学术价值的课题。

户口、赋税和徭役管理，是宋王朝命脉所系，簿帐则是赋役征差的基本依据，是宋政府日常借以管理经济事务的重要工具。《天圣令·赋役令》载："诸县令须亲知所部富贫、丁中多少、人身强弱。每因外（笔者注：升）降户口，即作五等定簿，连署印记。若遭灾蝗旱涝之处，任随贫富为等级。差科、赋役，皆据此簿。凡差科，先富强，后贫弱；先多丁，后少丁。……其赋役轻重、送纳远近，皆依此以为等差，豫为次第，务令均济。簿定以后，依次差科。若有增减，随即注记。"[1]法令对簿帐的撰造和管理作了最基本的制度规定。本书围绕宋代户口统计和赋役征差对宋代簿帐制度所作的研究，正是基于此法令规定的制度展开的。

中唐以后，随着均田制、租庸调、府兵制的瓦解，土地买卖限制的放开，唐代原先实行的单一户籍制逐步被淘汰。入宋以后，朝廷实行以土地课税为主的原则，建立了以五等丁产簿、丁籍丁帐制和税租簿帐为核心的簿帐制度。宋政府加强了对土地资产流动的监管，为防止田地交易后产去税存、脱漏税租等现象的发生，各种监管簿籍应运而生，簿帐制度周密而繁杂，这是宋代与唐代籍帐制度的一个显著区别。

研究宋代户口统计簿帐制度，应考虑户籍制的历史继承性，重视唐五代制度的渊源及其对宋代户籍制度的影响。同时，又注重历史的发展变化。宋代客户的人身依附关系已大为减弱，是国家的编户齐民，在户籍管理上有自己独立的专属户籍。五等分户制从宋政权建立之初，就作为宋代主户的户籍制度开始实施了。丁籍是地方州县催科征税的依据簿书，上报户部的丁帐只统计户数及成丁数，是全国每年户口统计数据最基本的来源，县造税租簿是一种预算性质的文书，税租帐则是汇总统计帐。

本书充分利用新发现的宋代法典《天圣令》，对宋代户口统计簿帐制度作了系统和深入的论证，以五等丁产簿、丁帐和税租簿帐三种宋代最具代表性的簿帐为主要研究对象，关注时代变迁背

---

[1] 天一阁博物馆、中国社会科学院历史研究所天圣令整理课题组校证：《天一阁藏明抄本天圣令校证：附唐令复原研究》，中华书局 2006 年版，第 390 页。

景及唐五代制度对宋制的影响。对宋代簿帐制度研究涉及的五等丁产簿始设年代、丁帐始设年代、客户与丁籍的关系、上报户部的丁帐统计对象、非闰年期间公布的主客户数据来源、税租帐的申报制度等系列问题一一作了详尽细致的考述。

入宋以后，较之以往流行更盛的典权制和租佃制发育衍生出来的多种土地产权形态，引人注目。宋朝是典权制成熟的时期，土地出典成为普遍流行的土地交易方式之一，促进了土地的流通和产权的进一步分化。由于人口增长的压力，各种形式的经营方式被创造出来，土地利用率大幅提高。宋代围绕土地产权形成了多层关系，除了地主与佃户关系外，还存在地主与"二地主"的关系、出典人与典买人的关系、第一典买人与转典买人的关系、典买人与佃户的关系、佃户与耕种户的关系等等。本书从三个方面对宋代民田买卖涉及的典权制度作了深入探讨：一是宋代土地产权权能的分离和交易方式的衍化；二是民田典卖与户口登记制度下的一元制产权形态；三是民田典卖方式的形成及其历史意义。本书在前人研究的基础上，就学界争论的宋代典权关系下的"一田两主制"问题提出新的看法，土地使用权不仅可以转让，还可出卖，业主如将田根出卖给第三方，原先的典卖关系并不因业主的更换而失效。宋代土地流通领域里存在着"一田两主制"产权形态，而在国家户口登记制度中，为了降低社会管理成本，实施的却是一田一主制。本书从传世的司法判决文书入手，结合稀见的石刻资料、契约的解读，将其放入唐宋变迁社会背景下，深入挖掘其中蕴含的重大信息，分析民田典卖方式的形成及其对传统社会经济发展所起的积极作用。

两宋买卖、借贷、雇佣、租佃关系十分发达，契约制度成熟而完备，各种类型的契约被广泛运用于市场和政府管理，成为宋代社会经济得以有效运转而不可或缺的滑润剂。然而传世的契约文书却少得极为可怜。事物有源起，也有流变。我们俯瞰、认知某段历史，有时需要溯源，知其来龙；有时需要探流，知其去脉。一项制度能发展延续下去，必定有其内在原因和适应其生长的历史条件。我们既可向上通过揭橥来者，将研究视角上溯至唐五代，通过解析唐以来制度变化的轨迹，研究宋史；也可通过向下追踪其后世流变，借鉴元明清学界成果，解读元明清时期的契约文献。通过对宋以后历史的观察，探寻有关制度的演绎足迹，弄清宋之后的制度流变，再反顾宋代的"本源"。关注某项制度的长时段的历史，突破朝代界限的束缚，是制度史研究值得重视的方法。

明清时期广泛流行的对中国传统农业经济发展产生重大影响的永佃权和田底田面权，学界大都认为发轫于宋代，但因资料的匮乏及相关研究的缺失，对此起源问题，学界未有清晰的答案。本书的研究视角从宋代拓宽延伸至明清，进行长时段的贯通考察。从石刻资料、契约、诉讼判词的解读入手深入挖掘这些文献所蕴含的信息，探讨典权与田底田面权的关系及其区别，探讨两者对中国传统社会乡村经济发展的不同影响力和所起的积极作用，论述宋代土地产权形态演变的内在原因和发生过程，探讨中国古代租佃关系在宋代发生的重大变化和土地产权形态发展演变的脉络，用多方面的证据论证了宋代租佃制和典权制发育衍生出多种土地产权形态，永佃权在北宋的官田佃户中率先形成，在经济发达地区的学田租佃关系中，至迟南宋时也已产生，同时独立的田面权在官田中已清晰地出现。

本书探讨了学界长期以来未能坐实的永佃权和田底田面权起源于宋代的问题。宋代土地产权多元化的发育成长具有重要历史意义，进一步激发了产权权能所属各方的经营积极性，提升经济发展的内在动力，为此后土地产权关系的进一步演化开了先河，对明清时期的土地产权关系和中国传统社会后期乡村经济的发展都有着重要影响。

本书旨在打通唐宋断代史的隔阂，多角度地探索宋代不同领域的法制状况和国家制度实施的效果，深入认识唐宋时期中国社会发展态势，进一步揭示唐宋社会变迁呈现的多元变化。

本书所论述的文字，最早发表于 2000 年，最晚的是新近撰写的，时间跨度较长，其中《天圣令》研究的一些成果写于十多年前，我把它们整合起来的目的是想做一梳理总结。傅斯年论陈寅恪先生治学，曾云："其观点之远大而不疏忽于细目，考证之精细而不局限于枝节。"[1] 其不仅仅是论陈寅恪治学，亦是关乎学者治学之通识。此通识正是本书所要遵循并努力去实践的。虽不能至，然心向往之。

---

[1] 胡宗刚：《陈寅恪申请奖励金逸事》，《中国社会科学报》2015 年 4 月 27 日。

《南宋宁宗朝前期政治研究》
绪论

李 超

一、选题缘起

韩侂胄自绍熙五年（1194）上台，至开禧三年（1207）被杀，前后执掌朝政十四年，这十四年堪称宁宗朝政治的前期阶段。在此期间，韩侂胄经历了一个由以外戚身份专权到以平章军国事即宰相身份专权的转变。本书的主旨即在于探讨这一转变的过程及其意义，并在这一脉络下对绍熙内禅、庆元党禁、开禧北伐等一系列在南宋历史上具有重要意义的政治事件重新加以审视，进而深化对权臣政治的认识。笔者选择这一主题主要基于两个层面的原因。

第一，权臣政治之于南宋的特殊意义。

在宋史研究中，皇权与相权的问题长期备受关注。早在20世纪初，日本学者内藤湖南就提出了具有深远影响的"唐宋变革"学说。内藤湖南认为就政治而言，唐代所实行的贵族政治经历唐末五代的过渡，至宋代已为君主独裁政治所取代。君主成为绝对权力的主体，宰相的地位不再是辅佐天子而演变成类似于皇帝的秘书官角色。[1] 这一观点在宫崎市定那里得到了进一步的发展，[2] 在学术界产生广泛影响。围绕着宋代皇权与相权孰强孰弱的问题，国内学界也进行了长期探讨。早在 1942 年，钱穆便首先提出宋代相权削弱说。[3] 无论是日本学者还是国内学者，在关于君权与相权的关系问题上皆得出了大致相似的结论——即在宋代，皇权的强化确实有确凿的事实根据。

不过，这一观点 20 世纪 80 年代中期开始受到质疑。王瑞来一反陈说，提出了宋代相权强化、皇权趋于象征化的观点，[4] 引导学界重新审视宋代的皇权与相权问题。张邦炜则在钱穆、王瑞来两人的论断之外，提出了第三种观点，即宋代的皇权与相权皆强说，强调两者之间相互依存的一面。[5] 但是，君权与相权这种简单的二元对立统一的观点，很难对两宋纷繁复杂的历史现实做出贯通的解释。不少学者都意识到了这一点，并开始寻求突破这种简单模式的

---

[1] ［日］内藤湖南著，黄约瑟译：《概括的唐宋时代观》，刘俊文主编：《日本学者研究中国史论著选译》第一卷，中华书局 1992 年版，第 10—18 页。

[2] ［日］宫崎市定著，黄约瑟译：《东洋的近世》，《日本学者研究中国史论著选译》第一卷，第 153—242 页。

[3] 钱穆：《论宋代相权》，《中国文化研究汇刊》第二卷，1942 年。

[4] 王瑞来：《论宋代相权》，《历史研究》1985 年第 2 期；《论宋代皇权》，《历史研究》1989 年第 1 期。后来作者又在《走向象征化的皇权》（朱瑞熙等主编：《宋史研究论文集》，上海人民出版社 2008 年版）和《皇权再论》（《史学集刊》2010 年第 1 期）两文中进一步申述了自己的观点。

[5] 张邦炜：《论宋代的皇权和相权》，《四川师范大学学报（社会科学版）》1994 年第 2 期。

束缚。大多数学者所选择的突破途径，是将君权与相权关系的讨论转化为对皇帝与士大夫关系的探究。他们不再将宰相看作是仅仅代表自身，而是视作整个官僚士大夫阶层的领袖。如此，相权也就不再仅仅是指制度所赋予宰相的权力，而是涵盖了整个官僚集体的权力。王瑞来在论证宋代皇权削弱的观点时，提出的一个重要论据就是士大夫阶层的崛起，认为这是导致宋代皇权降低的最根本原因。[1]张邦炜则指出："宋代的皇权和相权之所以都有所加强，在很大程度上是由于当时的士大夫阶层个体力量既小，群体力量又大。"[2]顺着这一思路，学界关于皇帝与士大夫关系的讨论逐渐增多，提出了关于宋代政治结构的新观点，即"皇帝与士大夫共治天下"。此后，有关君权与相权的讨论也多在这一结构下进行。[3]

以上学者所提出的各种有关宋代皇权与相权关系问题的论断，无不立足于整个两宋历史时期，都是希望能提出一个贯通性的解释。这就不可避免地涉及南宋时期较为普遍存在的权臣政治问题。正如余英时所说："权相是宋代最突出的政治现象之一。"[4]当然，不少学者业已对此提出了一些解释。如内藤湖南坚持宋代以后君

[1] 王瑞来：《论宋代的皇权》，《历史研究》1989 年第 1 期。

[2] 张邦炜：《论宋代的皇权和相权》，《四川师范大学学报（社会科学版）》1994 年第 2 期。

[3] 张其凡：《"皇帝与士大夫共治天下"试析——北宋政治架构探微》，《暨南学报（哲学社会科学）》2001 年第 6 期；余英时：《朱熹的历史世界——宋代士大夫政治文化的研究》，生活·读书·新知三联书店 2011 年版，第 230—249 页。

[4] 余英时：《朱熹的历史世界——宋代士大夫政治文化的研究》，生活·读书·新知三联书店 2011 年版，第 244 页。

权不断强化的观点，他说宋代"恰好处在唐和明清之间，宰相尚不至像明清一样没有权力，不过即使得到权力，达于极盛，一旦失去了天子在后面的支持，亦同样会变为匹夫一名"。[1]刘子健尽管提出了"两宋之际变革"说，但在君权问题上也认为是一脉相承、逐渐强化。他说"南宋的君权，经过高宗立国几十年的措施，比北宋更大，君主本人无能，照样可以委任权相，但并非大权旁落，因为相权是可以收回来的"。[2]张邦炜持君相之权皆强说，但并非二者并重，而是认为皇权始终高于相权，因为皇帝掌握着最终决定权和宰相任免权。他没有正面论述南宋的权相问题，只是在行文中举了史弥远拥立理宗的事例，认为史弥远的做法根本上不违背家天下的统治精神。[3]内藤湖南、刘子健和张邦炜三人的视角基本类似，都是从皇帝作为权力源头的角度来试图将南宋的君相关系纳入自身的理论框架，只是这样一来似乎就在无形中消解了南宋权相政治的特殊性。诸葛忆兵注意到了这种强求一致的弊端，故在论述中采取了折中的办法。他说："全面排比两宋史料，就能发现宋代在不同的时期或皇权和相权都得到强化；或相权过度膨胀，确实削弱了皇权，不可一概而论，但以前一种情况占主

[1] [日]内藤湖南著，黄约瑟译：《概括的唐宋时代观》，《日本学者研究中国史论著远译》第一卷，中华书局1992年版，第13页。

[2] 刘子健：《包容政治的特点》，《两宋史研究汇编》，联经出版事业公司1987年版，第61—62页。

[3] 张邦炜：《论宋代的皇权和相权》，《四川师范大学学报（社会科学版）》1994年第2期。

导地位。"[1]这后半句话当主要即是针对南宋权相问题来说的。

至于王瑞来，根据他的观点似乎能够解释权臣问题，他曾论及皇帝、宰相以及士大夫三者之间的关系，称："群臣希望由宰相为首的执政集团来主持政府机器的正常运转，一切权力归政府，而一切号令又是以皇帝的名义发出。"[2]此论有一定根据，南宋时期不少士人，尤其是理学士人，确实有不少要求限制君权、恢复宰相权力的言论。但在权臣执政时期，他们对权臣专权的批判，也同样激烈。余英时则从两宋政治变化的内在脉络来观察南宋权臣政治的出现，将其根源回溯至熙丰变法，认为是王安石为推行变法积极寻求非常相权，导致了相权扩张，为神宗以后至于南宋时期的权相政治打开了道路。[3]但是，王安石的扩张相权只是为后来的宰相提供了种种集权手段，并不必然导致权臣出现。

既有的研究成果多聚焦于权臣政治的性质问题，观察其是否与现有的关于宋代君相关系的理论模式相抵触，这无疑有助于认识权臣政治。然而，在这些研究中，论者往往倾向于将南宋不同时期出现的权臣政治视作无差别的同质性政治，注重的是其中所表现出来的共通性，而对相互间的差异，对权臣政治在不同的历史背景下所发挥的不同作用，尚缺乏足够重视。虞云国在其《南宋行暮：宋光宗宋宁宗时代》一书的序言中指出："权相政治关系

---

[1] 诸葛忆兵：《宋代宰辅制度研究》，中国社会科学出版社2000年版，第48页。

[2] 王瑞来：《皇权再论》，《史学集刊》2010年第1期。

[3] 余英时：《朱熹的历史世界——宋代士大夫政治文化的研究》，生活·读书·新知三联书店2011年版，第230—249页。

到南宋政治结构、朝政运作乃至有关时段历史实相等诸多问题，而所谓四大权相，就其个人品性、专权手段、危害程度与历史影响而言，也人各其面而并不相同的。"[1]这里所谓"四大权相"即指秦桧、韩侂胄、史弥远、贾似道。因此，对南宋主要权臣进行个案式的考察将具有重要意义，只有在这种个案式考察的基础上，在对不同权臣政治进行充分比较分析的基础上，才能深入认识权臣政治之于南宋的现实意义，进而方能为整体把握南宋权臣政治奠定坚实基础。

第二，韩侂胄专权的特殊地位。

近年来，有鉴于当下学界对南宋后期历史研究的不足，黄宽重提出了"嘉定现象"的研究议题，意图"透过对这一时期重大政经文化议题，作统整性的探讨，填补既有研究之不足，并从新的视角重新评价这一时期的学术意义，进而掌握由宋入元的政治变动，对江南士人及社会文化的发展与影响"[2]。黄先生将此一议题的考察基点放在史弥远当政的嘉定年间（1208—1224），同时向前后延伸，向上可至宁宗即位，向下则至理宗亲政。[3]这就意味着，该议题所包含的范围基本上就是韩侂胄与史弥远两个权臣当政的整个历史时期。这已然揭示出包括韩侂胄当权时期在内的这四十年时间对于南宋政治发展的重要性。而韩侂胄当政的十四年

---

[1] 虞云国：《南宋行暮：宋光宗宋宁宗时代》新版自序，上海人民出版社2018年版，第15页。

[2] 黄宽重：《"嘉定现象"的研究议题与资料》，《中国史研究》2013年第2期。

[3] 黄宽重：《"嘉定现象"的研究议题与资料》，《中国史研究》2013年第2期。

更是处于南宋由盛而衰的转折时期。这从当下对于南宋政治史的分期中就可看到。

张其凡认为："贯穿南宋政治的主线，则是生死存亡之争。"他以嘉定元年（1208）为界，将南宋政治史划分为前后两期，之前为宋金战争时期，之后则为宋蒙（元）战争时期。[1]寺地遵则转而根据南宋政治发展的内在脉络，提出一种新的划分方式。他将宋高宗一朝作为南宋历史的初期，而将孝宗乾道（1165—1173）、淳熙（1174—1189）以至开禧（1205—1207）大约四十年的时间视作是南宋政治史的中期，也是南宋最盛期。[2]言下之意，此后至于宋亡则为晚期。这两种不同的分期方式，实际上代表了对南宋政治史的不同定位，前者将对外和战视作南宋政治的核心问题，而后者则显然淡化了和战对政治的影响力。不过，无论哪一种划分方式，都将嘉定元年视为一个重要的分界线。这也就意味着，韩侂胄当权的十四年恰好处于两个阶段的交接处，是南宋由前期或者中期的强盛期逐渐走向衰亡的转折阶段。在此期间发生的由韩侂胄所主导的庆元党禁、开禧北伐等突出的政治事件，对与南宋政治密切关联的道学兴起、宋金关系演变等重大问题都具有标志性的意义。这些事件的出现，既是南宋前期政治发展的结果，又深刻影响了此后的政治走向。

此外，在南宋的四位最主要的权臣中，韩侂胄的专权较之其

---

[1] 张其凡：《试论宋代政治史的分期》，邓广铭、王云海等主编：《宋史研究论文集》，河南大学出版社1993年版，第354—370页。

[2] ［日］寺地遵著，刘静贞、李今芸译：《南宋初期政治史研究》序章，复旦大学出版社2016年版，第16—17页。

他几位权臣又存在不小的差异。日本学者小林晃指出，韩侂胄在专权的绝大部分时间内，都是以侧近武臣的身份来垄断政治，这与秦桧、史弥远等以进士出身的宰相的专权存在着性质上的不同。前者是孝宗以来皇帝独裁政治模式下的产物，而后者则属于宰相专政。[1]这种论断是否正确姑且不论，但它却揭示出韩侂胄专权本身所具有的特殊性，也赋予了韩侂胄专权向史弥远专权转变以新的意义，而这一切又与南宋政治的深层结构密切相关。因此，探究韩侂胄当权时期的政治，对于理解南宋政治史将具有关键性的意义。

但是，对于韩侂胄及其当权时期政治的研究，无论从数量上还是质量上都并不充分。由于对南宋时期相关史料的批判性研究还不十分充分，以及现有研究方法上的不足，使得这一时期的许多重要政治事件还有进一步探讨的空间。有鉴于此，笔者选择以韩侂胄当权的宁宗朝前期政治作为主要考察对象，针对与韩侂胄密切相关的绍熙内禅、庆元党禁、开禧北伐等一系列重要政治事件进行分析，既注重这些事件本身的发展过程，又注重其内在的深层联系，进而透过这些事件来探察韩侂胄专权的内在结构及其发展演变之脉络，最终希望能借此深化对于权臣政治以及南宋政治发展的理解。

---

[1] ［日］小林晃：《南宋宁宗时期史弥远政权的成立及其意义》，邓小南等主编《宋史研究论文集（2012）》，河南大学出版社2014年版，第130—140页。

二、研究回顾

权臣政治的长期存在是南宋一朝突出的政治现象，早在 20 世纪 70 年代就已有学者专门就此问题展开论述。时至今日已积累了不少研究成果。总体来看，这些研究大致可划分为两个层次：一是对权臣政治的整体探讨；二是对特定权臣及其主导下之朝政的研究。下面就从这两个方面来对相关研究进行梳理。

（一）对权臣政治的整体探讨

宋史学界最早关注南宋权相问题的是林天蔚，他从制度层面分析了宋代权相出现的原因，认为主要是五种因素所致：独相者多；继世为相及再相者众；加"平章军国事"衔，位于宰相之上；宰相兼枢密使；宰相兼制国用使。另，将南宋较北宋更为衰弱不振的原因之一归咎为权相频现。[1]

但是，制度并不会平白无故地发生变化，还须要在制度背后寻求更深层次的原因。屈超立通过对贾似道的研究，指出"南宋权相政治的形成。首先与当时的政治局势及因之而发生的宰相制度的变化关系最为密切"。他认为，北宋时期政、军、财三权分立的体制已然不能应付新的时局，需要实行三权合一的体制，以提高政府的行政、军事效能。同时，外部的威胁导致武将势力增强，

---

[1] 林天蔚：《宋代权相形成之分析》，《宋史研究集》第八辑，台北编译馆 1976 年版，第 141—170 页，原刊于《思与言》1973 年第十卷第五期。

君主需要增强以宰相为首的文臣的力量，以控驭武将。[1]田志光与苗书梅基本秉持了屈超立的观点，认为外部局势的威胁以及朝廷内部矛盾的尖锐，需要强有力的中央集权来应对挑战。[2]近来张邦炜亦撰文指出："南宋相权复振、权臣叠现，其深层原因分明在于战时状态，亟需军政协同、快速应对，民政、兵政、财政三权分割无法适应战时需要。"[3]

虞云国在某种程度上将权相出现的原因归结为君主的失误。[4]近来他又撰文发挥了余英时的观点，指出宋神宗为厉行变法赋予王安石以"非常相权"，使得君主政体从由皇帝与士大夫官僚共同主政的"中央控制模式"逐渐滑向了由皇帝与宰相独裁的"宫廷的集权模式"。至南宋初期，在高宗的推动下，专制君权空前膨胀，最终形成了"独裁模式"。南宋权臣的专权实际上都是这种"独裁模式"在君主官僚政体下的轮回搬演。[5]魏志江认为后妃干政与南宋权相政治出现之间存在密切关系，指出南宋的四位主要

---

[1] 屈超立：《从贾似道专权看南宋权相政治形成的原因》，四川大学古籍整理研究所、四川大学宋代文化研究资料中心编：《宋代文化研究》（第四辑），四川大学出版社 1994 年版，第 102—128 页。

[2] 田志光、苗书梅：《南宋相权扩张的若干路径论略》，《北方论丛》2012 年第3 期。

[3] 张邦炜：《战时状态与南宋社会述略》，《西北师大学报（社会科学版）》2014年第 1 期。

[4] 虞云国：《宋代台谏制度研究》（增订本），上海人民出版社 2021 年版，第167 页；虞云国：《宋代台谏系统的破坏与君权相权之关系》，《学术月刊》1995 年第 11 期。

[5] 虞云国：《王安石的"非常相权"与其后的异变》，《商丘师范学院学报》2014 年第 4 期。

权相中，除秦桧外，韩侂胄、史弥远和贾似道的专权，都与后妃干政有着不解之缘。[1]贾玉英则探讨了台谏与权臣当政的关联，权臣利用各种手段控制台谏，使之由牵制宰相巩固君主专制的卫士，变成了权臣当政的工具。[2]

这些研究多着眼于整个南宋权臣政治，侧重于对权臣政治出现原因的探讨，皆有其道理，如从南宋所面临的特殊局势来分析权臣频现的原因，就有助于从正面看待权臣在南宋政治中所发挥的积极作用，较之宋人的一味批判自是有了更深的认识。

（二）对宁宗朝前期政治的研究

宁宗朝前期主要就是韩侂胄当政的时期。南宋一朝权臣众多，但最重要的即秦桧、韩侂胄、史弥远和贾似道，他们皆曾长期执政，对当时的政治发展产生了重要影响。学界对于他们的关注也相对较多。本书研究的对象主要为韩侂胄，这里将与韩侂胄相关的研究作为重点，对于其他几位权臣则仅挑选部分对本书写作有重要参考价值的论著加以介绍。

高宗朝的秦桧是南宋第一位权相，受到的关注也最多，已有不少研究论著，其中最值得一提的是寺地遵的《南宋初期政治史研究》，作者运用其所提出的"政治过程论"的研究方法，细致分析了高宗一朝政治的发展演变，对秦桧专制体制的建立与变迁直

---

[1] 魏志江：《论宋代后妃》，《扬州师范学院学报（社会科学版）》1994年第1期。

[2] 贾玉英：《台谏与宋代权臣当政》，《河南大学学报（社会科学版）》1996年第3期。

至最终完结的整个过程进行了详尽探讨。[1]笔者在撰写过程中，对该书的研究方法多有借鉴。20 世纪 80 年代，美国学者戴仁柱对四明史氏家族进行了系统研究，史弥远作为四明史氏最重要的代表人物，受到了格外关注，作者力图消除史书记载中对史弥远的偏见，希望以客观的态度重新评价史弥远。[2]近年对史弥远的研究明显增多，出现了数篇以之为题的硕士论文，其中廖建凯的硕士论文将史弥远当政的整个历史时期作为考察对象，以史弥远的施政为主轴，以其决策过程与行事风格为研究中心，具体分析了其在内政外交等各个方面的作为，希图对史弥远的"久相专权"给予一个合理的解释。[3]该文的长处在于作者有意跳出宋人对史弥远的认识，摆脱忠奸之辨的浅薄、片面评价，在具体的政治局势中观察史弥远的种种行为。作为南宋最后一位权相的贾似道，陈正庭在《贾似道与晚宋政局研究》一文中，通过对皇权、清流派官僚以及宰相体系之间交互关系的考察，从政局内部的权力结构对晚宋政局进行了重新解释。[4]张春晓《贾似道及其文学交游研究》一书通过梳理贾似道的历史功过、政治举措之于四学及其形象之于文学接受，由点及面，由历史原型到文学嬗变，较为全面地呈

[1] ［日］寺地遵著，刘静贞、李今芸译：《南宋初期政治史研究》，复旦大学出版社 2016 年版。

[2] ［美］戴仁柱著，刘广丰、惠冬译：《丞相世家——南宋四明史氏家族研究》第四章《春华秋盛》，中华书局 2014 年版，第 95—154 页。

[3] 廖建凯：《权相秉国——史弥远掌政下之南宋政局》，台湾师范大学硕士学位论文，2013 年。

[4] 陈正庭：《贾似道与晚宋政局研究》，台湾中兴大学历史学研究所硕士学位论文，2009 年。

现出了贾似道的历史文学面貌。[1]这些研究成果，不仅为全面理解南宋的权相政治、比较不同权相之间的异同提供了便利，同时也提供了写作方法上的参考。

对于韩侂胄及其当政时期政治的研究，在20世纪90年代以前中国大陆学界主要都是围绕着对韩侂胄个人是非功过的论定展开。对人物的评价自然离不开对其一生所作所为的观察，故而韩侂胄当权期间所主导的两个重要政治事件——庆元党禁和开禧北伐，亦为学者所关注。1934年，陈登原发表《韩平原评》，此为大陆第一篇专论韩侂胄的文章，作者对韩侂胄的遭遇抱有同情，认为韩侂胄在党禁以及北伐中的作为有值得肯定之处。[2]1948年，王璞发表《论"裙带"宰相韩侂胄》，该文对韩侂胄的评述基本遵循了《宋史》等传统史书的观点，对韩侂胄予以全面否定。[3]1949年以后，唯物史观成为大陆史学界的主导思想。这直接影响到了当时的宋史研究，以朱熹为代表的理学被认定为是为封建统治阶级服务的唯心主义学说而遭到否定。在这种情况下，韩侂胄针对道学发动的党禁无疑就具有了某种积极意义。对韩侂胄的评价随之发生很大变化。1957年，陈庚平撰文为韩侂胄平反。他将韩侂胄视作抗战派的领袖，将赵汝愚、朱熹视作主和派的代表，进而认为韩侂胄发动党禁乃是为清除主和派势力，以推动恢复中原的大业。韩侂胄被《宋史》列入奸臣传，是元代史官受道学偏见影

---

[1] 张春晓：《贾似道及其文学交游研究》，崇文书局2017年版。

[2] 陈登原：《韩平原评》，《金陵学报》1934年第四卷第二期。

[3] 王璞：《论"裙带"宰相韩侂胄》，《人物杂志》1948年第7期。

响的结果。[1]随后，陆成侯也对韩侂胄在党禁与北伐两事上的作为做出了全面肯定。[2]不过，华山虽同意《宋史》将韩侂胄列入奸臣传是出于道学偏见的判断，但认为党禁是由韩侂胄与赵汝愚争权而引发的反道学派与道学派之间的斗争，并指出道学派并非主和派，而是属于战守派。韩侂胄的北伐不过是借此来巩固权位，当时南宋根本不具备北伐的条件。[3]

此后，受到一系列政治变动的影响，几乎不见对于韩侂胄的专门研究。直至80年代，学界又开始针对韩侂胄的评价问题展开新一轮争论，某种程度上这可以视作是50年代争论的延续。其争论之观点大致不出三种：全面否定、全面肯定、部分肯定部分否定。全面否定的观点以郦家驹为代表，他认为庆元年间，根本就不存在一个所谓的道学家集团，党禁只不过是韩侂胄有意地"利用封建专制主义的权威，妄图从政治上压服以朱熹为代表的一种学术流派，从而达到打击他政敌的目的，以便巩固他自己的政治地位"。但党禁并没有达到预期效果。为此，韩侂胄又轻率地发动了北伐。[4]其后，张邦炜承袭了这一观点，认为韩侂胄与赵汝愚之争本质上是权力之争，党禁不过是韩侂胄清除异己的手段，北伐则出于抬高自己以稳固权位的目的。[5]

---

[1] 陈赓平：《纠正七百多年来史家对于韩侂胄的错误并揭穿当时伪道学派的罪行》，《兰州大学学报（人文科学）》1957年第1期。

[2] 陆成侯：《论韩侂胄》，《史学月刊》1958年第7期。

[3] 华山：《南宋和金朝中叶的政情和开禧北伐之役》，《史学月刊》1957年第5期。

[4] 郦家驹：《试论关于韩侂胄评价的若干问题》，《中国史研究》1981年第2期。

[5] 张邦炜：《韩侂胄平议》，《四川师范大学学报（社会科学版）》1991年第1期。

全面肯定的观点则以周梦江为代表。差不多与郦家驹同时，他发表《为韩侂胄辨诬》一文，将党禁的责任归咎于赵汝愚、朱熹对韩侂胄的排挤，并认为鉴于道学本身的消极作用，韩侂胄之反道学是正确的。在北伐之事上，认为此举符合南北方人民的要求，且当时金朝内乱，确为北伐的有利时机。韩侂胄也为北伐做了大量的准备工作，包括开放党禁以"团结各方面力量，一致对外"。[1]此后，魏光峰、王忠雄、李立功皆将韩侂胄视作主战派、将赵汝愚、朱熹视作主和派，认为党禁是主战派对主和派的胜利。[2]

吴雪涛则持部分肯定部分否定之观点。他对韩侂胄所发动的党禁与北伐两事分开加以评断，认为党禁纯属韩侂胄与赵汝愚的权力之争。他否定了将道学派视作主和派的观点，认为韩侂胄发动党禁与后来谋划北伐并无关联。对于北伐，他认为这顺应了南北人民的愿望，是符合正义的。他不认为韩侂胄此举是出于巩固权位之目的，在他看来，北伐前韩侂胄的地位业已非常稳固，完全不必冒险发动北伐。[3]冯永林基本秉承了吴雪涛的观点，认为庆元党禁是韩侂胄与赵汝愚"两个政治集团之间相互倾轧的副产品"，而对于北伐，他承认韩侂胄有其私心，但同时又认为北伐是

[1] 周梦江：《为韩侂胄辨诬》，《江淮论坛》1981年第2期。

[2] 魏光峰：《一代冤魂——韩侂胄》，《殷都学刊》1991年第1期；王忠雄：《庆元党禁与开禧北伐》，《中学历史教学参考》1996年第4期；李立功：《庆元党禁与开禧北伐》，《攀枝花大学学报》1998年第4期。

[3] 吴雪涛：《略论辛弃疾的一桩公案——兼及韩侂胄与开禧北伐》，《河北师范大学学报》1982年第1期。

有其合理性的。[1]李传印也认为韩侂胄在北伐前地位已非常稳固，其北伐的目的与张浚一样都是志在恢复。[2]

大陆学术界在很长时间内对于韩侂胄的研究还主要局限于人物史范畴，着重于对人物的是非功过进行评判。虽然其中也不乏对庆元党禁、开禧北伐等重大政治事件的论述，但都是围绕着人物评价的主题展开，缺乏对事件本身的细致、深入分析。而且，无论是对人物的研究、还是对事件的研究都未能将之放置于当时政治、社会发展的整体脉络中加以观察，许多论述仅仅停留在表面而难以深入。

不过，我国台湾、欧美等地对韩侂胄时期政治的研究，没有拘泥于对韩侂胄个人是非功过的争论。1976 年，黄俊彦以《韩侂胄与南宋中期的政局变动》为题撰写了硕士论文，这是一篇对韩侂胄时期的政治进行全面探讨的文章。作者认为南宋中期政局的变动起源于皇室内部的危机，在绍熙内禅中，围绕着定策之功的争夺，赵汝愚败于以吴太后所领导的宫廷集团，韩侂胄因血缘关系依附于这一宫廷集团，进而获得大权。赵汝愚积极援引道学中人入朝以壮大自身势力，但他对韩侂胄的排挤促使韩侂胄与反道学势力联合，进而引发了党禁。韩侂胄在巩固权位后，开始疏离反道学派，其权力结合的性质转变为私人情感为基础，形成了附和北伐恢复的主战集团。他认为韩侂胄力主北伐的原因，一方面

[1] 冯永林：《关于韩侂胄评价的几点看法》,《内蒙古大学学报（哲学社会科学版）》1983 年第 1 期。

[2] 李传印：《韩侂胄与开禧北伐》,《安庆师范学院学报（社会科学版）》2000年第 4 期。

是欲借此来建功立业，同时也是出于恢复中原的历史使命感。另一方面，金朝确实出现衰败之象，给南宋以可乘之机，韩侂胄又与杨皇后有矛盾，欲立功以自固。作者未局限于韩侂胄时期政治的本身，而是有意识地向前追溯，从一个更长时间段的历史发展脉络来对事件加以观察。[1]刘子健曾对道学在宋代的发展进行过系统论述，庆元党禁作为道学史上的重要事件也有涉及。他的基本观点是，道学中人专注于性命道德的内省之学，对政治较为冷漠，统治者对道学的利用也多是名大于实，这些道学家对于政治的影响十分有限。因此，党禁主要是韩侂胄与赵汝愚权力斗争的结果，道学因与赵汝愚关系密切而受到牵连。所谓的党争在当时是不存在的。[2]谢康伦专门就庆元党禁进行了研究，认为党禁是赵汝愚与韩侂胄激烈的权力斗争的产物。与刘子健类似，他也倾向于认为当时并不存在一个道学党派。不过，他同时又指出，道学遭党禁亦有其自身渊源，道学中人因经常抨击时政，在高宗、孝宗、光宗朝皆曾受到攻击，不为当政者所喜。他还认为，韩侂胄转向北伐，是由于韩皇后的去世使其在宫廷中的影响力遭到削弱，他希望通过北伐来争取包括道学士人在内的士大夫的支持与合作。[3]

---

[1] 黄俊彦：《韩侂胄与南宋中期的政局变动》，台湾师范大学历史研究所硕士学位论文，1976年。

[2] 刘子健：《宋末所谓道统的成立》，《两宋史研究汇编》，联经出版事业公司1987年版，原载《文史》第六辑，中华书局1979年版；刘子健著，赵冬梅译：《中国转向内在——两宋之际的文化转向》，江苏人民出版社1988年版，第141—144页。

[3] 谢康伦著，何冠环译：《论伪学之禁》，收入海格尔编、陶晋生等译：《宋史论文选集》，台北编译馆1995年版。

程志华以《学术与政治：南宋庆元党禁之研究》为题撰写了硕士论文，这是第一篇围绕庆元党禁的专题式研究。作者的研究未拘泥于宁宗朝政治本身，而是将党禁置于道学与政治交互发展的长期历史脉络下来加以观察。他指出，从微观角度来看，党禁是赵汝愚与韩侂胄政争下的产物，但若从宏观层面看，则是宋代道学与政治相互作用下的一个重要环节，其本质是道学与反道学之争，是源于学术上的对立，最终为政治斗争所利用。成为党同伐异的工具。[1]《剑桥中国宋代史》亦辟有专章对韩侂胄时期的政治进行了细致梳理。[2]我国台湾学者黄宽重一直以来致力于南宋史研究，近年来重点关注了以孙应时为代表的一批作为道学追随者的普通官僚士人，观察他们在面对庆元党禁等剧烈政治变动时的种种反应与作为，力图更深入地探究南宋政治与学术的复杂关系。[3]

我国台湾、欧美学界直接针对韩侂胄时期政治的研究数量并不多，但这些研究能够跳出对韩侂胄个人以及党禁等事件的孤立考察，从学术与政治关系的角度切入，有意识地将之放入南宋内

[1] 程志华：《学术与政治：南宋庆元党禁之研究》，台湾清华大学历史研究所硕士学位论文，1996年。

[2] Denis Twitchett and John K. Fairbank: The Cambridge History of China, Vol. 05: The Sung Dynasty and Its Precursor, Cambridge University Press 2009; 756–811.

[3] 黄宽重：《师承与转益：以孙应时〈烛湖集〉中的陆门学友为中心》，《"中研院"史语所集刊》第85本，2014年3月；《世变与应变：孙应时及其学友在庆元党禁前后的遭遇及应对》，《国学研究》2016年第1期；《论学与议政：从书信看孙应时与其师长的时代关怀》，《北大史学》2016年。这些研究成果后汇集在《孙应时的学宦生涯：道学追随者对南宋中期政局变动的因应》（台大出版中心2018年版）一书中。

在的政治发展历程以及道学思想演变的脉络之下，较之同一时期大陆以人物评价为中心的研究更为深刻。

20世纪90年代以后，随着国内外学术交流渐趋频繁，在对韩侂胄时期政治的研究上，境外学者的研究观点、视角、方法也对国内学者产生了影响。其中，出现了数部关于宋代道学的论著，都有专门章节就庆元党禁等问题进行论述。与刘子健类似，关长龙也指出道学在两宋之际呈现出内倾化趋势，指出南宋统治者对道学基本上是用其名而不用其实，道学并未对实际政治决策产生关键性影响。对于庆元党禁，作者认为此事源于赵汝愚等人对韩侂胄的处置不当。[1] 范立舟认为党禁的发生主要原因在于赵汝愚与韩侂胄的权力之争，但同时也可将之视为"理学与反理学之学术——政治冲突的合逻辑的发展结果"。[2] 高纪春的博士论文则将关注重点放在对党禁起源的探究上。他认为道学在孝宗乾道、淳熙年间迅速发展成为主流学派，但是道学家的政治主张与孝宗注重事功的性格格格不入，由此形成了受到孝宗支持的事功型、才吏型士大夫与不受孝宗支持的道德型、清议型士大夫之间的冲突。至淳熙末年，道学势力逐渐成为一股独立的政治势力。随着赵汝愚的执政，道学派在对反道学派的斗争中占据上风。但绍熙内禅后，赵汝愚与韩侂胄的矛盾促使反道学派与韩侂胄合流，使道学势力遭受严重挫折，酿成了党禁。党禁实质上"是一场来自士大

[1] 关长龙：《两宋道学命运的历史考察》，学林出版社2001年版。

[2] 范立舟：《理学的产生及其历史命运》，陕西人民出版社2001年版，第308页；范立舟：《读田浩著〈朱熹的思维世界〉》，《北京青年政治学院学报》2005年第2期。

夫内部的学术与政治因素交织的矛盾斗争。韩侂胄与赵汝愚的矛盾只是促成这一事件的偶然外在的因素"[1]。这篇文章在一定程度上否定了刘子健所提出的道学转向内在之说,不再仅仅将道学视作一个学术流派,而是充分注意到了道学群体对政治的介入。因此,党禁也就不再单纯是政治对学术的打压,而是两个权力集团之间斗争的结果。这种论点与余英时的看法已有不少共通之处。此外,何忠礼、徐吉军在《南宋史稿》中,也辟有专章对宁宗朝的政治进行了叙述,他们认为庆元党禁本质上是韩侂胄一党与赵汝愚及其道学支持者之间围绕着"定策功"而展开的一场政治斗争,与学术之争无涉。其后,为巩固统治集团内部的团结而推动北伐,韩侂胄松弛了党禁。韩侂胄发动北伐的原因,一方面是为了顺应民众的夙愿,一方面也为巩固自身权势。至于北伐的失败,则由多种因素造成,将韩侂胄视作奸臣反映了理学士人的偏见。[2]

余英时《朱熹的历史世界——宋代士大夫政治文化的研究》一书,在学术界引起了重大反响。本书是直接针对刘子健道学转向内在说的挑战。余英时认为,南宋的道学家固然尤其重视对内圣领域的建设,但其最终关怀仍旧在天下国家,他们对于现实政治的关心与介入颇为积极。孝宗淳熙后期,朝廷上的士大夫逐渐分化形成了两大政治集团——道学型士大夫集团与官僚集团。前者意在对政治进行改革,重建秩序,后者则追逐权力,安于现状。

---

[1] 高纪春:《道学与南宋中期政治——庆元党禁探源》,河北大学历史学博士学位论文,2001年。

[2] 何忠礼、徐吉军:《南宋史稿》,杭州大学出版社1999年版,第243—264页。

双方的冲突贯穿于自孝宗后期至宁宗前期，构成了其时政治演变的主线。党禁的发生正是双方冲突的最高潮，是官僚集团与掌握皇权的韩侂胄相联合，将道学集团排挤出权力中心的政治行动。[1]本书基本上扭转了关于道学士大夫疏离于政治的既有看法，引导学界将目光集中在道学与现实政治的关系上，关注这些道学士人在政治上的活动以及对南宋政治发展的影响。

在余英时对韩侂胄的分析中，一个突出的特点是将韩侂胄与士大夫群体进行了区分，注意到韩侂胄作为皇帝亲信的近习的身份，认为他手中所掌握的乃是皇权，正是皇权与官僚集团的结合最终击败了道学集团。这就凸显出近习对于南宋政治的特殊影响。对于南宋近习政治的关注，日本学者较为敏锐，安倍直之、藤本猛等学者都针对孝宗朝近习政治的活动进行过专门论述，他们注意到这种近习政治并未随着孝宗朝的结束而告终，而是延续至宁宗朝，这样韩侂胄专权的出现就成为近习政治长期发展的结果。[2]小林晃在这些研究的基础上，进一步将韩侂胄的专权与史弥远等其他几位权臣进行了比较分析，指出韩侂胄与史弥远尽管都被后世目为权臣，其权力形态却完全不同。与秦桧、史弥远以宰相身份主政不同，韩侂胄出身侧近武臣即近习。孝宗时期，为打击宰相专权，追求皇帝"独断"的执政模式，有意重用侧近武臣，致

[1] 余英时：《朱熹的历史世界——宋代士大夫政治文化的研究》，允晨文化出版社 2003 年版。

[2] ［日］安倍直之：《南宋孝宗朝の皇帝侧近官》，《集刊东洋学》第 88 号，2002 年；［日］藤本猛：《武臣の清要·南宋孝宗朝の政治状况と阁门舍人》，《东洋史研究》第 63 卷第 1 号，2004 年。

使出现了侧近武臣的权力压倒宰执的现象。宁宗即位后继承了这一政治模式，最终促成了韩侂胄专权的出现。史弥远等擅权属宰相专政，是宰相权力扩大的结果，而韩侂胄专权则属近习专政，是孝宗朝以来皇帝独裁政治模式延续的产物。[1] 这些研究改变了既往将秦桧、韩侂胄、史弥远等人的专权视作同一性质的看法，凸显出了南宋权臣政治的复杂面向。

我国台湾学者也注意到了近习之于南宋政治的重要意义，张维玲通过对皇权、近习、道学型士大夫以及恢复议题等四个因素的相互作用的考察，架构起了南宋孝宗朝至宁宗朝前期的历史进程。她认为孝宗对近习的重用，引发了道学士人对近习的批判，近习与道学士大夫的冲突自孝宗朝一直延续至宁宗朝，韩侂胄与以赵汝愚为代表的道学集团的政治斗争，正是这种冲突的延续。她强调研究者不应忽略道学集团在与韩侂胄冲突中的主动性。在她看来，道学集团对"具有近习身份的韩侂胄之批判，或许才是引发党祸最关键的因素"。韩侂胄的北伐也需要放在类似的南宋中期政治发展的脉络下来加以理解，即韩侂胄与孝宗朝的近习属同一群体，他们皆受到了孝宗激进"恢复"主张的深刻影响，这构成了北伐的主要驱动力。道学士大夫则一如既往地坚持较为稳健

---

[1] ［日］小林晃：《南宋孝宗朝における太上皇帝の影响力皇帝侧近政治》，《东洋史研究》第71卷第1号，2012年；［日］小林晃：《南宋宁宗时期史弥远政权的成立及其意义》，邓小南等主编：《宋史研究论文集（2012）》，河南大学出版社2014年版，第130—140页。

的"恢复"态度，对北伐持反对立场。[1]杨宇勋考察了宋理宗与近习之间的关系，强调不应完全站在士大夫的立场上，对近习持彻底否定态度，应注意到君主利用近习的合理性一面。[2]

三、研究思路与方法

在撰写本书的过程中，前辈学者的不少研究思路与方法对笔者产生了重要的启发与指导作用，择其要者有三。

（一）"政治过程论"

日本学者平田茂树在《日本宋代政治制度研究述评》一文中总结提出了一条宋代政治史研究的新路径——"政治过程论"。他将"政治过程论"定义为："站在微观的角度确定政治现象是由什么样的人（主体）、基于什么样的力量源泉、并通过何种过程而发生，针对政治活动中力量的输入和输出进行的动态研究，关于产生政治权力、精英以及领导者的政治过程的研究，特定的政策的形成、决定、实施的过程等等研究。"[3]人是历史活动主体，这种微观取向的政治过程研究，可以凸显出人的主观行为在政治活动中的作用，有助于动态把握变幻莫测的政治现象，从而将静态的、

---

[1]　张维玲：《从宋中期反近习政争看道学型士大夫对"恢复"态度的转变（1163—1207）》，台湾大学文学院历史学系硕士学位论文，2009年，第112—122页。

[2]　杨宇勋：《宋理宗与近习：兼谈公论对近习的态度》，《中山大学学报（社会科学版）》2014年第6期。

[3]　[日]平田茂树，林松涛、朱刚译：《宋代政治结构研究》，上海古籍出版社2010年版，第6页。

宏观的政治史研究转变为动态的微观的政治史研究。在对韩侂胄专权的研究上，既往研究有将目光过度集中在对党禁、北伐这些突出事件的起源性质等问题的倾向，忽视了这些事件本身在当时的发展过程。党禁自庆元初年（1195）至嘉泰二年（1202），前后持续了七年，北伐自嘉泰初韩侂胄起意恢复至开禧三年（1207）宋金重新议和，亦有七年。每一事件从产生到终结，中间都经历了曲折复杂的变化过程。在此过程中，各个政治人物、各种政治势力出于各自不同的考虑，相互之间产生了一连串的互动。对于这些互动关系的考察，将有助于更深入地理解党禁、北伐等事件的来龙去脉以及其对当时政治的影响。另外，既有的对于党禁与北伐两个事件的研究存在着割裂开来分别加以研究的倾向，将前者置于道学发展的脉络下，而将后者置于宋金和战的脉络下。实际上，两者皆为韩侂胄所主导，有着密切的内在联系。对于此点，现有研究似乎注意稍显不足。

（二）跳出政治集团式的分析模式

仇鹿鸣对魏晋南北朝史研究中被频繁使用的政治集团式的分析模式进行过反思，他一方面承认这种分析模式的有效性，认为"可以较为便利地从纷繁复杂的历史记载中整理出清晰的线索，收到化繁为简的效果"。但另一方面，他也指出了其所存在的弊端，一是缺少明晰定义的政治集团，二是简单化的二元对立模式，三是"倒放电影"式的论证倾向。[1] 既有对于韩侂胄时期政治史的

---

[1] 仇鹿鸣：《陈寅恪范式及其挑战——以魏晋之际的政治史研究为中心》，《中国中古史研究（第二卷）》，中华书局 2011 年版，第 209、215 页。

研究就不同程度地存在着这些不足。无论是关于道学与反道学的对立、道学集团与官僚集团的矛盾，还是道学集团与近习势力的冲突，皆是例证。就余英时的研究来说，他将南宋中期的士大夫阶层划分为官僚集团与道学集团两大势力，固然揭示出当时政治的某种面向，但这种二元对立式的划分很容易让我们忽视为数众多的处于两者之间的那些官员，他们可能不属于其中的任何一方，但又同时与双方皆有联系。在二元对立、非此即彼的分析框架下，论者往往就会根据某些片面的材料想当然地将这样一些介乎两者之间的官员士人强行划入其中的某一阵营，或者将之作为无关大局的例外置而不论。另外，一分为二的分析模式，也会让我们很容易倾向于将各个政治集团内部视作同质性群体，而忽略了其中的分歧与差异。

此外，政治集团式分析的第三个弊端即"倒放电影"式的论证倾向，在对韩侂胄时期的研究中同样存在此类问题。罗志田在反思民国史的研究时指出，史学家在历史研究中，由于对历史发展的结果已经知晓，处于一种"后见之明"的地位。这种地位的弊端在于，使学者"有意无意中容易以后起的观念和价值尺度去评说和判断昔人，结果常常是得出超越时代的判断"[1]。王汎森也主张将"事件发展的逻辑"与"史家的逻辑"加以区分，指出"太过耽溺于'后见之明'式的思考方式，则偏向于以结果推断过程，用来反推回去的支点都是后来产生重大历史结果的事件，然

---

[1]　罗志田：《民国史研究的"倒放电影"倾向》，《社会科学研究》1999 年第 4 期。

后照着与事件的进程完全相反的事件顺序倒扣回去，成为一条因果锁链。但是在历史的发展过程中，同时存在的是许许多多互相竞逐的因子，只有其中的少数因子与后来事件发生历史意义上的关联，而其他的因子的歧出性与复杂性，就常常被忽略以致似乎完全不曾存在过了"[1]。也就是说，这种由果追因的回溯式研究很可能会将复杂的历史发展过程大大简化，以致掩盖了历史发展演变的多种可能性。道学在南宋后期获得了官方的推崇，成为独尊之正统，无论在政治上还是社会上都产生了重要影响。这种情况下，再回顾先前韩侂胄时期压制道学的历史，就很容易将这一时期的政治演变解释成一部以韩侂胄为代表的反道学势力与道学势力的斗争史。但道学在其时是否具有如后来那般举足轻重的影响力？或者说在韩侂胄本人看来，道学是不是其在政治上的最主要威胁，是影响其一系列政治行为的最主要因子？是否还有其他对于韩侂胄来说更为重要但却被忽视了的政治因素存在？这些都是值得深刻反思的。

（三）史料批判式研究

美国学者蔡涵墨在对《道命录》《宋史》等诸多宋代史籍进行研究的过程中提出过两个基本观点：第一，大多数被我们当成历史"事实"接受的内容，实际上是事后产生的对先前事件的印象和投影。对历史学家来说，真正能够证实的"事实"即便不是完全不存在，也是相当稀罕的物件。第二，由于这些事后的形象是

----

[1] 王汎森：《中国近代思想文化史研究的若干思考》，《新史学》2003 年第十四卷第四期。

经由语言创造并代代相传，它们是文学叙事产品，可能随着时间的推移而改变。为此他提出了所谓"文本考古学"的分析方法，认为："材料并非是一次完成的静态的产物，而应看作伴随着政治与思想变化，文本随时代变化不断经历与变更与操作的动态过程的结果。"强调要垂直地理解材料。[1] 由于我们今天看到的史料是政治、文化、文献留存等诸多因素综合作用下的结果，其在保存历史信息的同时，也隐藏乃至扭曲了很多历史真实，因此在研究过程中对史料进行批判式分析就尤为重要。[2] 就韩侂胄专权的研究而言，既有研究对相关史料的批判分析就略显不足。韩侂胄在位期间虽曾权倾一时，但在死后却俨然成了一个"失语者"。史弥远因推翻韩侂胄而攫取相位，他上台后对韩侂胄及其当政时期的历史进行了重新修订，这些修订的结果被实录、国史所因袭，构成了今天研究韩侂胄的史料基础。同时，南宋后期理学逐渐为朝廷所尊崇，流传至今的大量史料不少都出自理学中人之手，或深受理学思想侵染，而庆元党禁又让理学中人对韩侂胄大多心存恶感。[3] 因此，无论是官方史料还是大量的私家论著，皆对韩侂胄及其当权时期的政治抱有深刻成见。在利用这些材料对韩侂胄时期

---

[1] ［美］蔡涵墨：《历史的严妆——解读道学阴影下的南宋史学》序，中华书局2016年版，第4—5页。

[2] 对于史料的批判性研究，中古史领域的学者有较多的研究与思考。参见仇鹿鸣：《陈寅恪范式及其挑战——以魏晋之际的政治史研究为中心》，《中国中古史研究（第二卷）》，第199—220页；孙正军：《魏晋南北朝史研究中的史料批判研究》，《文史哲》2016年第1期；孙正军：《通往史料批判研究之途》，《中国史研究动态》2016年第4期。

[3] 贾连港：《"韩侂胄事迹"的形成及流转》，《史学史研究》2014年第3期。

进行研究时，就需要十分小心。一些学者业已注意到了这一问题，如黄宽重就指出对于庆元党禁"研究者应该检视现存资料中，何者是党禁时的资料，或是党禁之后胜利的道学家所记录，不能将之全视为当时的历史实况。至于如何观察胜利者建构庆元党禁的发展历程，也值得探讨。"[1]也就是说，现在所看到的庆元党禁很可能仅仅是南宋后期的道学家们所有意建构出来的形象。同样道理，史弥远以北伐为罪名而发动政变推翻韩侂胄，进而取得专权地位，现存南宋史料中有关北伐的记载，也很可能有相当一部分属于事后重构。但在实际研究中对史料的批判分析还不十分充分。如余英时建构官僚集团与理学集团的分析框架时，一定程度上就是受到道学叙事直接影响的结果。他在书中曾写道：

> 理学集团与官僚集团在孝、光、宁三朝交替之际互争政权的不断激化。这一激化在宁宗即位后达到最高点，李心传所保存的"伪党五十九人"及"攻伪学人"（三十六人）两张名单，大致代表了两大集团向两极分化的最后结果，虽然其中个别人物尚有斟酌的余地。[2]

余英时两大集团的建构明显就是受《道命录》《庆元党禁》等书中所收录的两份名单的启发而来。尤其是在《庆元党禁》中，

---

[1] 黄宽重：《从活的制度史迈向新的政治史：综论宋代政治史研究趋向》，《中国史研究》2009年第4期。

[2] 余英时：《朱熹的历史世界——宋代士大夫政治文化的研究》，生活·读书·新知三联书店2011年版，第566页。

开篇即开列了这两份名单，表明当时的道学家已经有意识地用道学与反道学这一二元对立模式来解释此前的道学发展史。结合该书成于淳祐五年（1245），已是理学获得独尊地位之后，可以设想这种做法的背后无疑具有强烈的提升道学地位的企图。其可信度究竟如何，是非常值得怀疑的。尽管蔡涵墨、郑丞良等人利用史料批判的方法对南宋时期的一些重要文本进行过研究，取得了不少成果，[1] 总体而言，在宁宗朝前期政治的研究中，这类的批判研究还不是很多，且蔡涵墨等人的研究也是重在史料的解构，对在此基础上的史实重构尚显不足。

---

[1] 郑丞良用史料批判的方法对黄榦所撰写的《朱子行状》进行过深入分析，揭示出黄榦对朱熹形象重塑的努力与用心。见郑丞良：《百年论定——试论黄榦〈朱子行状〉的书写与朱熹历史形象的形塑》，《汉学研究》2012 年第 30 卷第 2 期。

《宋代荐举改官研究》绪论

胡 坤

岳飞之孙岳珂在其笔记《桯史》中曾记载了这样一则故事：

蜀伶多能文，俳语率杂以经史，凡制帅幕府之宴集，多
用之。嘉定初，吴畏斋（吴猎号）帅成都，从行者多选人，
类以京削系念，伶知其然。一日，为古冠服数人游于庭，自
称孔门弟子，交质以姓氏，或曰"常"，或曰"於"，或曰
"吾"，问其所莅官，则合而应曰："皆选人也。"固请析之，
居首者率然对曰："子乃不我知，《论语》所谓'常从事于斯
矣'，即某其人也。官为从事而系以姓，固理之然。"问其次，
曰："亦出《论语》'于从政乎何有？'盖即某官氏之称。"又
问其次，曰："某又《论语》十七篇所谓'吾将仕者'。"遂相
与叹咤，以选调为淹抑。有怂恿其旁曰："子之名不见于七十
子，固圣门下第，盍扣十哲而受教焉？"如其言，见颜、闵
方在堂，群而请益，子骞（闵损字）慼頞曰："如之何？何必
改。"充公（颜回）应之曰："然，回也不改。"众抚然不怡，

日："无已，质诸夫子。"如之，夫子不答，久而曰："钻遂改火，急可已矣。"坐客皆愧而笑。[1]

机智的"蜀伶"在登台表演时，截取《论语》中的字句，用戏谑的方式无情嘲弄了四川制置司幕府中"以京削系念"的选人们。然而，如果对宋代荐举改官制度不了解，恐怕很难读出这则故事中的"笑点"。而这则故事所反映出荐举改官制度在施行中的种种现象，却绝不仅限于四川制置司幕府，甚至也不仅限于南宋时期。

宋朝建国之后，文官系统渐次形成朝官、京官及幕职州县官（选人）三个由高至低的官僚层级，无论有无出身，绝大多数官员都是以幕职州县官（选人）为起点，步入仕宦之路。从最基层且人数规模庞大的幕职州县官（选人）阶层中脱颖而出，跨入京朝官行列，仕途方有显达，否则终身沉沦于幕职州县官（选人）阶层，永无出头之日，时人称之为"老死选调"。由幕职州县官（选人）跨入京朝官行列的过程，便被称为改官。[2]而通过举主荐举、积累考任而得以改官的制度则被称为荐举改官。

本书即以宋代荐举改官制度为研究对象。在处理该议题时，具体分为两个层面进行研究：其一，通过对制度自身及其运行程序的梳理与勾勒，交代宋代荐举改官制度的全貌，并以之作为后

---

[1] （宋）岳珂著，吴企明点校：《桯史》卷一三《选人戏语》，中华书局1981年版，第156—157页。

[2] 参见《绪论》后所附表一，表二、表三、表四。

续研究的基础和背景；其二，选取与宋代荐举改官制度密切相关的公私文书，如荐举改官状、改官照牒、改官奏检、求荐举书启和谢荐举书启，为重点考察对象，通过文书的体式、运行、传递的过程，以及文书中所透露出的人际网络，进而从细部观察宋代荐举改官制度。其目的在于透视宋代荐举改官制度的发展变化过程以及制度背后个人的行为。

一、选题缘起

荐举是一种自下而上的推荐形式，通过荐举选任官员，部分解决了古代国家获取人才信息困难的问题。荐举在官员选任层面上的运行，呈现出的基本状态是：由国家赋予具有一定身份地位的官员荐举权，使他们成为举主；再通过举主搜集人才信息，并由举主将这些信息反馈给国家，以供国家对人才的选择。从而使国家拓展了了解治下人才信息的渠道，部分解决了古代国家因信息获取手段不发达而造成的闭塞状况。正因如此，通过荐举选任官员才成为中国古代长期沿用不衰的一种选官方式。从周代的"乡举里选"到后来汉晋时期的察举征辟制、九品中正制，都是基于荐举而得以运行。即使是隋唐以后占据选官重要地位的科举制，荐举因素亦存于其间。自唐代以降，单纯靠荐举的选官形式，在整个选官体系中的重要性比之前代虽有所下降，但仍在历朝历代行用不衰，发挥着重要的作用，如唐代的冬荐制、宋代的荐举改官制、明清时期的保荐制等。

宋代的荐举改官制，简单说来就是通过举主荐举，使处于基层文官序列的幕职州县官（选人）跻身于较高层次的京朝官序列。从幕职州县官（选人）到京朝官的晋升过程就被称为改官或改秩。宋代改官的途径并不仅有荐举一途，通过捕盗、登对、从军、修（献）书等方式亦可从幕职州县官（选人）进入京朝官序列，然而通过荐举途径却是最为重要的一种改官方式。[1] 其重要性一方面是朝廷有意识地控制通过非荐举途径改官的员额（特别是南宋某些时期，改官几乎只剩下荐举一途），驱使欲改官的幕职州县官（选人）走向通过荐举改官之路，从而使荐举成为独大的一种改官方式；另一方面朝廷在荐举改官的运行层面设置了诸多严苛的规定，通过人为增加获得荐举的难度达到筛选的目的。繁杂的规定在规范了荐举改官制度的同时，却也无可避免地衍生出了一些政治生态方面的问题，诸如鬻卖举状、求荐公行等，造成了极大的社会影响。

宋代的荐举改官制相比于历代行用的荐举制度，无疑有着一些独特的方面。与前代的"乡举里选"、察举征辟、九品中正以及行用于唐宋以降的利举制等相比，荐举改官制并不是入仕的途径；与唐宋时期行用的举人自代制[2] 相比，荐举改官制并非以储才为主要目的；与宋代的荐举差遣及历代随事而举的特诏荐举相比，任事显然也不是荐举改官制的重点所在。当然，宋代的荐举改官

---

[1] 李心传：《建炎以来系年要录》卷一六三，绍兴二十二年七月壬寅，上海古籍出版社1992年版，第288页上。

[2] 宁欣：《唐代选官研究》，文津出版社1995年版，第69—72页。

制并非横空出世突兀地呈现在世人面前的一种全新制度，它亦有着前朝的发端与后代的余绪。从宋代荐举改官制施行的方式及所遵循的一些原则来看，其与唐代的冬荐制[1]似乎有着某种承接关系，而明清时期的保荐制度中亦有着宋代荐举改官的身影。

在从唐代冬荐制到宋代荐举改官制再到明清的保荐制的发展脉络中，官阶的升迁虽然都是贯穿其中的主线，但无论是唐代的冬荐制还是明清的保荐制都不具备"改官"的因素。即在官阶构成结构中并不存在两个明显区隔且在官品上又能相互衔接的阶层，唐代冬荐制与明清保荐制的重点仅仅在于官阶的升迁，而不具备从低层官阶群向较高官阶群跨越的特征。

在笔者看来，宋代荐举改官制特殊的根源则在于宋代文官官阶的构成结构。宋代文官官阶被分为幕职州县官（选人）、京官和朝官，尽管在前朝有其制度渊源，[2]但这种划分方式却是宋代所独有。这种特殊的官阶结构又被进一步区隔为幕职州县官（选人）和京朝官，幕职州县官（选人）与京官在官品上虽有重合，[3]但两者之间的地位待遇等方面却悬隔如天壤。[4]宋人所说"凡人为官，稍可以纾意快志者，至京朝官始有其仿佛耳。自此以下者，皆劳

---

[1] 宁欣：《唐代选官研究》，文津出版社 1995 年版，第 80—82 页。

[2] 陈文龙：《北宋本官形成述论——唐后期至北宋前期官僚品位结构研究》，北京大学博士学位论文，2011 年，第 139—162 页；郑庆寰：《体制内外：宋代幕职官形成述论》，中国人民大学博士学位论文，2013 年；闫建飞：《唐末五代宋初北方藩镇州郡化研究（874—997）》，北京大学博士学位论文，2017年，第 138—160 页。

[3] 参见《绪论》后所附表三。

[4] 参见《绪论》后所附表四。

筋苦骨，摧折精神，为人所役使，去仆隶无几也"[1]，正是宋代的现实。不仅如此，从幕职州县官（选人）升迁至京朝官这一被称为改官或改秩的过程，因名额有限、条件苛刻，进一步加大了幕职州县官（选人）与京朝官的悬隔，而幕职州县官（选人）阶层也因此被时人目之为"选海""选坑"。欲脱离选海而改官，荐举就是最主要，也是最重要的途径。改秩京朝与脱离选海的目的也决定了宋代荐举改官制既不是为入仕设置的门槛，也不以任事为重点，而在于实现从低层官阶群体向较高官阶群体的跨越。

宋代荐举改官制度自宋真宗大中祥符三年（1010）确立以来，其间细节方面亦经过不断地发展变化和调试，至如举主与被举人的资格、举主荐举的员额等，不同时段亦有着不同的规定，但总体说来北宋与南宋时期的荐举改官制度在大的原则方面并没有出现重大的改易。即如以影响两宋官僚体制的转捩点元丰改制而论，虽然"官"为"阶"所替代、三省六部也由虚入实，对荐举改官产生一定的影响，但却不存在根本上的变动。故荐举改官制度自确立至南宋灭亡，实可看作一个虽然修补不断，朝着益严密化的趋势发展，但在核心原则与制度框架方面却无甚大变化的过程。故在此可以就宋代荐举改官的一般情况论之如下：

具有荐举幕职州县官（选人）改官资格的官员主要是现任监司郡守、在朝供职的大两省以上官、具有外任经历的常参官，以及馆阁近臣、前宰执等。其中转运使副、提点刑狱及朝廷专差的

---

[1] （宋）苏洵著，曾枣庄、金成礼笺注：《嘉祐集笺注》卷一三《上韩丞相书》，上海古籍出版社1993年版，第352页。

安抚使、宣抚使等官被称为"职司"。幕职州县官（选人）改官，举状中必须有一纸职司举状，被称为"职状"，否则即为举状不及格。在南宋某些时期，六部长贰及前宰执亦被"理为职司"。举主每年举改官的员额根据职任的不同而有差别，通常岁举员额在两人以上者，要分上下半年荐举。相比于举主，改官中对于被举人的要求就更加严格。以有出身的幕职州县官（选人）而论，一任三考以上方能接受举主荐举改官，两任六考以上且举主及格方能赴部磨勘。所谓举主及格是指必须具备五张改官举状，且其中一张为职司举状。而无出身人，其考任条件则要相应地延长。举主、考任合格的幕职州县官（选人）在办理完离任手续后，即可携带相关材料赴吏部铨司进行磨勘，通过磨勘和引对的程序后，便正式改秩京朝官，从此脱离选海。

由于举主有限、举主岁举员额有限，造成改官状一纸难求的状况，由此引发的奔竞之风和淹滞之叹，给朝廷造成了不小的困扰，也引起朝廷上下的密切关注。除此之外，在传世的宋人文集中，仍能看到大量的求荐举改官和谢荐举改官的书信、与荐举改官相关涉的诗词，这也是荐举改官制度影响广泛的明证之一。仅从这些而言，宋代荐举改官制度的研究就具有重要意义。

同时，宋代的荐举改官制度并不是一个孤立的、静态的制度，它是在诸多制度共同作用之下，在人为的破坏或维护之下的一个运行中的制度体系。因此，宋代荐举改官制度的研究涉及了诸多相关制度，如荐举、磨勘、考课等，也涉及了宋代国家对荐举制度的态度，荐举改官中的当事人（举主、选人、铨选机构的官和吏）对荐举制度的态度，以及在制度运行过程中，调试、破坏、扭曲之下中央与基层的沟通、基层文官的生存状态、人际网络在官僚社会中的重大影响等诸多方面的问题。基于以上所述，全面研究宋代荐举改官制度，不但能厘清制度规定的方方面面，同时借此观察宋代的国家意图、宋代基层文官群体的生存状态、中央与基层之间的沟通，以及由此而衍生出的政治生态方面的诸多问题，不但是认识宋代官僚社会的一个重要途径，也是对官僚社会之下中央与基层、人与人、人与制度之间关系的反思。

另外，宋代的荐举改官制度在客观上起到了沟通上下阶层的作用，是处于上下之间的枢纽，它不但体现出官员从低层向中高层的流动过程，同时也是中枢决策层了解基层官员状况的一个重要渠道。而荐举制度中所呈现出的关系网、政治生态以及制度框架之下人的心态，更是将制度背后那些立体而丰富的内容纳入研究者的视野之中。因此通过对荐举改官的探讨，能够呈现出制度之外社会层面与政治层面的广阔面向。

本书研究的对象属于传统制度史的研究领域。传统意义上的宋代制度史研究开始于 20 世纪 30 年代左右。前辈学者对宋代制度史的研究既有对史志的校勘、正误、梳理史源，[1] 亦有对相关制

---

[1] 如邓广铭：《〈宋史·职官志〉抉原匡谬》，《文史杂志》1942 年第 2 卷 4 期；《宋史职官志考正》，《中研院历史语言研究所集刊》1948 年第 10 本；《宋史刑法志考正》，《中研院历语言研究所集刊》1949 年第 20 本。以上论著后皆收于邓广铭：《邓广铭全集》，河北教育出版社 2005 年版。

度规定和实际运行的梳理，[1]通过对史料的考订，并在考订的基础上对制度原貌加以还原的研究便由此逐渐展开。自 20 世纪 80 年代以来，随着宋代制度史研究的全面展开，涌现出了一大批研究成果。[2]在这一时期，系统论述宋代制度体系的著作也开始涌现。[3]宋代制度史研究取得了长足进展。

经过数十年的积累，宋代制度史研究成果的数量已经相当庞大，宋代制度史中的基本问题，也大都有专论或专著加以讨论。然而，随着研究成果日增，研究模式、研究路径却并没有随之突破，宋代制度史研究的衰迹日现。

进入 21 世纪以来，宋代制度史研究的颓势引起了学者们的忧虑与戒惕，[4]进而提出制度不应孤立于政治运作与人事之外的研究

[1] 如聂崇岐：《宋代制举考略》，《史学年报》1938 年第 2 卷第 5 期；《宋代府州军监之分析》，《燕京学报》1941 年第 29 期。后皆收入聂崇岐：《宋史丛考》，中华书局 1980 年版。金毓黻：《宋代宫制与行政制度》，《文史杂志》1942 年第 2 卷第 4 期。

[2] 这一时期比较有代表性的著作如中国大陆方面王曾瑜：《宋朝兵制初探》，中华书局 1983 年版；龚延明：《宋史职官志补正》，浙江古籍出版社 1991 年版；何忠礼：《宋史选举志补正》，浙江古籍出版社 1992 年版。中国香港方面梁天锡：《宋枢密院制度》，黎明文化事业股份有限公司 1981 年版。日本方面中岛敏主编：《宋史选举志译注》（1—3），东洋文库，1992—2000 年。

[3] 比较有代表性的著作如［日］梅原郁：《宋代官僚制度研究》，同朋舍 1985 年版；朱瑞熙、张其凡：《中国政治制度通史》第六卷"宋代"部分，人民出版社 1996 年版；龚延明：《宋代官制辞典》，中华书局 1997 年版；［韩］申採湜：《宋代官僚制研究》，三英社 1982 年版。

[4] 参见邓小南：《走向活的制度史——宋代官僚政治制度史研究为例的点滴思考》，《浙江学刊》2003 年第 3 期；平田茂树：《日本宋代政治制度研究述评》，包伟民主编《宋代制度史研究百年（1900—2000）》商务印书馆 2004 年版；黄宽重：《从活的制度史迈向新的政治史——综论宋代政治史研究趋向》，《中国史研究》2009 年第 4 期。

模式，而诸如"政治空间""信息传递"等非传统制度史意义上的概念也应用到了制度史的研究之中，这种研究模式不仅带动了宋史学界重新审视既有史料、充分重视新出史料，还使得宋代制度史、政治史研究重新绽放活力。[1] 在这样的背景之下，如果能以新的视角重新审视传统制度史研究议题，不仅使研究得以深入，更能丰富对宋代社会的多元化认识。

本书的研究设定，是期待通过文书的角度观察宋代荐举改官制度，在考察制度演进、运行的同时，以文书的视角对荐举改官制度起讫两端之间的路径进行考察，从而使制度设计的细节、演进运行过程更加清晰地呈现出来。这一研究设定决定了本书的线索有二：一是制度运行，二是文书流转。

所谓制度运行，它应该包含着两个层次的内容，即制度的内部管理与制度的外化应用。以宋代荐举改官制度运行而论，围绕着通过荐举而改官的一系列规定构成了宋代荐举改官制度，但这种由系列规定所构成的"文字"只能称之为制度的内部管理；只有制度的内部管理外化，将制度的功能应用在现实社会之中，才能称之为制度运行。荐举改官制度在运行的过程中，不可避免地会与社会生活、政治文化产生交集，在厘清宋代荐举制度运行的基础之上，以之作为观察制度内容、性质的视角，不但会对静态

---

[1] 代表性的论文有邓小南主编《政绩考察与信息渠道：以宋代为重心》（北京大学出版社 2008 年版）所收录的一系列论文；黄宽重主编《汉学研究》第 27 卷第 2 期"宋代的信息传递与政令运行"专辑（汉学研究中心 2009 年版）所刊的一系列论文；平田茂树《宋代政治结构研究》（上海古籍出版社 2010 年版）所收录的一系列论文。

的制度有更进一步的认识，更能够将制度纳入社会生活、政治文化中加以考察，从而对宋代荐举改官制度的认识更加立体与丰满。

文书是记录信息的载体，只有经过传递的过程才能将记载于文书之上的信息与外部进行沟通。而为了使信息沟通更加有效，文书本身就需要有一定的规范，从而针对不同目的形成不同的文书体式。因此文书流转既包含文书形成的过程、文书内容的书写方式，也包含文书的传递过程。与荐举改官相关涉的一系列公私文书作为荐举改官制度的有机组成部分，其本身的运作过程不仅能够借以观察制度，同时其自身也构成一个相对独立的体系。文书的流转，一方面连接着与其相关联的制度，另一方面连接着时代、时代中的人。而作为操作性很强的文书制度，操作性的要求和制度的特点需要文书运作体系具备稳定性和前瞻性，这就决定文书制度不仅是现实政治的体现与反映，同时也承载了政治理念和期待。这样的特点，使得对相关文书的研究在观察制度的同时，也越出制度成为观察政治运作的窗口，从而盘活制度史的研究。

本书以"宋代荐举改官研究"为标题，制度运行和文书流转构成本书的两条主线，即以制度的层面加以观察，从文书的视角加以考量，共同推进对荐举改官制度的研究。同时，"宋代荐举改官"的主题之下，文书是制度运行的表现形式，而制度是文书行政的主要依据，两者的互动、互融更能反映出荐举改官制度在宋代真实的样貌。具体而言，从制度层面对宋代荐举改官制度进行梳理本就是题中应有之义，通过宋代荐举改官制度在宋代的产生发展、演变过程进行梳理，从纵向层面勾勒出宋代荐举改官制度的大致面貌；从横向层面对宋代荐举改官制度运行的流程加以梳理，以选人从"受荐"到"改官"的过程作为主线，梳理出荐举改官过程中所涉及的宋代多种选官与管理制度，则有利于将宋代荐举改官制度的运行体系清晰呈现出来。而通过对宋代荐举改官制度所涉及的官文书进行讨论，同时也是深入制度运作的内部，对制度进行更加细致的考察，并将其纳入整个国家体制运行的脉络中进行观察。以此为基础，进而对当时的政策、言论等诸多问题形成比较客观的认识。从而深刻体味到制度的具文与实效之间的差异，以及差异产生的原因。

制度在制定、运行过程中，无可避免地会产生种种扭曲与变形，其中人与制度之间的相互影响，国家理念对人和制度的影响，都是造成制度扭曲与变形的重要因素。在此之下，对制度中的人而言，又会产生一种与之相适应的思维模式、行为方式以及语言范式，其综合作用之下，则会衍生出形形色色的政治生态。就宋代荐举改官制度而言，举状的鬻卖、求荐公行、人际网络对荐举改官成败的影响以及社会舆论对破坏荐举改官制度行为的态度等问题，无不体现了当时的一种政治生态。通过对荐举改官制度之下所衍生出的形形色色的政治生态的面向进行剖析，在进一步深入理解制度的同时，还能对宋代官僚体制之下中央与基层、人与人、人与制度之间关系进行反思。

二、研究回顾

本书虽以宋代荐举改官制度作为研究对象，但引入了文书及文书运行的研究视角，因此对与本书相关的研究现状进行回顾的时候，主要从荐举改官制度和文书运行两个方面加以介绍。

从宋代荐举改官制度施行的情况来看，它并不是一个单独运行的制度，它涉及了官员的考任、荐举和磨勘制度，可以说，宋代的荐举改官制度是多种制度共同运行而组合而成的制度运行体系。因此从制度方面对既往研究进行回顾之际，当然也要包括上述内容。

（一）宋代荐举改官及与其相关制度的研究成果

对宋代荐举制度最早进行关注的是金中枢先生。自 20 世纪 60 年代末，金先生就围绕着北宋举官问题发表了一系列研究成果。[1] 对北宋举官按照荐举之目的与层次分为十六类，并从制度层面对每种举官类型加以详细考订。20 世纪 80 年代，日本的梅原郁先生也关注到了宋代的荐举制度，他从京朝官、选人、武官三个层次，

---

[1] 如《北宋举官制度研究（上）》，香港新亚研究所编：《新亚报》第九卷第一期，1969 年，第 243—298 页；《从司马光十科举士法看北宋的举官制度》，香港新亚书院编：《新亚书院学术年刊》第九期，1967 年，第 75—85 页。此文后转载《宋史研究集》第十九辑，台湾编译馆 1989 年版，第 31—48 页。近年来金中枢先生将其有关宋代学术和制度的论著结集出版，总题为《宋代的学术与制度研究》（稻乡出版社 2009 年版），共八册，其中第三册《北宋举官制度研究（上）：举官种类》、第四册《北宋举官制度研究（下）：举官方法》。

以铨选的视角对宋代荐举制度加以观察。[1]相比于金中枢先生的微观视角，梅原郁先生则是试图以整体的铨选观念对宋代荐举制度加以把握。朱瑞熙在梅原郁先生研究的框架之下，以宋代幕职州县官的荐举作为研究对象，[2]全面讨论了与此主题相关涉的问题，其中以相当大的篇幅讨论了荐举改官制度，使得荐举改官中的一些基本问题得以厘清。自此以宋代荐举或荐举体系中某一具体形态为研究对象，以厘清制度运行为主要目的的研究成果开始较为集中地涌现出来。[3]20世纪80年代中期到90年代中期，在宋代荐举制度研究开始展开的同时，一些相关制度的研究也逐渐展开，出现了相当数量的研究成果。[4]

值得一提的是，在这一时期以邓小南先生《宋代文官选任制度诸层面》[5]为代表的论著，极大提高了既有的研究水平。该书用

[1] ［日］梅原郁：《宋代铨选のひとこま——荐举制度を中心に》，东洋史研究会编：《东洋史研究》第三十九卷第四号，同朋舍1981年版，79—114页。

[2] 朱瑞熙：《宋代幕职州县官的荐举制度》，《文史》第二十七辑，中华书局1986年版，第67—88页。

[3] 如曾小华：《宋朝的辟举法》，《宋史研究集刊》第二辑，浙江省社联《探索》杂志增刊，1988年；邓小南：《宋代辟举制度初探》，邓广铭、漆侠主编：《中日宋史研讨会中方论文选编》，河北大学出版社1991年版；曾小华：《宋代荐举制度初探》，《中国史研究》1989年第2期；苗书梅：《宋代任官制度中的荐举保任法》，《河南师范大学学报》（哲学社会科学版）1996年第5期。

[4] 比较重要的研究成果如曾小华：《宋代磨勘制度研究》，《宋史研究集刊》，浙江古籍出版社1986年版；邓小南：《北宋文官磨勘制度初探》，《历史研究》1986年第6期；邓小南：《试论北宋前期任官制度的形成》，《北京大学学报》1990年第2期；祖慧：《宋代的选人制度》，《岳飞研究》第四辑，中华书局1996年版；苗书梅：《宋代武官选任制度初探》，《史学月刊》1996年第5期；苗书梅：《宋代官员的选任和管理制度》，河南大学出版社1996年版。

[5] 邓小南：《宋代文官选任制度诸层面》，河北教育出版社1993年版。

不到 20 万字的篇幅，来处理有宋三百二十年纷繁复杂的文官选任中的诸多问题，官员选任的部门与条例、考课、资序、荐举、磨勘、差遣除授，共同构成了该书研究的"诸多层面"。显然这样的篇幅要将以上这些问题的细节全部厘清是不可能的，但是该书却将每一层面的发展脉络条理清晰地展现出来，提供了若干进行深入研究的可能性和研究点。而在制度考订之外，兼及其运行机制与特点无疑是该书的一大特色。而就笔者所见，该书的贡献在于所建构的研究体系和框架，使得每一"层面"不再是孤立存在，而是相互联系、相互影响、相互融合的有机整体。

进入 21 世纪后，大陆宋史研究者面对宋代政治制度史研究日渐转冷的现状，2001 年邀集海内外学者，在杭州召开"近百年宋史研究的回顾与展望"学术研讨会，与会学者从不同侧面对近百年来宋代制度史研究进行了回顾与反思，[1]注重制度与所处时代各个不同面向之间关系的研究也由此得以开展。

在此前后，邓小南先生发表了一系列有关宋代官员考课的文章，[2]这一系列文章可以看作是《宋代文官选任制度诸层面》的后续之作，但是从研究思路到作者关怀的着眼点来看，都显示出与前作很大的区别。这一系列文章的发表虽然丰富了对宋代考课制

---

[1] 包伟民主编：《宋代制度史研究百年（1900—2000）》，商务印书馆 2004 年版。

[2] 如《考课与监察的结合：宋代地方政绩考察机制的形成》《多途考察与宋代的信息处理机制：以对地方政绩的核查为重点》《"访闻"与"体量"：宋廷考察地方的路径举例》《关于宋代政绩考察中的"实迹"：要求与现实》，收于邓小南主编：《政绩考察与信息渠道：以宋代为重心》，北京大学出版社 2008 年版。

度的认识，但目标却绝不限于此。其注重制度与制度、制度与人物、制度与政治之间的关系，所呈现出的是制度下的人与事，而不是人与事中的制度，所关照的则是制度之下地方与中央在相互沟通过程中所出现的问题及对问题的回应。

近年来有关宋代荐举改官研究的最重要成果当属王瑞来先生《金榜题名后："破白"与"合尖"——宋元变革论实证研究举隅之一》[1]，《"内举不避亲"——以杨万里为个案的宋元变革论实证研究》[2]，《小官僚大投射：罗大经仕履考析——宋元变革论实证研究举隅之三》[3]，《士人流向与社会转型——宋元变革论实证研究举隅》[4]，从该组文章的标题即可看出，文章的着眼点并不在于对荐举改官制度的梳理，其目的在于通过观察南宋时期荐举改官施行过程中士人与朝廷之间逐渐产生疏离的现象，并将其放置在长时段历史发展中加以考量，进而提出宋元变革的观点。

从上述王瑞来先生的研究成果，以及近两年钱建状先生发表

[1] 王瑞来：《金榜题名后："破白"与"合尖"——宋元变革论实证研究举隅之一》，《国际社会科学杂志》（中文版）2009 年第 26 卷第 3 期。

[2] 王瑞来：《"内贤不避亲"——以杨万里为个案的宋元变革论实证研究》，《北京大学学报》（哲学社会科学版）2012 年第 2 期。

[3] 王瑞来：《小官僚大投射：罗大泾仕履考析——宋元变革论实证研究举隅之三》，《文史哲》2014 年第 1 期。

[4] 王瑞来：《士人流向与社会转型——宋元变革论实证研究举隅》，《上海师范大学学报》（哲学社会科学版）2014 年第 3 期。

的《宋代荐举制与士人之执贽干谒》[1]、黄宽重先生新著《孙应时的学宦生涯：道学追随者对南宋中期政局变动的因应》[2]、戴路先生《南宋后期荐举官制与四六启文的交际性》[3]来看，荐举制度及选人改官制度中所涉及的人际网络问题，已渐为学界所关注。通过具体问题或具体人物来探讨制度的某些方面，虽然难以借此窥制度之全豹，甚至上述的部分论著并不以厘清制度为研究旨趣，但不可否认的是其于深入了解制度运行、避免制度史研究扁平化有着重要的学术史意义。近年来学界不满足仅就制度本身进行讨论，而是希冀通过具体制度，观察社会演进之脉络，反而能进一步深入了解制度的运行状况，无疑反映了制度史研究的变化，也是未来研究过程中，需要重视的研究思路。

（二）文书方面的研究成果

制度的形成、实施、反馈的动态运行过程无不通过文书加以

---

[1] 钱建状：《宋代荐举制与士人之执贽干谒》，《北京大学学报》（哲学社会科学版）2017第4期。该文从宋代人在登第、入仕之后执贽干谒以图荐举的现象入手，认为宋代的荐举制，特别是选人改官制是宋人干谒求荐的制度背景，并以此为基础，关注执贽干谒的内容、士大夫对投贽的态度及其与文学的关系，认为荐举制度下的执贽干谒有别于唐至宋初的进士行卷，其种种的目的在于构建人际网络，以图在仕途上有所通达。

[2] 黄宽重：《孙应时的学宦生涯：道学追随者对南宋中期政局变动的因应》，台大出版中心2018年版。该书第三章《学宦难兼：为学仕进的左支右绌与人际的拓展》专门描述了孙应时浮沉选海及谋改京官的内容，涉及选人改官中的人际网络问题。不过作者并没有将孙应时的改官过程完整反映出来，甚至某些结论存在偏差，孙应时改官中的人际网络亦不完整。

[3] 戴路：《南宋后期荐举官制与四六启文的交际性》，《河南大学学报》（社会科学版）2019年第1期。该文主要是从启文文体、用典等方面入手，结合南宋荐举制度，探讨了南宋启文功能的拓展及其体现的交际性问题。

落实，而作为情报与指令载体的文书还承载着国家各级行政机构与官吏之间的沟通，对文书的研究不但能够从细部考察制度运作过程中的核心问题，更是沟通制度与人物、事件之间关系的桥梁。

近年来宋史学界逐渐开始注重对公私文书的研究，但不可否认的是这一局面是在中国史其他断代研究领域，特别是秦汉史、隋唐史领域学术成果的刺激与推进之下逐步形成。自19世纪末叶以来，由于秦汉简牍、敦煌吐鲁番文书持续不断且大量出土，经过百余年的学术积累，秦汉史、隋唐史研究者已经在文书研究方面趋于成熟，并取得了优异的学术成绩，涌现出一大批有代表性的学术成果，[1]新材料的不断涌现，不但丰富了和扩展了这些断代研究的史料，更为重要的是从很大程度上改变了研究思路和研究理念。

相比而言，宋代新出文献的数量不多，因此在客观上难以引起宋史研究者的集中关注，但另一方面，有关宋代的传世史料虽不足以比肩明清，但远较汉唐为多，这也是新出文献不受重视的原因之一。例如20世纪80年代末，上海博物馆即将宋龙舒郡斋刻公文纸印本《王文公文集》纸背书简加以整理，并于1990年付上海古出版社影印，名为《宋人佚简》，然而对《宋人佚简》的研

---

[1] 代表性的学术成果如〔日〕中村裕一：《唐代官文书研究》，中文出版社1991年版；〔日〕中村裕一：《唐代公文书研究》，汲古书院1996年版；汪桂海：《汉代官文书制度》，广西教育出版社1999年版；刘后滨：《唐代中书门下体制研究：公文形态·政务运行与制度变迁》，齐鲁书社2004年版；荣新江、李肖、孟宪实主编：《新获吐鲁番出土文献研究论集》，中国人民大学出版社2010年版。

究利用却并没有随之展开。[1] 近些年来，随着宋史学界对于新出史料及对传世史料的重新解读的重视，《宋人佚简》相关文书的研究也得以开展。[2] 相比而言，学术界对 20 世纪初在黑水城发现的"宋西北边境军政文书"的研究就开展得比较早。黑水城文献一经发现便被运往俄国，为研究者所罕见。直到 1996 年才开始陆续整理，并由上海古籍出版社出版。其中 2000 年出版的《俄藏黑水城文献》第六册收录了一组《宋西北边境军政文书》，之后不久孙继民先生便展开了对此组文书的研究，并指导其研究生从事相关研

---

[1] 20 世纪对《宋人佚简》的研究文章仅夏玉琛：《评南宋向沟和钟世明手札》，《上海博物馆藏宝录》，上海文艺出版社 1989 年版；夏玉琛：《试析南宋的几种书信程式及其他》，《上海博物馆集刊》第 5 期，上海古籍出版社 1990 年版；光煦：《〈宋人佚简〉作者初探》，《上海博物馆集刊》第 5 期，上海古籍出版社 1990 年版；李伟国：《绍兴末隆兴初舒州酒务公文研究》，邓广铭、漆侠主编：《国际宋史研讨会论文选》，河北大学出版社 1992 年版等寥寥数篇。另外利用《宋人佚简》资料的也仅见于李华瑞：《宋代酒的生产和征榷》，河北大学出版社 1995 年版；高聪明：《论南宋财政岁入及其与北宋岁入之差异》，《河北学刊》1996 年第 1 期。

[2] 近些年专门以《宋人佚简》相关文书进行研究的成果有陈瑞青：《从〈宋人佚简·申闻状〉看宋孝宗北伐》，姜锡东、李华瑞主编：《宋史研究论丛》第八辑，河北大学出版社 2007 年版；孙继民、魏琳：《〈宋人佚简·舒州在城酒务造酒则例〉的错简及其复原》，《出土文献研究》第八辑，上海古籍出版社 2007 年版；孙继民、魏琳：《〈宋人佚简·在城酒务酒帐〉的错简及其复原》，《文史》2007 年第 2 期；孙继民、魏琳：《宋代酒务会计报告文书的确认及其意义——〈宋人佚简〉舒州酒务文书考释之一》，《中国经济史研究》2009 年第 1 期；陈静：《〈宋人佚简〉研读零拾》，河北师范大学历史学硕士学位论文，2007 年；魏琳：《〈宋人佚简〉所收舒州酒务公文整理与研究》，河北师范大学历史学硕士学位论文，2007 年；邱茜：《〈宋人佚简〉所见宋代酒课分隶制度》，河北师范大学历史学硕士学位论文，2009 年；邹蓓蓓：《〈宋人佚简〉若干书简的整理与研究》，河北师范大学历史学硕士学位论文，2010 年；孙继民、魏琳：《南宋舒州公牍佚简整理与研究》，上海古籍出版社 2011 年版等。

究工作。[1]

近年来宋代文书最重要的发现无疑是"徐谓礼文书"。2012 年经包伟民、郑嘉励等先生整理的《武义南宋徐谓礼文书》由中华书局出版，由此学界展开相关研究，并发表了一系列研究成果，[2]极大地推进了相关制度的研究。不过，不可否认的是"徐谓礼文书"主要是南宋中后期中低级文官的履历文书，有相当的局限性，兼之其文书内容与相关制度的运行实况在传世文献中亦有所反映，该文书的面世，尚不足以带来颠覆性的认识。相关研究多是点状

[1] 相关成果见孙继民：《俄黑水城所出〈宋西北边境军政文书〉整理与研究》，中华书局，2009 年版；陈瑞青：《黑水城宋代军政文书研究》，知识产权出版社 2014 年版。

[2] 主要成果有：郑嘉励：《从南宋徐谓礼墓到吕祖谦家族基地——读徐谓礼墓札记》，《东方博物》2013 年第 1 期；包伟民：《南宋徐谓礼文书概况及其学术价值》，《中国书法》2013 年第 4 期；方爱龙、邵路程：《武义出土南宋徐谓礼文书书手考》，《中国书法》2013 年第 4 期；王宇《〈武义南宋徐谓礼文书〉与南宋地方官员管理制度的再认识——以知州的荐举和考课为例》，《文史》2013 年第 4 辑；魏峰：《宋代印纸批书试论——以新发现"徐谓礼文书"为例》，《文史》2013 年第 4 辑；周佳：《南宋基层文官履历文书考释——以浙江武义县南宋徐谓礼墓出土文书为例》，《文史》2013 年第 4 辑；王杨梅：《徐谓礼告身的类型与文书形式——浙江武义新出土南宋文书研究》，《浙江社会科学》2013 年第 11 期；邓小南：《再谈宋代的印纸历子》，《国学研究》第 32 卷，北京大学出版社 2013 年版；胡坤：《宋代基层文官的初仕履历——以〈武义南宋徐谓礼文书〉为中心》，《史学月刊》2014 年第 11 期；马德才《试析南宋政府公文处理效率——从"徐谓礼告身"说起》，《珞珈史苑》2013 年卷，武汉大学出版社 2014 年版；龚延明：《南宋文官徐谓礼仕履系年考释》，《中国史研究》2015 年第 1 期；李全德：《从〈武义南宋徐谓礼文书〉看南宋时的给舍封驳——兼论录白告身第八道的复原》，《中国史研究》2015 年第 1 期；张祎：《徐谓礼〈淳祐七年十月四日转朝请郎告〉释读》，《中国史研究》2015 年第 1 期；戴建国：《宋代官员告身的收缴——从武义徐谓礼文书谈起》，《浙江学刊》2016 年第 4 期；王杨梅：《南宋中后期告身文书形式再析》，《唐宋历史评论》第二辑，中国人民大学出版社 2016 年版；石声伟：《徐谓礼文书签押附注词考》，《中华文史论丛》2016 年第 4 期等。

探讨，尚未形成体系。

传世法帖本是历史研究中重要的一手材料，但此类材料大都与重大的历史事件无涉，因此多是文学或艺术领域研究者对其关注有加，史学研究者则很少留意这类材料。如以书信为例，传世法帖中留存下的一些宋人书信，其内容多是有关岁时问候、馈赠礼品之类，兼之大量存世的宋人文集中收录了数以万计的书信，内容的空洞加上文集中的大量保存，使得研究者不去甚至不必关注传世法帖材料亦不会对研究产生重大缺憾和遗漏。然而书信实物中保存着原始的书信格式以及书写款式，这些被文集省略掉的内容，恰恰最能体现出现实的尊卑秩序与书写者的心态，与此相关的一些研究成果就很值得参考借鉴，如朱惠良《宋代册页中之尺牍书法》[1]、金传道《北宋书信研究》[2]等成果通过对书信本身的体式、写法等方面的研究，丰富了对宋代书信的认识。

对不同类型文书的研究在重视制度的各方关系、重视信息沟通、重视新材料与重新解读传世史料的背景下，近年来也取得了丰硕的学术成果。如平田茂树《宋代地方政治管见——以劄子、帖、牒、申状为线索》[3]，张祎《制诏敕札与北宋的政令颁行》[4]，小

---

[1] 台北故宫博物院编辑委员会编：《宋代书画册页名品特展》，台北故宫博物院，1995年。

[2] 金传道：《北宋书信研究》，复旦大学博士学位论文，2008年。

[3] [日]平田茂树：《宋代政治结构研究》，上海古籍出版社2010年版。

[4] 张祎：《制诏敕札与北宋的政令颁行》，北京大学博士学位论文，2009年。

林隆道《宋代中国の统治と文书》[1]、杨芹《宋代制诰文书研究》[2]
等。这些研究成果或通过对传世史料的重新解读，或利用了既往
不被研究者重视的法帖、碑刻等材料，在廓清文书体式、复原文
书运行程序方面着力尤深，在此基础之上，进一步探索了文书与
政务运行、各官僚机构之间的关联，从而对宋代政治制度的运作
模式进行了深入思考。另外，有关文书传递方面的研究如曹家齐
《宋代文书传递制度述论》、游彪《宋代流转往来的官方"文字"》、
李全德《文书运行体制中的宋代通进银台司》[3]亦从不同层面对文
书流转、运行过程进行讨论。

　　综上所述，目前学术界对宋代荐举改官研究已经取得了丰富
的成果，为本书的研究奠定了良好的基础。但现有的研究成果一
方面很少以文书的视角去研究宋代荐举改官制度，对宋代荐举改
官的文书没有专门的研究；另一方面，荐举改官制度本身的研究
尚嫌粗略，一些细部的问题仍然比较模糊，还有必要进一步研究。
因此，本书将在前人研究的基础之上，在充分考证、钩沉的前提
下，运用文书的视角，引入"信息沟通""人际网络""政治生态"
等相关概念，将荐举改官制度作为一个运行中的、涉及多项制度、
关涉朝廷内外、牵动人情世故的制度体系，还原到历史原本的场
景之中，加以全面、立体地研究。通过研究，希望能够全面认识

[1] [日]小林隆道：《宋代中国の统治と文书》，汲古书院 2013 年版。

[2] 杨芹：《宋代制诰文书研究》，上海古籍出版社 2014 年版。

[3] 三篇文章俱载邓小南主编：《政绩考察与信息渠道：以宋代为重心》，北京大
　　学出版社 2008 年版。

宋代荐举制度本身的同时，也借此作为认识宋代官僚社会的一个窗口，观察到宋代荐举改官制度在运行实施过程中所呈现出的不同面向，从国家政权运作的层面上去理解荐举改官制度。

三、章节安排

宋代的荐举改官制度固然是一个相对独立的制度体系，但从本质而言，却是荐举之制与改官之法相结合的产物。因此探讨荐举改官制，从荐举之制和改官之法入手，通过对宋代制度设计理念的分析，讨论两者结合的原因，是不容回避的问题，亦可借此展开后续的讨论。荐举与改官结合之后所形成的荐举改官制度也意味着宋代改官制度的成熟，通过荐举而改秩京朝官也成为宋代最为重要的改官途径，有着自身的一套运行程序和制度规定。即便在强调"活的制度史"和"走向新政治史"的今天，亦不可否认"活"与"新"是建立在"死"的考订与钩沉索隐之上，因此对宋代荐举改官制度与制度施行的流程进行梳理，仍然有其必要性。本书在考察制度演进、运行的同时，注意荐举改官制度起讫两端之间的路径，从而使制度设计的细节、演进运行过程更加清晰地呈现出来。

不过也需要承认，制度在施行层面与规定层面，并非严丝合缝，施行与规定的背离常常发生，也因此造成规定要根据施行的状况不断进行调试，而施行也常会因某些规定衍生出新的背离。于此，意图呈现出更贴合宋代实际的制度，也为了使呈现出的制度不致扁平而富有立体性与层次感，仅仅从制度规定入手去探讨制度，显然会有些捉襟见肘。本书则在专门的制度讨论之后，通过文书的视角进一步观察宋代荐举改官制度。与荐举改官相关涉的一系列公私文书作为荐举改官制度的有机组成部分，其本身的运作过程不仅能够借以观察制度，同时其自身也构成一个相对独立的体系。文书的运作，一方面连接着与其相关联的制度，另一方面连接着时代、时代的人，而作为操作性很强的文书制度，操作性的要求和制度的特点需要文书运作体系具备稳定性和超现实性，于是文书制度不仅仅是现实政治的体现与反映，同时也承载了政治理念和期待。这样的特点，使得对相关文书的研究在观察制度的同时，也越出制度成为观察制度与人、人与人、人与政治运作的窗口，从而盘活制度史的研究。

　　基于以上的研究思路，本书共分五章对宋代荐举改官制度加以讨论。综括而言，五章可分为两部分，第一章、第二章和第三章主要从制度的层面进行讨论，而第四章和第五章则从文书的视角出发，探讨制度规定与施行之间的契合、割裂乃至背离，将人在制度中或遵守顺从，或上下其手，或浮沉挣扎的生存状态呈现出来。两部分内容相互补充、互为依傍。从本书整体的逻辑关系来看，五章之间基本呈现出总分关系。第一章和第二章可视为核心问题研究之前的背景交代。第三、四、五章则可视为并列关系，分别探讨与荐举改官流程、荐举改官中的官文书、荐举改官中的私文书相关的一系列问题。

　　现将五章的基本内容和大体的思路分别陈述如下：

第一章"用荐改秩：宋代的荐举与改官"。综观历代官员选任制度，宋代改官制度无疑是独特的。在历史的演进中，逐渐形成宋代文官的三分法，由高至低分别是朝官、京官和幕职州县官（选人）。所谓改官，即是从幕职州县官（选人）升迁至京朝官的过程，是纯粹官阶的提升。从这一特点来观察，一个至为明显的疑问就是，改官并不是必须有举主参与方能完成，然而宋代的实际情况却是，除了少部分幕职州县官（选人）可以通过例改或特改而升秩京朝官，绝大多数人都是通过荐举而改官，为什么宋代主流的改官形式是通过荐举而完成的？荐举和改官的结合究竟意味着什么？本章正是以此为出发点通过对宋代荐举之制和改官之法的分别梳理，从宋代制度体系的运行趋势、宋代国家的观念与意识的角度进行思考，试图对此一问题做出合乎情理且契合历史实际的解答。同时也希望通过本章的论述，能够对荐举改官制度在整个宋代制度体系中所处的位置有一精准定位，为以下各章的展开奠定基础。

第二章"特旨与循例：宋代荐举之外的改官途径"。本章是第一章研究内容的延伸。就改官制度而言，宋代的改官主要有如下三种途径：荐举改官、特旨改官与循例改官。荐举改官是改官的主要途径，而特旨与循例改官则是补充途径。主要途径与补充途径之间存在互动关系。按照改官的制度设计，荐举改官显然是被当作改官的唯一途径进行规划设计的，但在施行过程中，因为某些特殊情节的存在，使得"唯一"很难被维持下去，因此就有了特旨改官和循例改官的补充途径。客观而言，补充途径的出现照顾了常规与特殊，对于改官制度的施行而言有着明显的积极作用。然而，与荐举改官相比，特旨改官与循例改官存在着较大的操作空间，人为因素的影响明显大于荐举改官，这就造成作为主要途径的荐举改官与作为补充途径的特旨改官和循例改官之间存在明显的难易之别。而改官在宋代又是一项具有导向作用的制度，当通过特旨和循例而成功改官的行为被普遍视为"侥幸"之际，其所冲击的不仅仅是基层文官队伍，对官场生态乃至士风都是具有破坏作用的。恶化的官场生态与士林风气反过来又影响到了荐举改官的施行，致使鬻卖举状、求荐公行等现象的普遍出现。从这一角度出发，对补充途径的特旨与循例改官进行考察，能够从一个更为贴近的侧面观察荐举改官，更易理解其在宋代居于改官主途的地位，也能借此深化对荐举改官的认识。

第三章"从受荐到脱选：宋代荐举改官的流程"。制度的运行流程是制度史研究的重要一环，通过对制度运行流程的梳理，可以将湮没在浩如烟海的史料中的制度轮廓清晰呈现出来，亦可借此为基础进一步观察制度与人之间的互动关系，从而打通制度与现实层面的连通管道，为深入细致地观察制度的"局部"及其与现实中的人与事提供讨论基础。本章虽不限于仅就制度讨论制度，但研究的重心则落在制度的规定方面，按照改官人接受荐举、任满参选、脱身选调的顺序，从制度层面对荐举改官的运行流程进行梳理，展现出宋代荐举改官制度的基本面貌。就这一目的而言，本章在本书中的地位会显得非常特殊，担负着承上启下的作用。一方面，本章与第四、第五章构成并列关系，其重点分别投射在

"制度"与"运作"层面；另一方面，本章又与前两章形成递进关系，第一章是对较为宏阔的制度背景进行梳理，而本章则集中在荐举改官的流程方面，是在前两章的背景之下进一步的制度梳理。另外，相对第四五章，本章也承担着以下各章内容展开前的背景交代功能，其与三、四章又构成了一个总分关系。如此设计，最终的目的都是为了让制度呈现得更清晰。不过，是否能够达到这一目的，还有赖于读者的判断。就本章具体内容而言，本章并非对荐举改官制度进行面面俱到的介绍，而是在前人研究的基础之上，对前人未曾注意或注意不够的一些问题进行讨论。如幕职州县官（选人）受荐和磨勘的考任资格、幕职州县官（选人）在考任和举主及格后的离任手续及相关文书的流转和审验、赴部磨勘后所面对的引对和待次问题。希望通过对这些问题的探讨，能够厘清荐举改官流程中的细节问题。

第四章与第五章则是分以荐举改官中的公私文书作为讨论的对象，从文书的角度对荐举改官制度进一步地认识。

第四章"具文与实效：宋代荐举改官的官文书"。本章选取了与荐举改官制度密切相关的举状、照牒和奏检三类文书加以讨论。其中涉及了文书体式的还原、文书的流转过程及其反映出的一系列问题。改官举状无疑是决定选人改官与否最为核心的文书，也最能反映制度的实际施行状况与国家的真实意图。本应是为国求贤的举主书写后奏上朝廷的改官举状，却因举官限员与人情关系的存在，迫使选人求举成风甚至自上举状。通过改官举状的体式和流转过程可以看到，荐举改官之弊的根源在于改官制度的重点在于升迁而非任事，只要制度运行能保证对选人群体的基本筛选，国家对并不影响大局的弊病是默许与纵容的。国家的态度也决定了改官举状中的举词只能是虚词而非实迹，但却折射出那个时代理想完美的改官人形象。而作为宋代荐举改官文书中辅助举状进入文书流转程序的照牒和奏检，一方面是对荐举改官过程中所出现弊病的补救，而另一方面则又产生新的弊病，使得荐举改官制度在实际运行过程中，呈现出于制度规定截然不同的面向。通过对荐举改官的官文书的研究，不但探讨了相关文书的体式与流转，同时也是深入制度运作的内部对制度进行更加细致的考察，并将其纳入整个国家体制运行的脉络中进行观察。以此为基础，进而对当时的政策言论等诸多问题形成比较客观的认识。从而深刻体味到制度的具文与实效之间的割裂，以及割裂产生的原因。

第五章"制度背后：宋代荐举改官的私文书与人际网络"。大量保存于文集及传世册页、法帖中的宋人书启中，有一部分内容涉及宋代荐举改官制度，即求荐举书启与谢荐举书启。此类书启因内容单一、程式化严重，常为研究者所忽视，然而经过对比，会发现程式化严重的背后和文字之间的细微差别，能反映书写者的心态及其与受书人之间关系的远近，并借此构建书写者的人际关系。因此，本章首先考察了求荐和谢荐书启。形式上求荐书启尚简而谢荐书启崇繁，其间体现的是书写者不同的目的。求荐书启中无论势要者利用人情，还是孤寒者乞怜上官，文字追求的是情感真挚、简明扼要。而谢荐书启中所见自处门生或滥为门生的现象，也必然要求书式繁复、仪式尊崇。透过荐举书启的文字、书式，不但能体味书写者的心态，也反映出在宋代官场中对人际网络的重视和对孤立无援的恐惧。其次则以南宋蔡戡所书《改官后谢福州陈丞相启》为线索进行个案研究。通过拼织蔡戡的人际网络，并进一步探索人际网络对蔡戡仕宦生涯的影响，其间也能反映出宋代官员的一些共通之处。

最后的结语部分则结合正文各章内容，对本书中的重要观点进行提炼总结，以期对宋代荐举改官制度有一切实的把握，并做出较为深入的理解。

表一：元丰前后两宋文官（朝官、京官、选人）寄禄官阶对照表[1]

阶次		旧阶	元丰后寄禄官阶	官品
朝官	1	使相（节度使兼中书令或侍中或同中书门下平章事）	开府仪同三司	从一品
	2	尚书左、右仆射	特进	从一品
	3	吏部尚书	金紫光禄大夫	正二品
	4	兵、户、刑、礼、工部尚书	银青光禄大夫	从二品
	5	尚书左、右丞	光禄大夫	正三品
	6		宣奉大夫（大观新增）	正三品
	7		正奉大夫（大观新增）	正三品
	8	吏、兵、户、刑、礼、工部侍郎	正议大夫	从三品

---

[1] 龚延明：《宋代官制辞典》附表12，中华书局1997年版，第688页。本书对该表略有调整。

续表

阶次		旧阶	元丰后寄禄官阶	官品
朝官	9		通奉大夫（大观新增）	从三品
	10	给事中	通议大夫	正四品
	11	左右谏议大夫	太中大夫	从四品
	12	秘书省监	中大夫	正五品
	13		中奉大夫（大观新增）	从五品
	14	光禄卿、卫尉卿等至殿中省监、少府监	中散大夫	从五品
	15	太常寺少卿至司农少卿尚书省左、右司郎中	朝议大夫	正六品
	16		奉直大夫（大观新增）	正六品
	17	前行郎中（吏、兵部诸司郎中）	朝请大夫	从六品
	18	中行郎中（户、刑部诸司郎中）	朝散大夫	从六品
	19	后行郎中（礼、工部诸司郎中）	朝奉大夫	从六品
	20	前行员外郎（吏、兵部诸司员外郎），侍御史	朝请郎	正七品
	21	中行员外郎（户、刑部诸司员外郎），起居舍人	朝散郎	正七品
	22	后行员外郎（礼、工部诸司员外郎），左、右司谏	朝奉郎	正七品
	23	左、右正言，太常寺博士，国子监博士	承议郎	从七品

续表

阶次		旧阶	元丰后寄禄官阶	官品
朝官	24	太常寺丞、秘书省丞、殿中省丞、著作郎、秘书郎	奉议郎	正八品
	25	太子中允、左右赞善大夫、太子中舍、洗马	通直郎	正八品
京官	26	秘书省著作佐郎、大理寺丞	宣德郎（政和改宣教郎）	从八品
京官	27	光禄寺、卫尉寺丞，将作监丞	宣义郎	从八品
	28	大理寺评事	承事郎	正九品
	29	太常寺太祝、奉礼郎	承奉郎	正九品
	30	秘书省校书郎、正字，将作监主簿	承务郎	从九品
（选人）幕职州县官	31	三京府判官，留守判官，节度、观察判官	承直郎（崇宁改名）	从八品
	32	节度掌书记，观察支使，防御、团练判官	儒林郎（崇宁改名）	从八品
	33	京府、留守、节度、观察推官，军事判官	文林郎（崇宁改名）	从八品
	34	防御、团练、军事推官，军、监判官	从事郎（崇宁改名）	从八品
	35	录事参军、县令	从政郎（政和定名）	从八品
	36	试衔知录事参军事，知县令事	修职郎（政和定名）	从八品
		三京军巡判官，司理、司法、司户参军，县主簿、尉	迪功郎（政和定名）	从九品

表二：宋代幕职州县官（选人）表[1]

			寄禄官阶			官品
			崇宁前	崇宁间	政和间	
幕职官	两使职官		留守判官 三京府判官 节度判官 观察判官	承直郎	承直郎	从八品
			节度掌书记观察支使 防御判官 团练判官[1]	儒林郎	儒林郎	
			京府留守判官 节度推官 观察推官 军事判官	文林郎	文林郎	
	初等职官		防御推官 团练推官 军事推官 军监判官	从事郎	从事郎	
州县官	令录	令录	录事参军 县令	通仕郎	从政郎	
		知令录	知录事参军 试衔知县[2]	登仕郎	修职郎	

［1］　朱瑞熙：《宋代幕职州县官的荐举制度》，《文史》第 27 辑，中华书局 1986
　　　年版，第 68 页。

［2］　朱瑞熙原注：赵彦卫《云麓漫钞》卷四将防御、团练判官与军事判官同列为
　　　文林郎一阶。

［3］　朱瑞熙原注：章如愚《山堂先生群书考索》后集卷一九《官制门》作"试阶
　　　知县"。

续表

	寄禄官阶				官品
	崇宁前		崇宁间	政和间	
州县官	判司簿尉	判司	三京军巡判官 司理参军 司法参军 司户参军[1]	将仕郎	迪功郎	从九品
		簿尉	主簿县尉			

表三：两宋朝官、京官、幕职州县官（选人）官品对照表

官品	阶　层	
从一品		
正二品		
从二品		
正三品		
从三品		
正四品		
从四品		
正五品	朝官	
从五品		
正六品		
从六品		
正七品		
从七品		
正八品		

---

[1]　朱瑞熙原注：《职官分纪》卷四一《司户参军》等记载，哲宗元祐令：上州司户、司法、司理参军从八品，中、下州从九品。

续表

官品		阶　层		
从八品	京官	幕职州县官 （选人）	幕职官	两使职官
				初等职官
正九品			州县官	令录
从九品				判司簿尉

表四：朝官、京官、幕职州县官（选人）阶层及
改官、关升示意图

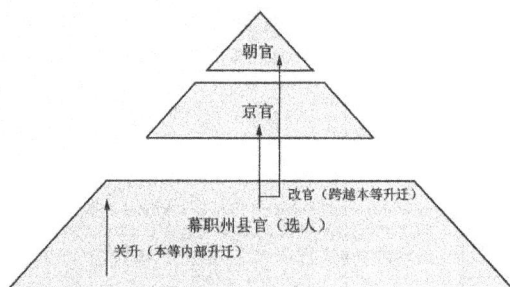

图书在版编目（CIP）数据

两宋时期的社会治理 / 王国平总主编 . -- 杭州 ：
浙江大学出版社 ， 2023.8
ISBN 978-7-308-24098-7

Ⅰ．①两… Ⅱ．①王… Ⅲ．①社会管理－研究－
中国－宋代 Ⅳ．① D691

中国国家版本馆 CIP 数据核字（2023）第 158523 号

两宋时期的社会治理

王国平　总主编
杭州国际城市学研究中心（杭州研究院）/ 杭州南宋文化研究院　编

责任编辑	宋旭华
文字编辑	姜泽彬
责任校对	吴　庆
封面设计	项梦怡
出版发行	浙江大学出版社
	（杭州市天目山路 148 号　邮政编码 310007）
	（网址：http://www.zjupress.com）
排　　版	杭州林智广告有限公司
印　　刷	广东虎彩云印刷有限公司绍兴分公司
开　　本	710mm×1000mm　1/16
印　　张	16.75
字　　数	173 千
版 印 次	2023 年 8 月第 1 版　2023 年 8 月第 1 次印刷
书　　号	ISBN 978-7-308-24098-7
定　　价	98.00 元